Historia 4 ESO

COMUNIDAD DE MADRID

El libro **Historia** para 4.º de ESO es una obra colectiva concebida, diseñada y creada en el departamento de Ediciones Educativas de Santillana Educación, S. L., dirigido por **Antonio Brandi Fernández**.

En su elaboración ha participado el siguiente equipo:

Teresa Grence Ruiz
José M.ª Caballero Martínez
Olga Espino de Torres-Peralta
José Manuel Fernández Ros
Jesús González Salcedo
Javier Iniesta Ayerra
Vicente León Navarro
Teresa López Santana
Valentín Medina Rodríguez
Pilar Moralejo Mateos
Antonia Perales Álvarez
Germán Ramírez Aledón
Raquel Rubalcaba Bermejo

EDICIÓN
Silvia Caunedo Madrigal
José Luis Ibáñez Salas

EDITOR EJECUTIVO
David Ramírez Muriana

DIRECCIÓN DEL PROYECTO
Teresa Grence Ruiz

Las actividades de este libro no deben ser realizadas en ningún caso en el propio libro. Las tablas, esquemas y otros recursos que se incluyen son modelos para que el alumno los traslade a su cuaderno.

Proyecto **Los Caminos del Saber**

SANTILLANA

Índice Volumen 3

PRACTICA TUS COMPETENCIAS		
Técnicas para estudiar Historia	**Investiga**	**Comprender el presente**
	• **En el cine:** La Guerra Fría en *El espía que surgió del frío* • **En Internet:** La carrera espacial	
	• **En Internet:** El caso de las colonias españolas	• Descolonización y subdesarrollo
• Utilizar el álbum familiar como fuente histórica • Analizar canciones populares	• **En el cine:** *Arde Mississippi*	
• Contrastar un testimonio de época y la visión de un historiador	• **En Internet:** Símbolos franquistas y memoria histórica • **En la literatura:** *La colmena* • **En el cine:** *Los santos inocentes*	
• Elaborar un dosier de prensa • Interpretar una entrevista		• De Hiroshima a Fukushima • Los «muros» de nuestro tiempo
• Analizar la transición y la democracia a través de viñetas humorísticas • Analizar la Constitución española de 1978 • Analizar canciones populares: canción protesta y rap		• 30 años de democracia

TEMA

11

La Guerra Fría (1945-1991)

COMPETENCIAS QUE VAS A PRACTICAR

- Social y ciudadana: en todo el tema.
- Comunicación lingüística: actividades 1, 2, 7, 9, 10 y 11.
- Matemática: actividad 5.
- Tratamiento de la información: actividades 1, 3, 4, 5, 6, 8, 26, 27, 28 y 29.
- Cultural y artística: actividades 23, 24 y 25.
- Aprender a aprender: actividades 12, 18, 27, 28 y 29.

NO TE LO PIERDAS

Libros

- *El espía que surgió del frío,* John Le Carré.
- *Los gritos del silencio,* Christopher Hudson.

Películas

- *Trece días,* de Roger Donaldson, 2000.
- *Buenas noches y buena suerte,* de George Clooney, 2005.

Enlaces

- La Guerra Fría
  http://www.historiasiglo20.org/GF/mundobipolar.htm
  http://www.artehistoria.jcyl.es/historia/contextos/3160.htm
  http://www.coldwar.org/

La Guerra Fría desde el punto de vista de la URSS

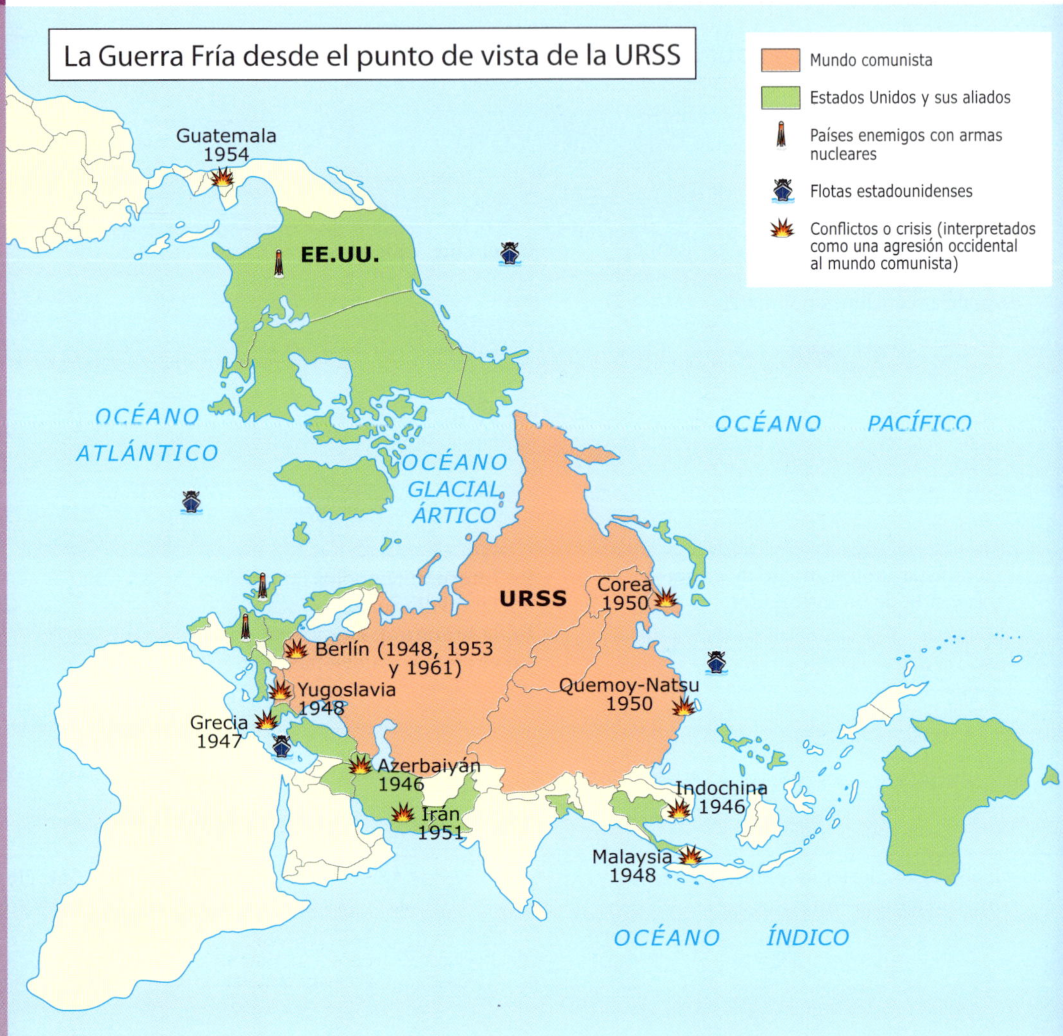

Fechas clave

- **1945**
- **1947** Doctrina Truman. Plan Marshall. Creación de la Kominform.
- **1948** Creación de la RFA. Bloqueo de Berlín occidental.
- **1949** Creación del COMECON. Creación de la RDA. Creación de la OTAN.
- **1950**
- **1950** Guerra de Corea.
- **1953** Muerte de Stalin.

- **1955**
- **1955** Creación del Pacto de Varsovia.
- **1960**
- **1961** Construcción del muro de Berlín.
- **1962** Crisis de los misiles en Cuba. Intervención de EE.UU. en Vietnam.

- La Guerra Fría fue el período que transcurrió entre el final de la Segunda Guerra Mundial (1945) y la desaparición de la Unión Soviética (1991).
- En esta etapa histórica el mundo estuvo dividido en dos bloques enfrentados permanentemente, que amenazaban destruirse mutuamente en una guerra nuclear. Ambos bloques estaban liderados por dos superpotencias que defendían un modelo político, económico y social distinto: Estados Unidos, que dirigía el bloque capitalista, y la URSS, que encabezaba el bloque comunista.

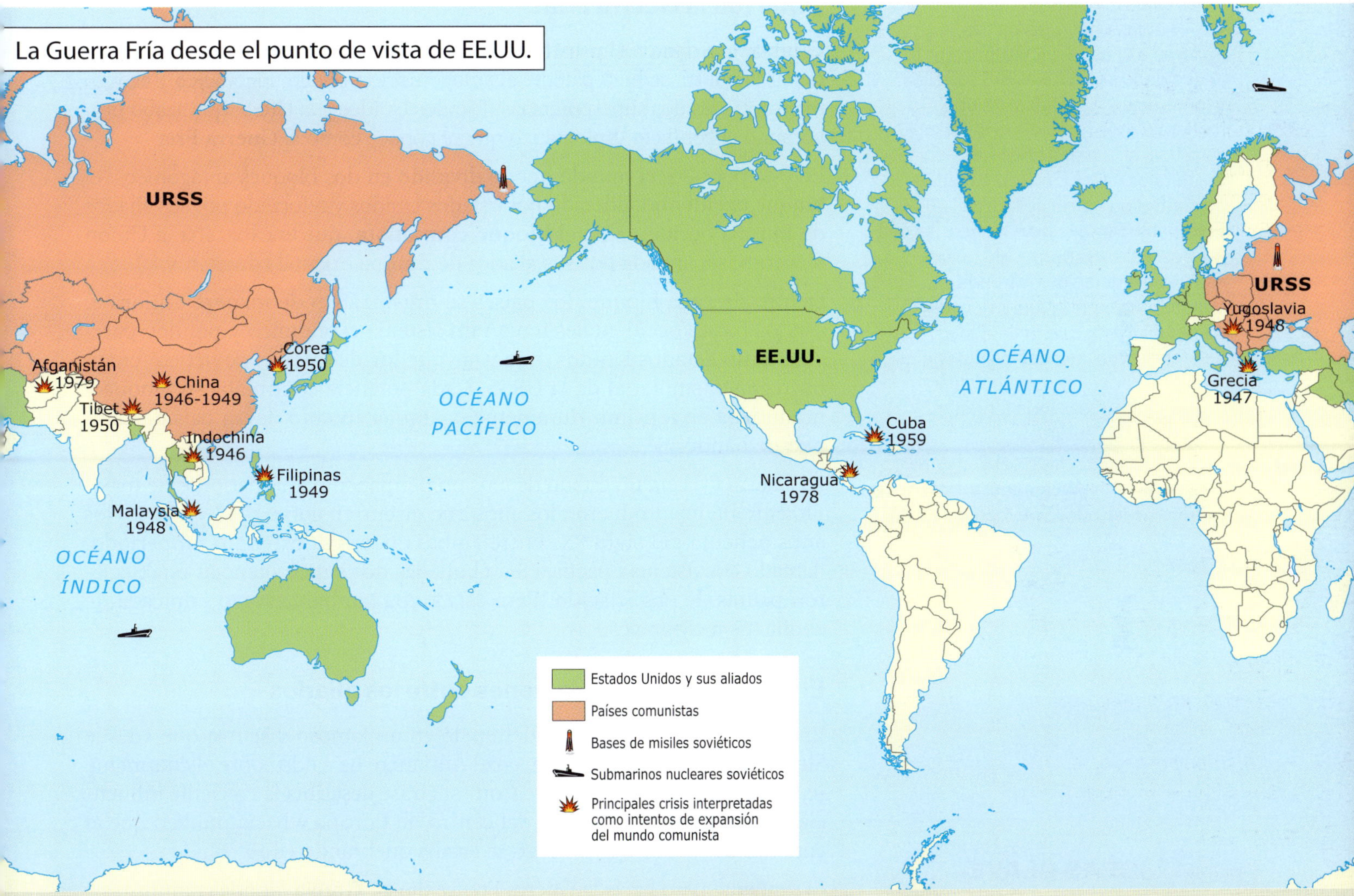

1975 Fin de la guerra de Vietnam.

1985 Comienza la perestroika.

1991 Desaparece la URSS. Fin de la Guerra Fría.

1965 | 1970 | 1975 | 1980 | 1985 | 1990

1972 Firma de los acuerdos SALT entre la URSS y EE.UU.

1979 Invasión soviética de Afganistán.

1989 La URSS abandona Afganistán. Cae el muro de Berlín.

1 Los orígenes de la Guerra Fría

Doc. 1 El telón de acero

Desde Stettin, en el Báltico, a Trieste, en el Adriático, ha caído sobre el continente un telón de acero. Tras él se encuentran todas las capitales de los antiguos Estados de Europa central y oriental [...], todas estas famosas ciudades y sus poblaciones y los países en torno a ellas se encuentran en lo que debo llamar la esfera soviética, y todos están sometidos, de una manera u otra, no solo a la influencia soviética, sino a una altísima y, en muchos casos, creciente medida de control por parte de Moscú [...] Por cuanto he visto de nuestros amigos los rusos durante la guerra, estoy convencido de que nada admiran más que la fuerza y nada respetan menos que la debilidad [...] Es preciso que los pueblos de lengua inglesa se unan con urgencia para impedir a los rusos toda tentativa de codicia o aventura.

WINSTON CHURCHILL, Westminster College, Fulton, Missouri, 5 de marzo de 1946

Tras la Segunda Guerra Mundial surgió un sistema diplomático internacional en el que la lucha por la hegemonía entre Estados Unidos y la URSS condicionó la historia del mundo durante cuarenta años. Este enfrentamiento es conocido como la Guerra Fría y abarcó desde 1945 hasta la desaparición de la URSS en 1991.

¿Qué fue la Guerra Fría?

El fin de la Segunda Guerra Mundial no trajo una paz estable. Nada más terminar la guerra se hizo patente el antagonismo político, ideológico y económico entre las dos superpotencias, Estados Unidos y la URSS, que acabó provocando el conflicto diplomático que se conoce como la **Guerra Fría**.

En este período, el mundo quedó dividido en dos bloques antagónicos: el **bloque occidental**, liderado por Estados Unidos y reforzado por sus aliados de Europa occidental, y el **bloque comunista**, que encabezaba la Unión Soviética, secundada por sus aliados de Europa oriental (**docs. 6 y 8**).

Dentro de cada bloque, los países se organizaban de manera uniforme: así, los países occidentales tenían un sistema económico y político parecido al de Estados Unidos, mientras que los del bloque soviético tenían un régimen similar al de la URSS. Cada potencia controlaba su bloque y no dudaba en reprimir duramente cualquier intento de un país de cambiar de bando.

La Guerra Fría era un estado de tensión permanente. Los períodos de máximo enfrentamiento fueron los años que discurren entre 1947 y 1953 y los años ochenta del siglo XX. Entre ambas épocas se extendió un período, llamado coexistencia pacífica, en el que las dos superpotencias establecieron pautas de negociación. Pero esta etapa también estuvo salpicada de conflictos muy graves.

El deterioro de las relaciones entre los aliados

En 1946 Winston Churchill denunció en un famoso discurso que «desde Stettin, en el Báltico, a Trieste, en el Adriático, ha caído sobre el continente [europeo] un **telón de acero**». Con esta frase describía la creciente influencia soviética sobre los países del centro de Europa y hacía público que el entendimiento entre los aliados se estaba quebrando (**doc. 1**).

El siguiente paso hacia la Guerra Fría se dio en **Grecia**, donde comunistas y monárquicos se disputaban el poder en una guerra civil. El presidente estadounidense Truman decidió apoyar a los monárquicos griegos para impedir que los comunistas tomasen el poder. Truman extendió después su apoyo a los anticomunistas en cualquier parte del mundo, estrategia conocida como **política de contención** o doctrina Truman.

Tras estas primeras desavenencias, Estados Unidos y la URSS reforzaron sus respectivas áreas de influencia. Así, los americanos llevaron a cabo el **Plan Marshall** en 1947, que era un programa de ayudas para reconstruir la economía europea (**docs. 2-5**). Este proyecto fue rechazado por la URSS, que obligó a rechazar también el Plan Marshall a los países de Europa oriental. Al tiempo, la URSS creó el **Kominform** para coordinar el apoyo a su política de los partidos comunistas de todo el mundo.

IDEAS CLAVE

Conceptos nuevos. Define: *bloques, telón de acero, política de contención.*

Los protagonistas. Explica qué papel jugaron en el inicio de la Guerra Fría Winston Churchill y Harry S. Truman.

Las características. Señala los rasgos de la Guerra Fría.

El proceso. ¿Qué hechos preludiaron la Guerra Fría?

ACTIVIDADES

Doc. 2 El Plan Marshall

[…] Es lógico que los Estados Unidos hagan cuanto esté en su poder para ayudar a volver a una salud económica normal en el mundo […]. Nuestra política no va dirigida contra ningún país, ni ninguna doctrina, sino contra el hambre, la pobreza, la desesperación y el caos. Su objetivo debe ser la vuelta a la vida de una economía operante en el mundo, de forma que permita la aparición de condiciones políticas y sociales en las que puedan existir instituciones libres […].

Cualquier gobierno que esté dispuesto a ayudar en la tarea de la recuperación encontrará, estoy seguro de ello, plena cooperación por parte del Gobierno de los Estados Unidos […].

[…] El papel de este país debe consistir en una ayuda amistosa en la elaboración de un programa europeo y un ulterior apoyo a dicho programa en la medida en que pueda ser conveniente para nosotros hacerlo. El programa debería ser un programa combinado, aceptado por un buen número de naciones europeas, si no por todas.

Discurso de GEORGE MARSHALL,
Universidad de Harvard,
6 de junio de 1947

Doc. 3 Países que recibieron ayuda económica del Plan Marshall.

Docs. 4 y 5 Carteles franceses a favor (izquierda) y en contra (derecha) del Plan Marshall.

1. ●● Analizar una política: el Plan Marshall.

- Determina las causas. Lee el documento 2.
  - a) Explica las razones que daba Marshall para prestar ayuda económica a Europa.
  - b) ¿Qué objetivos se perseguían con este plan?
  - c) ¿Se excluía a algún país de este plan?
- Identifica los países que se beneficiaron del plan. Observa el documento 3.
  - a) Haz una lista con los países que recibieron ayudas. Ordénalos en orden decreciente según el monto de la ayuda que cada país recibió.
  - b) Haz un cuadro sinóptico y escribe en una columna los países que recibieron la ayuda de Estados Unidos y en otra los que no la recibieron.
  - c) Elabora hipótesis. Explica por qué algunos países europeos no recibieron ayuda económica estadounidense.
- Traduce los dos carteles e interprétalos.
  - a) ¿Qué destaca el cartel que apoya el Plan Marshall?
  - b) ¿Quién editó el cartel en contra? ¿Por qué crees que se oponía al plan?

2. ●● Analizar el significado de un término histórico: el «telón de acero».

- Lee el documento 1.
  - a) ¿Qué quería decir Churchill con la expresión «ha caído sobre el continente un telón de acero»?
  - b) ¿Qué proponía Churchill para evitar la caída del «telón de acero»?

2 Los bloques: miembros y características

El mundo quedó dividido en dos bloques: el bloque occidental, con una economía capitalista y una democracia liberal, y el bloque oriental, con una economía estatalizada dirigida por dictaduras comunistas.

El bloque occidental

La política exterior de Estados Unidos durante la Guerra Fría iba dirigida a impedir la implantación del comunismo más allá del área de influencia soviética en Europa. Parte de su estrategia fue la creación de una **red de alianzas militares** en todo el mundo, muchas aún en vigor:

- En Europa occidental, esta táctica supuso una ayuda económica (el Plan Marshall) y la creación de una organización militar: la **OTAN (Organización del Tratado del Atlántico Norte)**.
- Fuera de Europa firmaron el **tratado de Río** (1947) con América Latina, la **SEATO** (1954) con los Estados del sudeste asiático y el **pacto de Bagdad** (1955) con los pueblos de Oriente Medio.
- Además, Estados Unidos firmó **pactos bilaterales** con determinados países, como España y Japón.

Gracias a estas alianzas, Estados Unidos contó con una red de bases militares por todo el mundo.

Estados Unidos favoreció la adopción de sistemas democráticos dentro de su bloque. La **democracia** se implantó en los países de Europa occidental que habían participado en la Segunda Guerra Mundial y también en otras regiones. Pero toleró la existencia de **dictaduras** en el sur de Europa y las fomentó en América Latina, Asia y África si esto le servía para frenar al comunismo.

El bloque occidental mantuvo la **economía capitalista** que se había desarrollado desde la revolución industrial. La principal novedad fue la intensificación del **intervencionismo del Estado** en la economía. Muchos gobiernos occidentales comenzaron a controlar los sectores económicos básicos y fomentaron la inversión y el consumo para favorecer el desarrollo económico.

IDEAS CLAVE

Los hechos. ¿Qué alianzas firmó Estados Unidos para oponerse al comunismo?

El proceso. ¿Cómo se impusieron las dictaduras comunistas en Europa oriental?

Las instituciones. Enumera los organismos con que la URSS dominaba en el bloque comunista.

Conceptos nuevos. Define *democracia popular.*

Las características. ¿Cuáles eran las características del sistema político-económico en el bloque occidental y en las democracias populares?

ACTIVIDADES

3. ●● Analizar la división de Europa en dos bloques.

- Interpreta el documento 6.
  - a) Elabora una lista con los países que quedaron bajo la influencia de cada bloque tras la Segunda Guerra Mundial.
  - b) ¿Cómo se refleja en el mapa la idea de «telón de acero»?

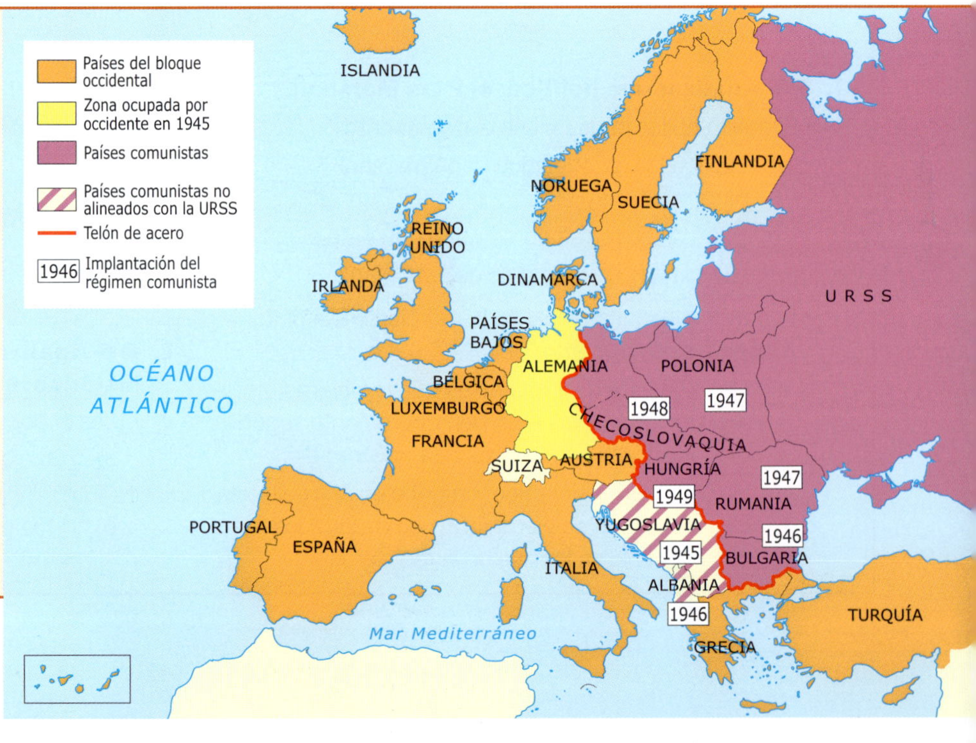

Doc. 6 La Europa de los bloques.

El bloque comunista

Al finalizar la Segunda Guerra Mundial, en la zona de influencia soviética (Polonia, Hungría, Checoslovaquia, Rumania y Bulgaria) los partidos comunistas acapararon todo el poder entre 1946 y 1948.

Este bloque comunista se organizó en gran medida por oposición a las iniciativas estadounidenses:

- En 1949 la Unión Soviética replicó al Plan Marshall (doc. 7) con la organización del **COMECON (Consejo de Ayuda Económica Mutua)** en el año 1949. Su objetivo era coordinar las economías de los países europeos que estaban bajo hegemonía soviética.
- La URSS creó en 1949 la **República Democrática Alemana (RDA)** en su zona de Alemania, como respuesta a la creación de la República Federal en el oeste.
- En 1955 los soviéticos respondieron a la OTAN con la creación del **Pacto de Varsovia**, una alianza militar con sus países satélites*.

Además, el comunismo se extendió a más países. En Europa, **Yugoslavia** y **Albania** instauraron sistemas comunistas, aunque no dependían de la URSS. Fuera de Europa, los comunistas triunfaron en **China** y **Corea del Norte**. Esta expansión fue vista por los occidentales como una amenaza contra sus sistemas liberales y democráticos.

Los regímenes que se implantaron en Europa bajo el patrocinio de la URSS se autodenominaban **democracias populares**. Pero en realidad eran unas durísimas dictaduras que reprimían cualquier disidencia. Eran sistemas de **partido único**, en los que el partido comunista tenía todo el poder. Además, había una total **ausencia de libertades**: los ciudadanos no tenían libertad de expresión o de reunión, por ejemplo.

En estos países se estableció una **economía estatalista**: los comunistas expropiaron las empresas industriales, comerciales y financieras, que pasaron a ser propiedad del Estado. Los dirigentes políticos empezaron a gestionar la economía: establecieron **planes quinquenales** que fijaban la producción industrial y agrícola; determinaron el valor de la moneda por decreto y **controlaron el comercio exterior**.

Doc. 7 Esta caricatura fue difundida por la URSS y representaba a Marshall y al «clan de los imperialistas».

GLOSARIO

Países satélites. Denominación con que se conocía a los países de Europa oriental, en los que se impuso el comunismo y que estuvieron bajo la hegemonía soviética durante la Guerra Fría.

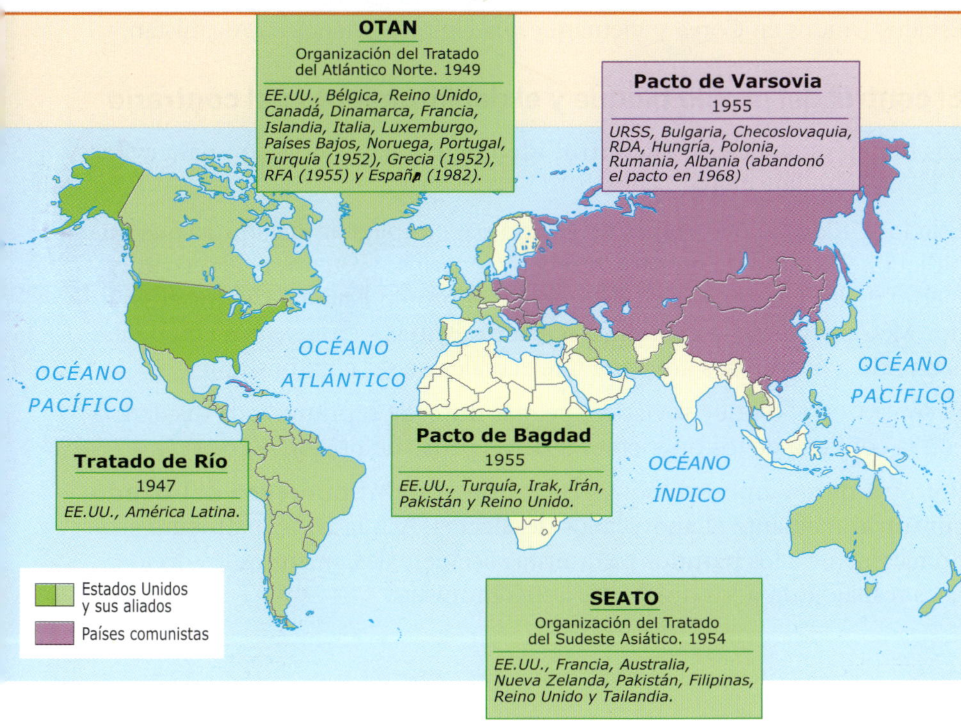

4. ●● **Analizar la composición de los dos bloques.**
   - Observa el documento 8.
     a) ¿Qué dos superpotencias dominaron la escena internacional? ¿Qué alianzas formaron?
     b) ¿Con qué objetivos se formaron estas alianzas?
     c) ¿Por qué crees que Estados Unidos buscaba aliados entre los países vecinos de la Unión Soviética?

Doc. 8 Principales alianzas militares durante la Guerra Fría.

3 Las armas de la Guerra Fría

Doc. 9 Cartel antisoviético francés.

La Guerra Fría fue un enfrentamiento total. Estados Unidos y la URSS compitieron en todos los terrenos: económico, tecnológico, político e ideológico. El objetivo era defender y ampliar sus propios bloques.

La confrontación militar

Al terminar la Segunda Guerra Mundial, Estados Unidos era el único país que poseía armas nucleares, pero en 1949 la URSS hizo estallar su primera bomba atómica. Se inició una **carrera armamentística** entre las dos superpotencias, en la que ambos países construyeron una cantidad inmensa de armas de todo tipo para intentar superar al contrario: armas nucleares, misiles teledirigidos, bombarderos a reacción, aviones supersónicos, etc.

Se llegó a lo que se denominó **equilibrio del terror**, una situación de paridad de armamentos entre los dos bloques, que impedía el desencadenamiento de una guerra entre ellos, por temor a la destrucción total (**docs. 10 y 12**).

En 1957, la URSS puso en órbita el primer satélite artificial, el *Sputnik*. Esto provocó sorpresa y temor en Occidente, pues mostraba la superioridad soviética en la fabricación de misiles intercontinentales, lo que hacía vulnerable a Estados Unidos. Fue el inicio de la **carrera espacial** entre las superpotencias. Los principales hitos fueron la primera misión espacial tripulada por el soviético Yuri Gagarin y la llegada de la primera nave tripulada estadounidense a la Luna (1969).

Los conflictos regionales

Estados Unidos y la URSS desarrollaron una política destinada a contener los avances del adversario, pero evitando enfrentarse directamente. Los enfrentamientos se resolvían en **conflictos de baja intensidad***.

Durante la Guerra Fría hubo más de cien guerras que implicaron a más de setenta países del Tercer Mundo. Las superpotencias no solían intervenir directamente, pero apoyaban a alguno de los contendientes. Sin embargo, en algunos casos se vieron implicadas en una guerra abierta, como le sucedió a Estados Unidos en Corea y Vietnam y a la Unión Soviética en Afganistán.

El control del propio bloque y el debilitamiento del contrario

Los bloques practicaron el **control ideológico** de la población para evitar la expansión del enemigo (**doc. 9**).

Estados Unidos apoyó golpes de Estado para implantar dictaduras que impidieran el triunfo de gobiernos revolucionarios y vetaron el acceso al gobierno de los comunistas en Europa. En el propio Estados Unidos el senador McCarthy llevó a cabo una «**caza de brujas**» en los años cincuenta, acusando a numerosos artistas e intelectuales de ser comunistas.

El control en el bloque soviético fue más duro. Se reprimió toda disidencia con la condena de los oponentes a largas penas de prisión.

Por otra parte, ambos bloques buscaron el **debilitamiento del bando contrario** mediante el apoyo a los desafectos. Así, la URSS patrocinó económicamente a los partidos comunistas occidentales, mientras los occidentales respaldaron a los disidentes anticomunistas.

GLOSARIO

Conflictos de baja intensidad. Eran conflictos de carácter regional que no ponían en peligro la paz mundial, pero en los que se resolvía la pertenencia de los contendientes a uno u otro bloque.

IDEAS CLAVE

Conceptos nuevos. Define el significado de los siguientes términos: *carrera armamentística, equilibrio del terror, carrera espacial*.

Los métodos. ¿Por qué medios se enfrentaban las dos superpotencias? ¿Eran formas solo militares?

Las causas. ¿Por qué se desataron las carreras de armamentos y espacial?

ACTIVIDADES

ESTADOS UNIDOS

- **450** Misiles balísticos intercontinentales
- **250** Misiles balísticos de medio alcance
- **8 millones** Efectivos movilizados
- **2.260** Bombarderos de medio y largo alcance
- **16.000** Carros de combate
- **32** Submarinos nucleares
- **260** Otros submarinos
- **66** Cruceros
- **76** Acorazados y portaaviones

URSS

- **75** Misiles balísticos intercontinentales
- **700** Misiles balísticos de medio alcance
- **7,7 millones** Efectivos movilizados
- **1.600** Bombarderos de medio y largo alcance
- **38.000** Carros de combate
- **12** Submarinos nucleares
- **495** Otros submarinos
- **30** Cruceros
- **0** Acorazados y portaaviones

Doc. 10 El equilibrio de fuerzas a comienzos de 1963.

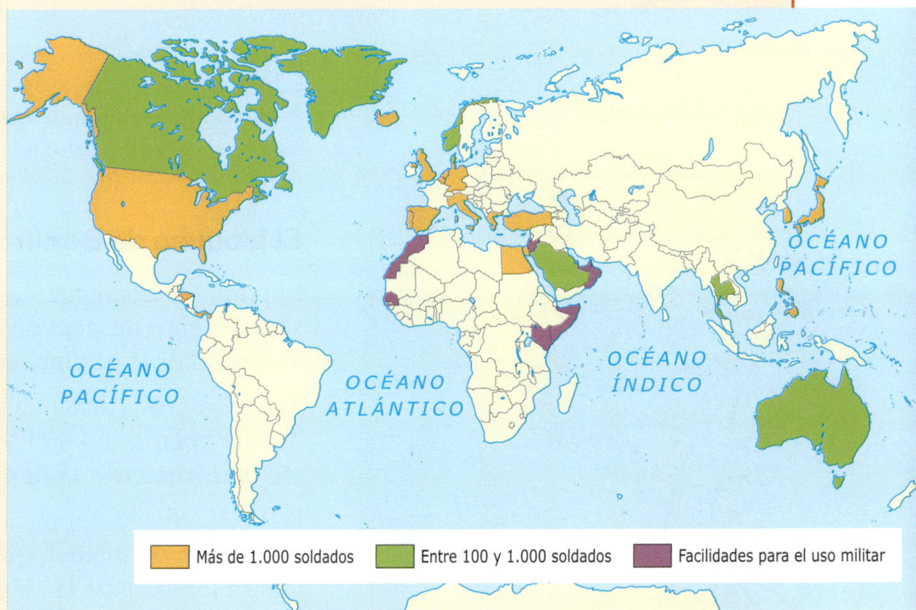

Doc. 11 Despliegue militar de Estados Unidos en el mundo, en 1989.

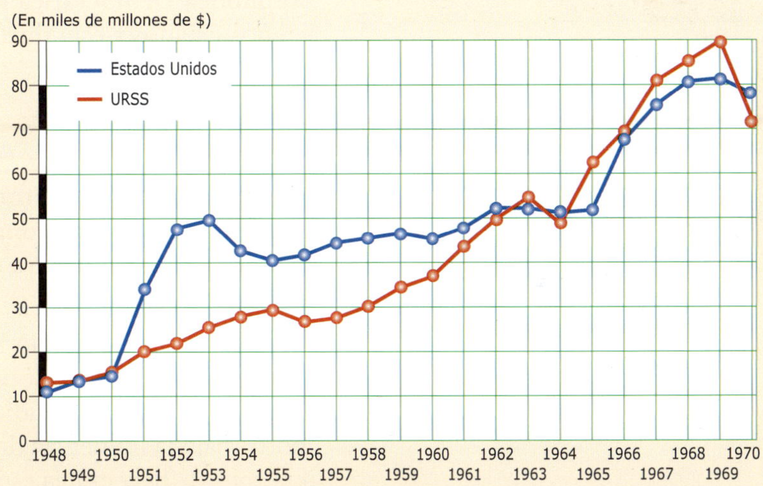

Doc. 12 Evolución de los gastos militares de las dos superpotencias durante la Guerra Fría.

5. ●● Comparar la fuerza militar de los bloques.

- Analiza el documento 10.
  - a) Haz una lista con el tipo de armamento del que disponía cada superpotencia. Después, anota en dos columnas (una para cada superpotencia) las unidades de cada tipo de armamento que acumulaba cada una. Por último, en la fila correspondiente a cada tipo de arma, dibuja la bandera de la superpotencia que disponía de más armas de cada tipo.
  - b) Haz un informe sobre las armas de que disponía cada superpotencia en 1963 y justifica la expresión «equilibrio del terror».
- Analiza el documento 12.
  - a) ¿Cuál es la tendencia que muestran las dos curvas sobre los gastos de defensa?
  - b) ¿En qué años aumentaron más los gastos en defensa de Estados Unidos? ¿Y los de la URSS?
- Interpreta el documento 11.
  - a) Haz una lista de los países en que Estados Unidos tenía influencia militar al final de la Guerra Fría y agrúpalos por continentes.
  - b) ¿En qué continente tenía mayor presencia militar Estados Unidos? ¿A qué crees que se debía?

4 La fase de máxima tensión (1947-1953)

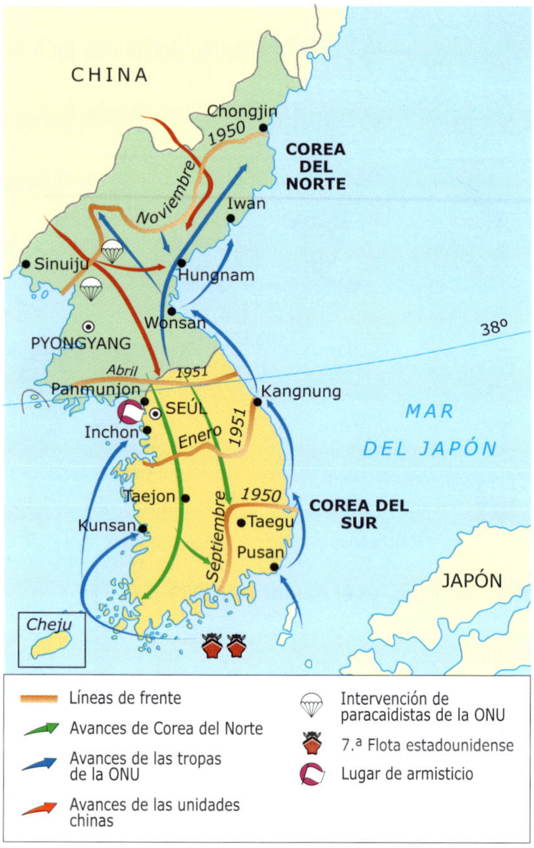

Doc. 13 Guerra de Corea.

Los primeros años de la Guerra Fría, entre 1947 y 1953, fueron probablemente los más duros. Dos grandes crisis destacaron en el período: el bloqueo de Berlín y la guerra de Corea.

El bloqueo de Berlín

El primer enfrentamiento de la Guerra Fría ocurrió con la **crisis de Berlín**, solo tres años después de acabar la Segunda Guerra Mundial, motivado por el reparto de la capital alemana.

Tras la guerra, Alemania y su capital habían quedado divididas en cuatro sectores, pero en 1948 Estados Unidos, Gran Bretaña y Francia unieron sus sectores para crear la **República Federal Alemana (RFA)** (doc. 14).

La URSS, que se oponía a la reunificación de Alemania, bloqueó en represalia Berlín occidental, que se situaba en la zona soviética. Pero los aliados lograron abastecer la ciudad por el aire, mediante un **puente aéreo**, y el bloqueo fracasó (doc. 15).

La URSS respondió creando en 1949 un Estado comunista en su sector, la **República Democrática Alemana (RDA)**. Alemania quedaba así dividida en dos Estados y esta fractura perduró hasta 1990.

La guerra de Corea

El bloqueo de Berlín de 1948 había significado la ruptura de los aliados y el comienzo de la Guerra Fría. Un año más tarde se había producido el **triunfo de las tropas comunistas de Mao Zedong** en la guerra civil china. Estados Unidos empezó a temer que se produjera una expansión del comunismo en el mundo.

En este ambiente estalló la **guerra de Corea (1950-1953)**. Este país era una antigua colonia japonesa. Tras la derrota nipona en la Segunda Guerra Mundial, Corea fue dividida en dos zonas por el paralelo 38º (doc. 13): el norte, bajo la influencia de Moscú, tenía un régimen comunista; el sur, que era zona de hegemonía estadounidense, estaba gobernado por una dictadura anticomunista.

En 1950 Corea del Norte invadió Corea del Sur. El ejército surcoreano casi había sido derrotado cuando la ONU condenó la invasión y aprobó la intervención de los cascos azules para sofocar el conflicto.

La coalición de las Naciones Unidas, liderada por Estados Unidos, emprendió la reconquista de Corea del Sur y llegó a adentrarse en el norte. Entonces China anunció su apoyo a Corea del Norte. Ante estos hechos, el general estadounidense MacArthur (jefe de las tropas de la ONU) planteó el uso de la bomba atómica para disuadir a Mao, lo que provocó la destitución del general.

Finalmente se firmó una tregua en 1953. En ella se mantenía la división de Corea en dos Estados con una frontera semejante a la de antes de la guerra. Pero este conflicto tuvo unos efectos tremendos, pues en los tres años que duró murieron más de un millón de personas. Además, la intervención de Estados Unidos provocó el temor a que estallase una tercera guerra mundial y favoreció el rearme estadounidense.

IDEAS CLAVE

Los conflictos. Enumera las crisis que llevaron a la división del mundo en bloques entre 1945 y mediados de los años cincuenta.

Las consecuencias. ¿Qué efectos tuvieron la crisis de Berlín de 1948 y la guerra de Corea? ¿Perduran actualmente?

Los cambios. Explica cómo cambiaron las relaciones de Estados Unidos y la Unión Soviética entre 1947 y 1953.

ACTIVIDADES

Doc. 14 La partición de Alemania y de Berlín tras la Segunda Guerra Mundial.

Doc. 15 El puente aéreo durante el bloqueo de Berlín.

Doc. 16 El punto de vista soviético

[…] El resultado de la última contienda, con el aplastamiento del fascismo, con la pérdida de las posiciones mundiales del capitalismo y con el robustecimiento del movimiento antifascista, ha sido la separación del sistema capitalista de toda una serie de países de la Europa central y sudoriental […].

A medida que nos vamos alejando del final de la contienda, más netamente aparecen señaladas las dos principales direcciones de la política internacional de la posguerra, correspondientes a la distribución de las fuerzas políticas en dos campos opuestos: el campo imperialista y antidemocrático, de una parte, y el campo antiimperialista y democrático, de otra. Los Estados Unidos representan el primero, ayudados por Inglaterra y Francia […].

Las fuerzas antiimperialistas y antifascistas forman el otro campo. La URSS y los pueblos de la nueva democracia son su fundamento. […] Rumania, Hungría, Finlandia, forman parte de este campo, al que se han añadido, además, Indochina, el Vietnam y la India. Egipto y Siria son simpatizantes […].

ANDREI JDANOV, Discurso en la sesión inaugural de la Kominform, Szklarska Poreba (Polonia), 22 de septiembre de 1947

Doc. 17 El punto de vista occidental

En la presente etapa de la historia mundial casi todas las naciones deben elegir entre modos alternativos de vida. Con mucha frecuencia, la decisión no suele ser libre. […]

Uno de dichos modos de vida se basa en la voluntad de la mayoría y se distingue por la existencia de instituciones libres, un gobierno representativo, elecciones limpias, garantías a la libertad individual, libertad de palabra y religión y el derecho a vivir sin opresión política.

El otro se basa en la voluntad de una minoría impuesta mediante la fuerza a la mayoría. Descansa en el terror y la opresión, en una prensa y radio controladas, en elecciones fraudulentas y en la supresión de las libertades individuales. Creo que la política de los Estados Unidos debe ayudar a los pueblos que luchan contra las minorías armadas o contra las presiones exteriores que intentan sojuzgarlos. Creo que debemos ayudar a los pueblos libres a cumplir sus propios destinos de la forma que ellos mismos decidan. Creo que nuestra ayuda debe ser principalmente económica y financiera, que es esencial para la estabilidad económica y política.

Discurso del presidente TRUMAN ante el Congreso de Estados Unidos, Washington, 12 de marzo de 1947

6. ● Estudiar la evolución de un territorio.

- Interpreta el documento 14.
  a) Señala entre qué cuatro potencias quedó dividida Alemania tras su derrota. Localiza qué punto cardinal de Alemania controlaba cada país aliado.
  b) Compara los mapas y di a partir de qué sectores aliados se formó cada una de las dos Alemanias.

7. ●●● Contrastar las visiones de los estadounidenses y los soviéticos.

- Lee los documentos 16 y 17. Resume las opiniones de Jdanov y de Truman sobre los siguientes aspectos:
  a) Sistema de alianzas que se impuso tras la Segunda Guerra Mundial.
  b) Visión que tiene cada autor sobre su propio bloque.
  c) Características del bloque contrario según cada autor.
  d) Política preconizada por cada uno de los dos autores.

5 De la distensión a la nueva Guerra Fría (1953-1991)

Doc. 18 Reunión entre Kruschev y Kennedy.

A partir de mediados de los años cincuenta las relaciones entre los bloques pasaron por dos fases bien distintas: una etapa larga de distensión, en la que se abrieron cauces de diálogo entre las superpotencias, y una etapa final, en la que se volvió a vivir bajo la máxima tensión.

La distensión (1953-1977)

La Guerra Fría entró en una etapa de distensión a partir de 1953 que duró más de veinte años. En su origen, fue fundamental el **cambio de la estrategia soviética** tras la muerte de Stalin (1953). Los nuevos dirigentes, encabezados por **Nikita Kruschev**, afirmaron en el XX Congreso del PCUS (1956) que en adelante el capitalismo y el comunismo competirían de forma pacífica.

El cambio soviético tuvo razones económicas. Los nuevos dirigentes deseaban reducir el elevado coste de la carrera de armamentos y orientar parte de la industria a la fabricación de bienes de consumo para mejorar la vida de la población y así afianzar su poder.

También en Estados Unidos la llegada de **John F. Kennedy** a la presidencia del país (1960) trajo un cambio en la forma de gobernar, que facilitó el acercamiento entre las superpotencias. Se inició así una nueva etapa, a la que se denomina como **distensión** o **coexistencia pacífica** (doc. 18).

La **política de apaciguamiento** se manifestó en diversas iniciativas. Se ideó el **teléfono rojo**, un teletipo por el que los líderes de las superpotencias podían comunicarse directamente en caso de crisis (doc. 19). Y se firmó el **tratado SALT** en 1972, que limitaba las armas nucleares e impedía que cualquiera de las superpotencias lograse la capacidad militar para aniquilar al contrario.

La coexistencia culminó en los **tratados de Helsinki** de 1975. En ellos, los Estados firmantes se obligaron a respetar la carta de derechos humanos de la ONU, algo que apenas se cumpliría en el bloque soviético ni en muchos países del bloque occidental.

Pero la política de apaciguamiento no significó que en esta etapa no hubiera conflictos muy graves.

Doc. 19 Cartel de la película *¿Teléfono rojo? Volamos hacia Moscú*, dirigida por Stanley Kubrick en 1963.
Es una reflexión, en clave satírica, sobre la Guerra Fría.

• La construcción del muro de Berlín

En 1961 Alemania volvió a convertirse en protagonista de la Guerra Fría. Berlín estaba dividida en dos sectores, el occidental, que pertenecía a la RFA, y el oriental, que era la capital de Alemania oriental. Entre ambas zonas existían grandes diferencias, el sector occidental era mucho más rico que el oriental y su población disfrutaba de un régimen de libertades del que carecían los berlineses orientales. Por ello, había una emigración al Berlín oeste que preocupaba a las autoridades de Alemania oriental (doc. 20).

Las autoridades comunistas de la RDA decidieron entonces separar su sector de la parte occidental de la ciudad para detener la emigración. El 13 de agosto de 1961 levantaron un **muro de hormigón** que dividió Berlín y a los berlineses durante treinta años. Este hecho impresionó al mundo y se convirtió en un símbolo de la Guerra Fría (docs. 20-22).

ACTIVIDADES

Doc. 20 Cómo salir de Berlín este

Los alemanes que huían al oeste podían llegar a Berlín este desde cualquier punto de la República Democrática Alemana y atravesar la zona de ocupación rusa en dirección a las zonas occidentales, y desde allí a través del pasillo ferroviario que unía Berlín oeste con el resto de la República Federal. Una vez allí, automáticamente tenían derecho a obtener la carta de ciudadanía en Alemania Occidental.

TONY JUDT, *Postguerra*, 2007

Tres adultos, llevando consigo a cuatro niños, pedalearon incesantemente en bicicleta hasta la frontera de Alemania occidental y se pasaron al mundo libre, según ha informado la policía fronteriza alemana.

EFE, Melirichstadt (Alemania), 16 de agosto de 1961

Doc. 21 El muro de Berlín.

8. ●● Buscar fuera del texto.

- Busca información sobre el muro de Berlín en http://www.berlin.de/mauer/wo-war-die-mauer/index.es.html y haz un breve texto explicando:
  a) ¿Dónde estaba el muro?
  b) ¿Qué eran los pasos fronterizos?
  c) ¿Qué era el *Checkpoint Charlie*? ¿Por qué se llamaba así?

9. ●● Analizar las causas de un hecho.

- Usa la información del texto de Tony Judt para explicar las causas de la construcción del muro de Berlín.

10. ●● Analizar un discurso.

- Lee el documento 22.
  a) Explica por qué el muro de Berlín era una manifestación del fracaso del sistema comunista según el presidente Kennedy.
  b) ¿Por qué dice Kennedy que la paz y la libertad no estarían aseguradas mientras existiera el muro de Berlín?
  c) Explica qué quiere expresar Kennedy con la frase «Ich bin ein Berliner».
  d) ¿Dónde crees que Kennedy dio este discurso, en Berlín este o en Berlín oeste? ¿Por qué?

Doc. 22 Discurso de Kennedy ante el muro de Berlín

Dos mil años hace que se hiciera alarde de que se era *Civis Romanus sum*. Hoy en el mundo de la libertad se hace alarde de que *Ich bin ein Berliner* [soy un berlinés].

Hay mucha gente en el mundo que realmente no comprende o dice que no comprende cuál es la gran diferencia entre el mundo libre y el mundo comunista. Decidles que vengan a Berlín.

Y hay algunos pocos que dicen que es verdad que el comunismo es un sistema diabólico pero que permite un progreso económico. Decidles que vengan a Berlín.

La libertad tiene muchas dificultades y la democracia no es perfecta. Pero nosotros no tenemos que poner un muro para mantener a nuestro pueblo, para prevenir que ellos nos dejen. [...]

Mientras el muro es la más obvia y viva demostración del fracaso del sistema comunista, todo el mundo puede ver que no tenemos ninguna satisfacción en ello; para nosotros, como ha dicho el Alcalde, es una ofensa no solo contra la historia, sino también una ofensa contra la humanidad, separando familias, dividiendo maridos y esposas y hermanos y hermanas y dividiendo a la gente que quiere vivir unida.

¿Cuál es la verdad de esta ciudad de Alemania? La paz real en Europa nunca puede estar asegurada mientras a un alemán de cada cuatro se le niega el elemental derecho de ser un hombre libre, y que pueda elegir un camino libre. [...]

La libertad es indivisible y cuando un hombre es esclavizado ¿quién está libre? [...]

Todos los hombres libres, dondequiera que ellos vivan, son ciudadanos de Berlín. Y por lo tanto, como hombres libres, yo con orgullo digo estas palabras *Ich bin ein Berliner*.

Berlín, 11 de junio de 1963

Doc. 23 Foto satélite que tomaron los estadounidenses y en la que se apreciaba la instalación de los misiles soviéticos en Cuba.

• La crisis de los misiles

En 1959, en Cuba, **Fidel Castro** derrocó al dictador Batista, pero Estados Unidos se opuso al nuevo régimen, que se aproximó a la URSS.

En 1962 la URSS comenzó la instalación de misiles en Cuba capaces de alcanzar el territorio estadounidense (doc. 23). En respuesta, el presidente John F. Kennedy decretó el bloqueo naval de Cuba para impedir la llegada de material militar soviético (doc. 25). Durante varios días el mundo contempló horrorizado la posibilidad de un enfrentamiento directo entre las dos superpotencias.

Finalmente, Kruschev aceptó desmantelar las bases soviéticas en Cuba y la tensión se rebajó. Sin embargo, Estados Unidos mantuvo la presión sobre el régimen cubano por considerarlo un motivo de inestabilidad en la zona.

• La guerra de Vietnam (1962-1974)

Fue el conflicto más sangriento de estos años. Vietnam estaba dividido en dos Estados desde su independencia de Francia en 1954: Vietnam del Norte, con un gobierno comunista, y Vietnam del Sur, que tenía un régimen anticomunista. En este último había surgido una guerrilla procomunista (el **Vietcong**) que pretendía incorporar el país a Vietnam del Norte.

Estados Unidos intervino a partir de 1962, cuando **Kennedy** envió consejeros militares a Vietnam del Sur para evitar la caída del régimen. Temían que si Vietnam se reunificaba bajo un régimen comunista, otros países serían absorbidos por el bloque soviético (**teoría del dominó**). Después, el presidente **Johnson** desplegó hasta medio millón de soldados en Vietnam. El conflicto acabó extendiéndose a Laos y Camboya (doc. 24).

Esta guerra fue muy impopular en Estados Unidos, por su duración y las numerosas bajas, y porque no se conseguía derrotar al Vietcong. Por eso, **Nixon** inició una retirada paulatina de Estados Unidos, que acabó en 1974. Un año después, el sur cayó derrotado y Vietnam se reunificó.

Doc. 24 La guerra de Vietnam.

Doc. 25 La crisis de los misiles.

Rebrote y final de la Guerra Fría (1977-1991)

En 1977 terminó la coexistencia pacífica y se produjo un rebrote de la Guerra Fría. En aquel año la URSS comenzó a desplegar misiles nucleares en sus zonas de influencia europea y asiática, lo que se conoce como la **crisis de los «euromisiles»**. Por entonces, la Unión Soviética también aumentó el apoyo que prestaba a los movimientos guerrilleros de diferentes países del Tercer Mundo e inició su **intervención en Afganistán** para mantener un gobierno prosoviético en ese país.

Estados Unidos respondió a esta agresiva política soviética con la instalación de misiles en algunas bases europeas de la OTAN y con el **Proyecto de Defensa Estratégica** (también conocido como «guerra de las galaxias») del presidente Reagan, un escudo desplegado en el espacio para repeler los ataques de los misiles soviéticos.

El relanzamiento de la carrera de armamentos incrementó los gastos militares, algo que la maltrecha economía soviética no podía soportar. La llegada al poder del nuevo líder soviético **Mijail Gorbachov** en 1985 puso de manifiesto los graves problemas económicos de la Unión Soviética. Gorbachov puso en marcha un programa de reestructuración (perestroika). Esto precipitó el final de la Guerra Fría, que se proclamó en la **cumbre de Malta** de 1989 y se confirmó con la **disolución del Pacto de Varsovia** en 1991.

IDEAS CLAVE

Conceptos nuevos. Define el significado del término *distensión*.

Los hechos. Enumera los conflictos que caracterizaron a cada etapa de la Guerra Fría.

Los protagonistas. Explica la importancia de los siguientes personajes en la Guerra Fría: Fidel Castro, Kennedy, Kruschev, Nixon.

Las causas. Señala las causas de la guerra de Vietnam.

¿Qué provocó el final de la Guerra Fría?

Los cambios. ¿Qué diferenció la primera etapa de la Guerra Fría de la época de la distensión?

ACTIVIDADES

Doc. 26 Convertir las armas en arados

El sistema está en bancarrota cuando el cerebro mismo se hurta al reconocimiento de que se halla en vías de destruirse a sí mismo [...]. Mientras sigamos sentados sobre nuestros depósitos de gas neurotóxico y de armas atómicas, todos pertenecemos a la secta de la violencia irracional. El gigantesco derroche de energía, de imaginación científica y de riqueza a escala mundial en el sector militar es el factor principal que determina la pobreza, la inflación y la desesperación en el mundo.

El sistema está en bancarrota cuando los médicos tienen que advertir del peligro de la guerra atómica, cuando en grandes anuncios tienen que publicar explicaciones sobre las consecuencias, inmediatas y a largo plazo, de las explosiones atómicas. Los médicos señalan que no existe ningún remedio eficaz contra la variedad de enfermedades y lesiones en caso de guerra nuclear y especialmente contra la enfermedad radiactiva.

PETRA KELLY,
Luchar por la esperanza. Sin violencia hacia un futuro verde,
1984

Doc. 27 Manifestación contra la instalación de los euromisiles.

11. ●● **Explicar la intensificación del movimiento pacifista en los años ochenta del siglo XX.**

- Describe en qué etapa de la Guerra Fría se encontraba el mundo en los años ochenta.
- ¿Qué sucedía en Europa?
- Observa el documento 27. ¿Cómo reaccionaron los europeos, a favor o en contra de la instalación de misiles?
- ¿Qué temían? Lee el documento 26 para apoyar tu respuesta.
- ¿Tú habrías sentido lo mismo?

Actividades de repaso

• Recuerda

12. Lee el resumen y completa la tabla en tu cuaderno.

LA GUERRA FRÍA	
Concepto	• Es el sistema de relaciones internacionales que abarcó desde el final de la Segunda Guerra Mundial hasta 1991. Se caracterizó por el enfrentamiento sin llegar a guerra entre dos superpotencias, Estados Unidos y la Unión Soviética, y la división del mundo en dos bloques, con sistemas económicos y políticos opuestos.
Características	• Cada bloque estaba liderado por una superpotencia respaldada por un conjunto de alianzas. • Carrera armamentística entre las dos superpotencias para intentar superar al contrario. Se llegó a una situación de equilibrio, por lo que los enfrentamientos se resolvieron por medio de conflictos locales, llamados de «baja intensidad», en diversos países. • Las potencias compitieron en todos los terrenos con el objetivo de ampliar y defender sus propios bloques; ejemplo de ello es la carrera espacial. • Los bloques establecieron el control social y político que provocó en ambos la represión de las opiniones críticas; si bien esto fue mucho más generalizado en el bloque comunista.
Bloque occidental	• Liderado por Estados Unidos. • Economía capitalista: reconocimiento de la propiedad privada y libre mercado. • Democracia: separación de poderes; reconocimiento de los derechos de la ciudadanía y pluralismo político.
Bloque comunista	• Liderado por la Unión Soviética. • Economía estatalizada dirigida por dictaduras comunistas. • Democracias populares: el partido comunista mantiene todo el poder, ausencia de libertades; represión de la disidencia.
Fases de la Guerra Fría	• **Máxima tensión (1947-1953).** División económica de Europa con el Plan Marshall y el COMECOM; y formación de los bloques militares: la OTAN encabezada por Estados Unidos y el Pacto de Varsovia dirigido por la Unión Soviética. Destacan dos crisis: el bloqueo de Berlín en 1948 con la división de Alemania en dos Estados; y la guerra de Corea (1950-1953). • **Coexistencia pacífica (1953-1977).** Diálogo y distensión entre ambas superpotencias, aunque hubo conflictos: la construcción del muro de Berlín en 1961, la crisis de los misiles soviéticos en Cuba en 1962, y la intervención de Estados Unidos en la guerra de Vietnam (1962-1974). • **Rebrote y final de la Guerra Fría (1977-1991).** Rebrote de la Guerra Fría con la crisis de los euromisiles y la intervención en Afganistán. En 1985 comenzó la perestroika y las superpotencias comenzaron un acercamiento que acabó con la Guerra Fría.

Superpotencias	Zona de influencia	Alianzas/Organizaciones

13. El tiempo.

- Distingue las diferentes etapas de la Guerra Fría.

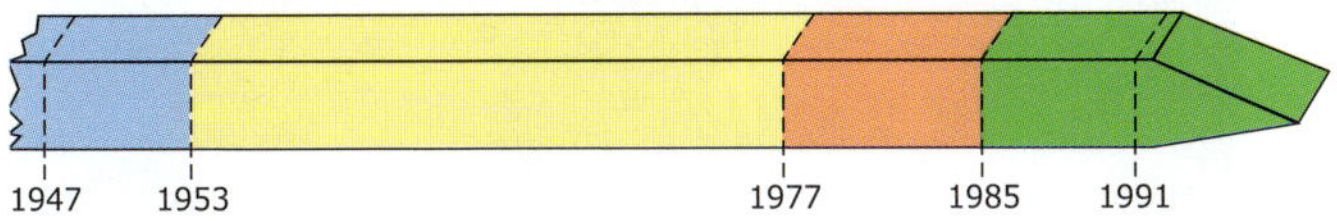

- Sitúa en un eje cronológico como este los siguientes hechos y explica por qué fueron importantes.
  a) Crisis de los misiles en Cuba.
  b) Construcción del muro de Berlín.
  c) Guerra de Afganistán.
  d) Guerra de Vietnam.
  e) Guerra de Corea.
  f) Crisis de los euromisiles.
  g) Bloqueo de Berlín.

14. Los lugares.

- Copia un mapa del mundo en tu cuaderno y localiza los conflictos del ejercicio anterior.

15. Los conceptos.

- Explica el significado de los siguientes conceptos:
  a) Telón de acero.
  b) Plan Marshall.
  c) Democracia popular.
  d) Planes quinquenales.
  e) Carrera armamentística.
  f) Coexistencia pacífica.
  g) Conflictos de baja intensidad.

16. Las organizaciones.

- Enumera los miembros y el bloque al que pertenecían estas organizaciones:
  a) OTAN.
  b) Pacto de Varsovia.
  c) SEATO.
  d) Kominform.

17. Los personajes.

- Explica la importancia histórica de los siguientes dirigentes políticos:
  a) Kennedy.
  b) Kruschev.
  c) Nixon.
  d) Gorbachov.

●● Analiza

18. Las causas.

- Explica las diferencias que oponían a los dos bloques durante la Guerra Fría y después enumera los acontecimientos concretos que condujeron al estallido de la Guerra Fría.
- Completa en tu cuaderno un cuadro como este, escribiendo en la columna de la derecha los motivos que condujeron al estallido de las principales crisis.

Crisis	Motivos
Crisis de los misiles en Cuba	
Bloqueo de Berlín	
Construcción del muro de Berlín	
Guerra de Vietnam	
Guerra de Corea	

19. Los cambios.

- Señala los cambios que se produjeron en la estrategia de las superpotencias entre el período de máxima tensión y el de la coexistencia pacífica.
- ¿Por qué rebrotó la Guerra Fría en los años setenta?

20. Las mentalidades.

- ¿Cómo crees que afectó la carrera de armamentos y el enfrentamiento de los bloques a la forma de pensar de los ciudadanos de aquel período? ¿Y la carrera espacial?

●●● Piensa críticamente

21. Las actuales divisiones del mundo.

- ¿Crees que en la actualidad existe una división total, económica y política, como la de la Guerra Fría?
- ¿Cuál sería, en tu opinión, la principal fractura en la actualidad? ¿Por qué lo piensas?

22. La imagen.

Doc. 28 Niña con quemaduras causadas por los bombardeos con napalm (Vietnam).

- Observa la imagen y responde.
  a) ¿Qué refleja la fotografía? ¿Cuál crees que era la intención del fotógrafo?
  b) ¿En qué conflicto de la Guerra Fría se produjo esta imagen? ¿Entre qué años se produjo este conflicto? ¿Qué países participaron en él? ¿Cuál fue el resultado de esa guerra?

La Guerra Fría en *El espía que surgió del frío*

La relación de la literatura y el cine es casi tan antigua como la aparición del cinematógrafo. Es frecuente la adaptación al cine de novelas de éxito, como en este caso. *El espía que surgió del frío* está basada en la novela del mismo nombre del escritor británico John Le Carré publicada en 1963, que se convirtió en un clásico de la novela de espionaje centrada en la Guerra Fría.

Doc. 29 John Le Carré.

FICHA TÉCNICA Y SINOPSIS

Título y año: *The Spy Who Came In from the Cold,* 1965.

Duración: 122 minutos. Blanco y negro.

Género: Intriga/Espionaje.

Dirección: Martin Ritt.

Autor/Argumento y guion: Paul Dehn & Guy Trosper.

Reparto: Richard Burton (Alec Leamas), Claire Bloom (Nan Perry), Oskar Werner (Fiedler), Sam Wanamaker (Peters), Rupert Davies (George Smiley).

Sinopsis: El agente secreto Alec Leamas, responsable del espionaje británico en Berlín, ya en el ocaso de su carrera, no desea abandonar la clandestinidad para ocupar un despacho oficial.

Londres le encarga una nueva misión que consiste en hacerse pasar por un desertor. De este modo no le resulta difícil entrar en los círculos de espionaje comunistas. Pero el agente, comprometido en su nueva misión, acaba descubriendo que es una simple tapadera, y él un instrumento al servicio de un complot secreto.

GUION DEL ESPECTADOR

23. Presentación previa de la película.

- Realiza una breve biografía del autor de la novela y del director del filme señalando sus principales obras.
- Indaga sobre la vida de Le Carré y la razón del éxito de sus novelas. ¿Por qué recreó tan bien el mundo del espionaje?
- Explica las circunstancias y los condicionantes políticos, económicos y sociales en los que se realizaron la novela y la película.

24. Análisis de la película.

- Explica el significado del título.
- Resume su argumento en pocas líneas y sitúalo en el espacio y el tiempo en los que se desarrolla.
- Identifica los personajes principales, sus ideas y actitudes frente a los acontecimientos que narra el filme.

25. Conclusiones: valoración y crítica.

- En el caso de que la película trate aspectos que has estudiado en este tema, valora si la narración se ajusta a los mismos.
- ¿Qué te enseña la obra?
- ¿Se puede considerar como una fuente de información adecuada para el tema histórico al que se refiere?

Doc. 30 Cubierta de la novela.

La carrera espacial

Durante la Guerra Fría se produjo la competencia tecnológica entre las dos superpotencias, que tuvo su principal exponente en la carrera espacial. El control del espacio permitía a las superpotencias vigilar y amenazar a sus enemigos y constituía un extraordinario elemento de propaganda.

Doc. 31 La nave *Apolo 13* en su plataforma de lanzamiento (1970).

FUENTES

Resúmenes que relacionan la tecnología y la carrera espacial con la Guerra Fría:

http://es.wikipedia.org/wiki/Guerra_Fr%C3%ADa#Carrera_Espacial

http://sobrecuriosidades.com/2009/06/19/la-carrera-espacial-sus-datos-y-curiosidades/

http://www.youtube.com/watch?v=3pK3VYzw85g

Principales hitos de la carrera espacial:

http://www.cosmopediaonline.com/sputnik.html

http://www.upv.es/satelite/trabajos/pracGrupo9/carrera/carrera.htm

http://www.elpais.com/graficos/sociedad/carrera/espacial/elpgrasoc/20031029elpepusoc_1/Ges/

Artículo sobre las razones estratégicas de la carrera espacial durante la Guerra Fría y las perspectivas actuales de los programas espaciales:

http://www.razonypalabra.org.mx/inmediata/2005/agosto.html

●●● PLAN DE LA INVESTIGACIÓN

26. Busca la información.

- Debes buscar información sobre los siguientes aspectos:
  a) Los motivos militares que tenían las superpotencias para desarrollar la tecnología espacial durante la Guerra Fría.
  b) El uso propagandístico que dieron a la carrera espacial.
  c) Los principales acontecimientos de la carrera espacial durante la Guerra Fría.
  d) El acontecimiento que puso fin a la carrera espacial entre las superpotencias.
  e) Los problemas del programa espacial tras la Guerra Fría.
  f) Las perspectivas de futuro que tiene el programa espacial en la actualidad.
- Entra en las páginas web que te proponemos. Échales un vistazo y decide cuáles te son útiles para encontrar los datos de la investigación.
- Imprime o copia la información que vas a utilizar.
- Léelas con atención y subraya los asuntos que te interesen.

27. Trata la información.

- Haz un listado con los principales hitos de la carrera espacial y anota el país que los llevó a cabo.

28. Sintetiza la información.

- Toma un folio para cada uno de los apartados que se han señalado en la búsqueda de información, escribe el título en la parte superior y anota las ideas y los datos que tienen relación con ese tema.

29. Comunica la información.

- Escribe un informe con los siguientes capítulos:
  1. El origen de la carrera espacial.
  2. Los hitos principales de la carrera espacial.
  3. El fin de la carrera espacial y los problemas del programa tras la Guerra Fría.
  4. Perspectiva actual de los programas espaciales.

TEMA

12

El proceso de descolonización

COMPETENCIAS QUE VAS A PRACTICAR

- Social y ciudadana: en todo el tema.
- Comunicación lingüística: actividades 2, 5 y 7.
- Matemática: actividad 24.
- Tratamiento de la información: 3, 4, 5, 6, 7, 11, 18, 19, 19, 20, 21, 22 y 23.
- Aprender a aprender: 1, 8 y 9.

NO TE LO PIERDAS

Libros

- *El americano tranquilo*, Graham Greene.
- *Éxodo*, Leon Uris.

Películas

- *La batalla de Argel*, de Gillo Pontecorvo, 1965.
- *Gandhi*, de Richard Attenborough, 1982.

Enlaces

- Las Naciones Unidas y la descolonización http://www.un.org/es/decolonization/
- La descolonización http://www.artehistoria.jcyl.es/historia/contextos/3185.htm
  http://www.artehistoria.jcyl.es/historia/contextos/3219.htm

Territorios que estuvieron bajo el dominio de imperios coloniales

La independencia del continente americano

A mediados del siglo XVIII toda América estaba en manos de potencias europeas.

Estados Unidos fue el primer país que se independizó del imperio británico. Pocas décadas después casi toda **Latinoamérica** siguió su ejemplo y, entre 1808 y 1825, los imperios español y portugués en el continente se desintegraron y dieron lugar a los actuales países latinoamericanos. Otros territorios, como Cuba o Puerto Rico, tardaron casi un siglo más en alcanzar su independencia.

Solo quedaron algunos casos especiales, como Canadá y otros pequeños territorios en el Caribe y Sudamérica.

- Tras la Segunda Guerra Mundial se aceleró el movimiento de emancipación de las colonias. Los imperios europeos se fragmentaron en decenas de nuevos Estados.
- Estas nuevas naciones, junto a los países latinoamericanos, formaron lo que el economista francés Alfred Sauvy llamó (1952) el Tercer Mundo, por semejanza con el tercer estado en la Revolución Francesa de 1789.
- La descolonización diseñó un nuevo mapa del mundo, pero el trazado de las fronteras creó numerosos problemas. Uno de los que perduran es el enfrentamiento entre Israel y Palestina.

Otros territorios bajo dominio de imperios

En este grupo hay casos muy diferentes.
En primer lugar, están aquellas posesiones del imperio británico que fueron accediendo poco a poco a la independencia mediante acuerdos con la metrópoli, como **Canadá**, **Australia** o **Nueva Zelanda**.

Por otro lado, hay otros países, como **China**, que nunca pertenecieron a ningún imperio, pero las potencias europeas se inmiscuyeron de tal forma en su política interna que en la práctica llegaron a tener un poder completo sobre ellos.

Un caso único fue el de la **desintegración de la URSS** en la década de 1990. La mayoría de los países que se formaron entonces ya habían pertenecido al viejo imperio ruso, y la URSS mantuvo un dominio total sobre ellos.

El proceso de descolonización

El proceso de descolonización afectó a gran parte de **África**, **Asia** y **Oceanía**. Fueron los territorios dominados por las grandes potencias a lo largo del siglo XIX.

Cada territorio tuvo un tipo de dominación; algunos eran colonias plenas donde los europeos gobernaban y explotaban los recursos económicos y a la población.

Áreas de **Oriente Medio** se convirtieron en mandatos de los países europeos tras la disolución del Imperio otomano, aunque no se integraron oficialmente en ningún imperio.

1 La descolonización: definición, causas y medios

Doc. 1 **Entrega de Macao a China.**
La ciudad de Macao, ubicada en el sureste de China, fue colonia portuguesa desde el siglo XVI hasta 1999.

Denominamos descolonización al proceso de independencia de los territorios que estuvieron dominados por los grandes imperios europeos del siglo XIX. Como resultado, se creó un mapa del mundo muy similar al actual.

Las causas de la descolonización

Cuando terminó la Segunda Guerra Mundial subsistían la mayoría de los imperios que se habían ido formando a lo largo del siglo XIX. Pero la guerra creó una nueva situación, que no era favorable a su mantenimiento.

- La Segunda Guerra Mundial había mostrado a las colonias la **debilidad de sus metrópolis** y que estas no eran invencibles. En Asia, las colonias de Indonesia e Indochina fueron ocupadas por Japón, por lo que quedaron aisladas de las metrópolis y la población estuvo expuesta a la propaganda antioccidental.
- La guerra también **reforzó los movimientos nacionalistas**. Ya antes de la Segunda Guerra Mundial en las colonias se habían creado movimientos nacionalistas que, desde la legalidad o desde la clandestinidad, luchaban por la independencia. Pero la guerra fue una escuela de formación de guerrillas contra los ocupantes y de forja de líderes populares, que conectaron con las masas, alejadas hasta entonces de un movimiento nacionalista que no comprendían o del que desconfiaban.
- Por otra parte, las dos grandes superpotencias que salieron de la guerra, **Estados Unidos y la URSS**, no tenían colonias en el sentido tradicional, pero necesitaban apoyos para su disputa por la hegemonía mundial. Por ello, propiciaron el resurgir de movimientos independentistas, a fin de sustituir la influencia europea por la suya en todo el mundo.
- También fue muy importante **el papel de la ONU**. Uno de los principios sobre los que se basaba la nueva organización era el **derecho a la autodeterminación** de los pueblos dominados por los imperios. Tras la Segunda Guerra Mundial ningún gobierno deseaba ser tachado de «imperialista».

La descolonización: cronología, espacios y medios

La descolonización afectó a millones de personas con una gran variedad cultural, religiosa y económica. El comienzo de la descolonización suele situarse en 1946, año en que Filipinas se independizó de Estados Unidos y Transjordania de Gran Bretaña, aunque algunas colonias se independizaron antes.

La mayor parte del proceso se produjo en los años cincuenta, sesenta y la primera mitad de los setenta del siglo XX **(doc. 2)**.

Las últimas colonias que se independizaron fueron Hong Kong, que obtuvo su independencia de Gran Bretaña en 1997, y Macao, que fue colonia de Portugal hasta 1999 **(doc. 1)**.

El proceso de descolonización varió mucho según los casos. En general, fue **pacífico** en el caso de las colonias británicas, donde el proceso se llevó a cabo mediante la negociación. Por el contrario, la disolución del imperio francés fue, a menudo, el resultado de duras **guerras**.

IDEAS CLAVE

Las causas. ¿Qué aspectos determinaron la oleada independentista de los territorios colonizados?

Los medios. ¿Cómo se produjo el proceso de descolonización?

Los protagonistas. ¿Qué papel jugaron en la descolonización la ONU, Estados Unidos y la URSS?

El objetivo. ¿Qué perseguía la descolonización?

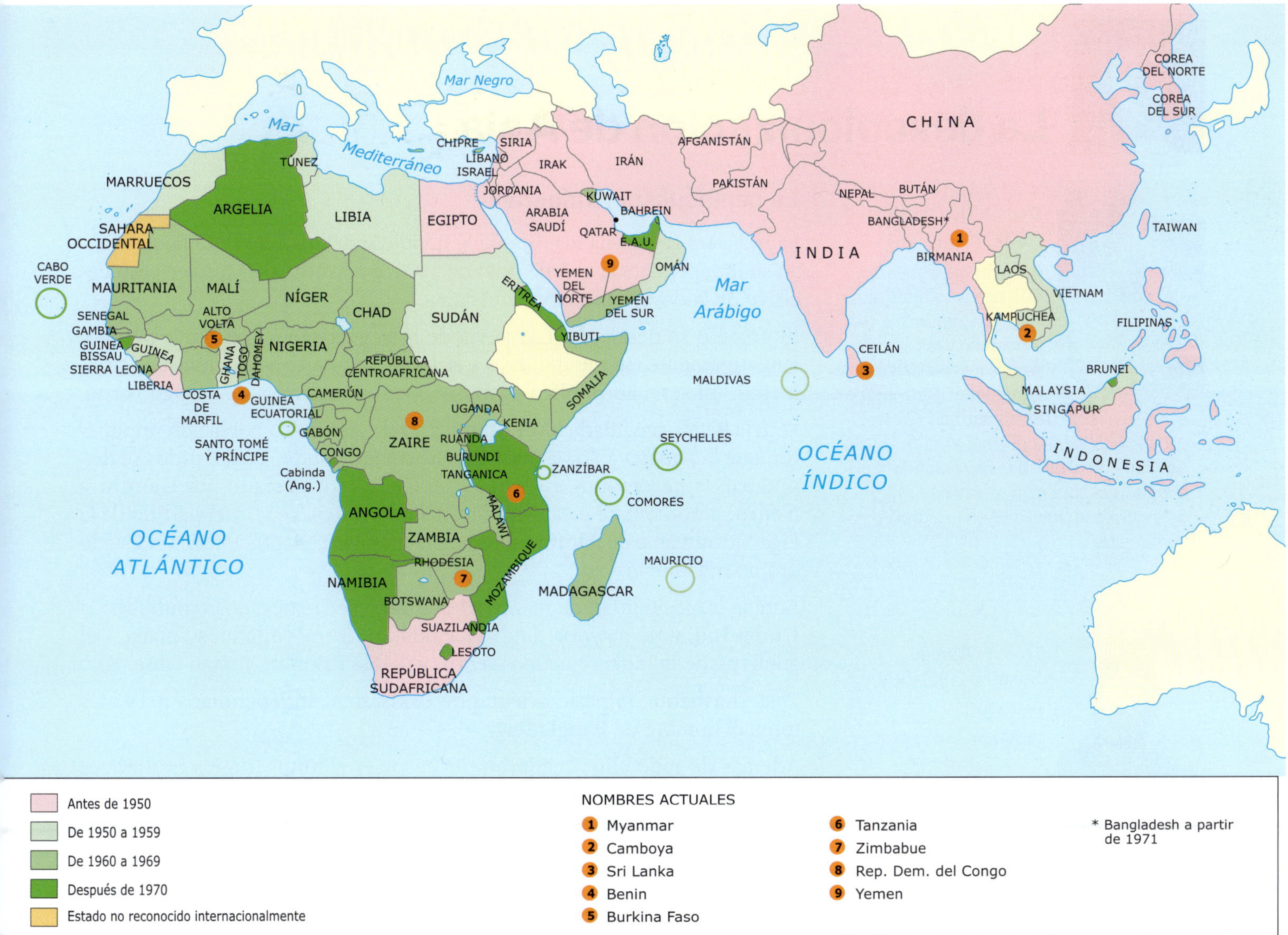

Doc. 2 El proceso de descolonización.

Doc. 3 Los imperios en 1914.

ACTIVIDADES

1. ●● Describir el espacio y el tiempo.

- ¿En qué continentes tuvo lugar la descolonización?
- Compara los mapas. Escribe el nombre de los nuevos países que surgieron de cada uno de los imperios.

	África	Asia
Imperio británico		

- Analiza las etapas. Escribe el nombre de los países que se independizaron en cada etapa.

	África	Asia
Antes de 1950		
Años cincuenta		
Años sesenta		
Después de 1970		

2 La descolonización de Asia

Doc. 4 Ho Chi Minh (1890-1969)

Creador del Estado de Vietnam. Fundó el Partido Comunista Indochino y la Liga para la Independencia de Vietnam. Derrotó al colonialismo francés en 1954 e inició una lucha contra Vietnam del Sur, con el objetivo de reunificar el país, que concluyó seis años después de su muerte con la victoria comunista.

Doc. 5 Ahmed Sukarno (1901-1979)

Líder de la independencia de Indonesia de los Países Bajos. Elegido presidente en 1949, su gobierno se caracterizó por ser una dictadura personal de connotaciones nacionalistas, militaristas y socialistas, mientras que en el plano internacional fue uno de los líderes del Movimiento de los No Alineados. En 1967, presionado por los militares derechistas, tuvo que retirarse.

IDEAS CLAVE

Protagonistas. Explica la actuación de Gandhi, Nehru, Ho Chi Minh y Sukarno.

Hechos decisivos. Valora la influencia en la descolonización de estos hechos:

- La ocupación japonesa de Indochina e Indonesia.
- Batalla de Dien Bien Phu.

Los principios. ¿Qué defendían el Partido del Congreso y la Liga Musulmana?

Los métodos. ¿Cómo lograron la India, Indochina e Indonesia su independencia?

La península del Indostán

La India era la colonia más grande y populosa del imperio británico. Alcanzó su independencia el 1 de julio de 1947 y constituyó el primer paso decisivo de la descolonización en Asia.

El proceso se desarrolló por la vía de la negociación y en breve tiempo. Paulatinamente, se fue dotando a la India de una constitución, un Parlamento, un servicio público propio y otras concesiones de autogobierno.

Pero la heterogeneidad cultural, étnica y religiosa de su población impidieron que la antigua colonia pudiera permanecer unida. Dos partidos se disputaban la hegemonía: el Partido del Congreso, liderado por **Gandhi y Nehru**, partidario de crear un único Estado (docs. 6-7), y el partido de la Liga Musulmana, de **Alí Jinnah**, que pretendía la constitución de un Estado propio musulmán.

Ante la imposibilidad de mantener la unión, se crearon dos repúblicas: la **Unión India**, de mayoría hindú, y **Pakistán**, de mayoría musulmana. Del gobierno de la India se ocupó Nehru, y del de Pakistán, Jinnah (doc. 8).

Posteriormente, la parte oriental de Pakistán se independizó en 1971 y tomó el nombre de **Bangladesh**.

Además de todo ello, quedaron por resolver algunos litigios fronterizos entre la India y Pakistán, especialmente en la región de **Cachemira**, donde se ha mantenido hasta la actualidad la tensión entre ambos Estados.

Indochina

El imperio francés en Asia fue ocupado en la Segunda Guerra Mundial por Japón, contra el que lucharon distintos movimientos nacionalistas.

Los japoneses se retiraron tras la Segunda Guerra Mundial, y **Ho Chi Minh** (doc. 4), líder de la Liga para la Independencia del Vietnam (*Vietminh*), proclamó la independencia en septiembre de 1945.

Pero Francia no quiso reconocer la independencia, por lo que pronto estalló una guerra que duró ocho años (1946-1954) y que a partir de 1950 adquirió dimensiones internacionales. Las milicias del *Vietminh* fueron apoyadas por la República Popular China, mientras que los franceses comenzaron a recibir ayuda de Estados Unidos, que intentaba impedir el avance comunista en Asia.

En 1954, el ejército francés fue derrotado en **Dien Bien Phu**. Tras la retirada francesa, se optó por la división de la península Indochina en tres Estados, **Laos, Camboya y Vietnam**, este último dividido posteriormente en Vietnam del Norte y Vietnam del Sur.

Indonesia

La descolonización de Indonesia (las antiguas Indias Holandesas) fue también rápida. Indonesia cayó en manos japonesas en 1942. Contra el dominio japonés luchó **Ahmed Sukarno** (doc. 5), líder del Partido Nacional Indonesio, quien a los dos días de la rendición japonesa proclamó la República de Indonesia. Los Países Bajos no aceptaron esta situación, pero tras dos años de guerra reconocieron la independencia.

ACTIVIDADES

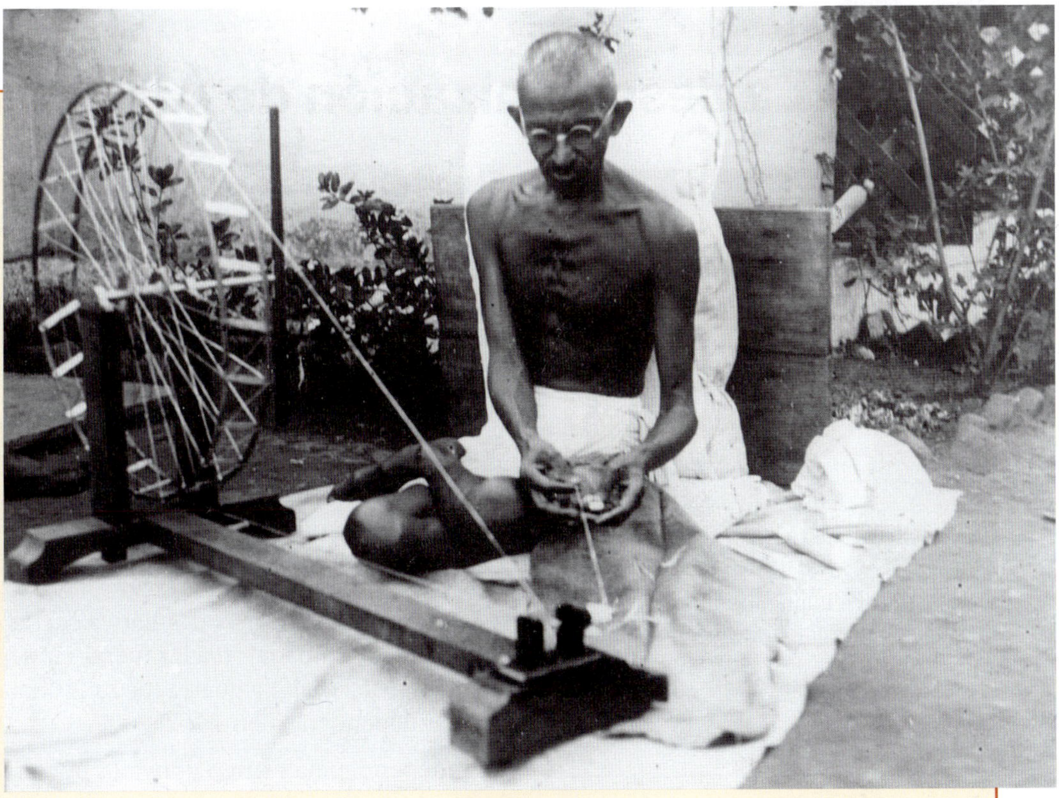

Doc. 6 Mahatma Gandhi.
Líder independentista indio. Nació en 1869 en el seno de una familia rica.
Se consagró a la causa de la independencia, defendiendo el uso de medios pacíficos para terminar con la ocupación británica en la India; por ejemplo, las sentadas y el boicot a los productos británicos.
En 1948 fue asesinado por un fanático religioso hindú.

Doc. 7 El ideario de Gandhi

La no-violencia no es «la renuncia a toda lucha real contra la maldad». Por el contrario, la no-violencia que concibo es una lucha más real y activa contra la maldad que la represalia, que por naturaleza incrementa el mal.
Lo que pretendo es una oposición mental, y por lo tanto moral, a las inmoralidades.
Lo que procuro con todo afán es mellar el filo de la espada del tirano, no levantando contra ella un arma más afilada, sino defraudando su expectativa de que voy a ofrecerle resistencia física.
La resistencia del alma que voy a ofrecerle ha de esquivar la espada del tirano.

MAHATMA GANDHI, *Mi religión*

Doc. 8 La partición de la península del Indostán.

2. ●● **Analizar la descolonización de la India.**

- Lee el documento 7 y define qué métodos proponía Gandhi para lograr la independencia de la India de los británicos.

3. ●● **Analizar las consecuencias de la descolonización.**

- ¿Qué Estados se formaron inicialmente tras la partición de la India británica?
- ¿En qué territorios se hallaba fragmentado el Estado pakistaní?
- ¿Qué resultó de esa división?

3 La descolonización de África

Doc. 9 Patrice Lumumba, líder de la descolonización del Congo belga.

GLOSARIO

Negritud. Conjunto de los valores culturales y espirituales del África negra.

Panafricanismo. Movimiento de unión y de solidaridad entre los pueblos africanos. Surgió en la Conferencia de Accra de 1958 y se consolidó en la Conferencia de Adís Abeba (1963), con la fundación de la Organización para la Unidad Africana (OUA).

IDEAS CLAVE

El papel de la población. Valora la importancia que tuvo el pueblo africano en su independencia.

Las características. Valora si fue importante la participación de los movimientos nacionalistas.

Protagonistas. ¿Quiénes fueron principalmente los artífices de la independencia?

El proceso. ¿Cómo fue el proceso de independencia en África del norte? ¿Y en el África subsahariana?

El norte y noreste de África

La conciencia nacional de los países de cultura musulmana se desarrolló durante el período de entreguerras, pero fue tras la Segunda Guerra Mundial cuando se generalizó. En todos estos países existía un partido independentista que, mediante negociaciones (excepto el caso de Argelia), arrancó de las metrópolis crecientes cotas de autogobierno.

- En 1922 concluyó el protectorado británico en **Egipto**.
- **Libia** proclamó su independencia de Italia en 1951. En un principio, el país estuvo gobernado por una monarquía. En 1969 un golpe de Estado estableció la dictadura del coronel **Gadafi**.
- En 1956 consiguieron su independencia **Túnez** y **Marruecos**.
- La emancipación más dramática fue la de **Argelia**, donde los colonos franceses combatieron a las fuerzas independentistas del Frente de Liberación Nacional. La guerra fue sangrienta y terminó con la proclamación de independencia en 1962.

La independencia estuvo apoyada por un extenso movimiento religioso-cultural: el **panarabismo**. El panarabismo promovía la solidaridad entre los países de lengua árabe y civilización musulmana, con el fin de construir un nuevo bloque de países de proyección mundial.

El África subsahariana

Las potencias europeas concedieron la independencia a los nuevos Estados subsaharianos de un modo pactado y generalmente pacífico.

A diferencia de las anteriores regiones, los pueblos del África subsahariana **no habían desarrollado movimientos nacionalistas**. Por eso, las fronteras surgidas de las declaraciones de independencia respondieron al reparto que las metrópolis europeas habían hecho durante el siglo XIX, incluyendo muchas veces bajo un mismo Estado a poblaciones de una notoria diversidad étnica y cultural, en ocasiones abiertamente enfrentadas; por el contrario, existían pueblos cuyos territorios se encontraban divididos en dos o más Estados.

Los procesos de independencia fueron **iniciados por minorías de las clases europeizadas**, de las que habían surgido los líderes de la independencia (como Senghor en Senegal, Lumumba en el Congo belga, Nkrumah en Ghana…), mientras que la gran masa de la población permaneció ajena al cambio de soberanía.

Por estas razones, la conformación de esos nuevos Estados no fue sencilla, y tras la emancipación afloraron las contradicciones: elites indígenas formadas en Europa incapaces de comunicarse con la mayor parte del país, instituciones ajenas a la tradición local, ausencia de sentimiento nacional, conflictos tribales, enfrentamientos por las fronteras…

En gran parte de estos Estados se acabaron imponiendo gobiernos fuertes, generalmente de carácter militar o sustentados por militares.

Por otro lado, la continuidad de los lazos políticos, económicos y culturales con la metrópoli provocó, como reacción, la aparición de un movimiento contrario, la **negritud***, así como el deseo de reafirmar los lazos entre los países africanos (**panafricanismo***).

ACTIVIDADES

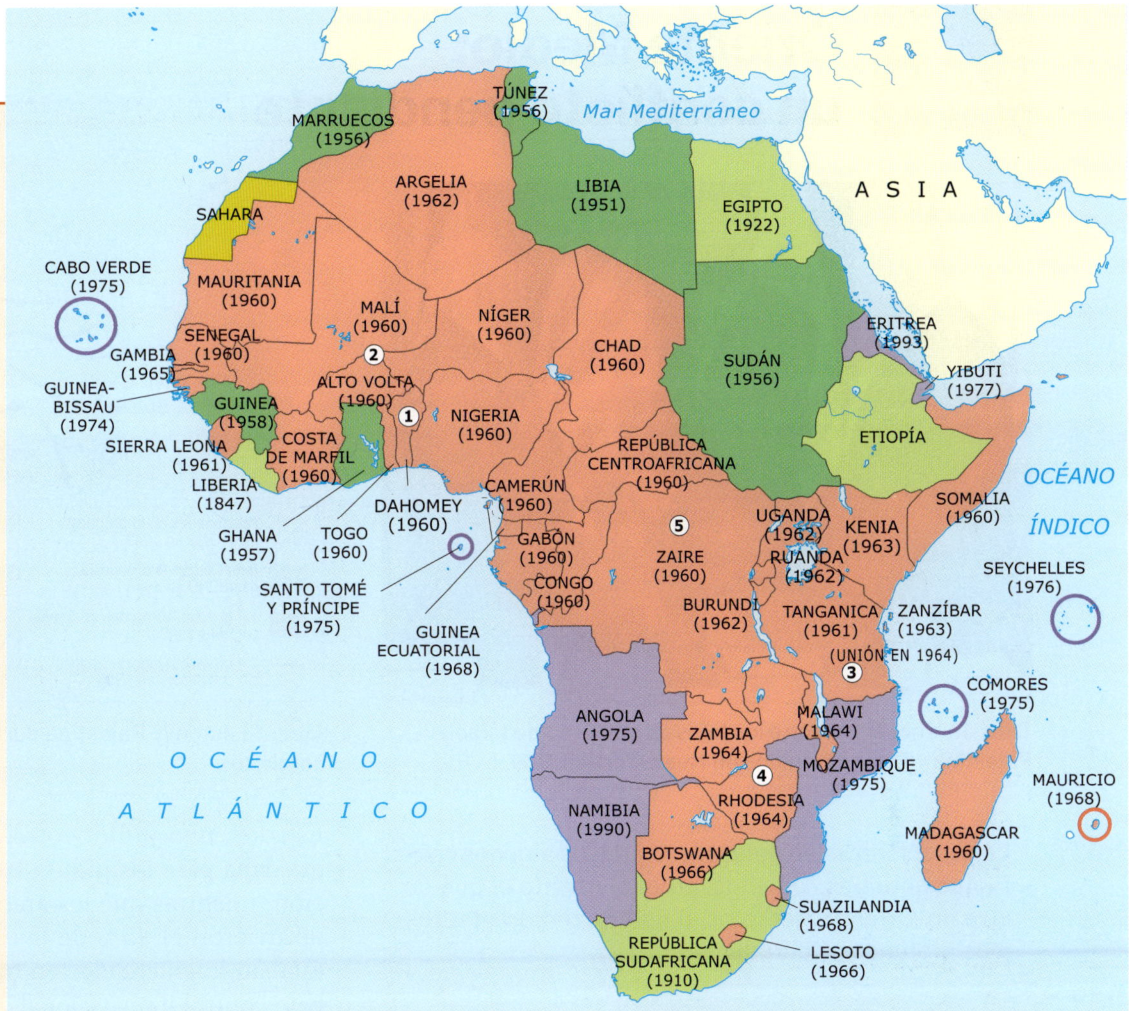

Doc. 10 Descolonización de África.

Doc. 11 La «africanidad», según Léopold Sédar Senghor

[...] fundar una organización común solamente sobre la base del anticolonialismo es darle una base muy frágil. Porque el pasado colonial no nos caracteriza tanto como africanos. Eso es algo que tenemos en común todos los pueblos de África y de América. Eso es pasado [...], sobre todo cuando se trata de construir nuestro futuro. Este futuro solo puede reposar sobre valores que sean comunes a todos los africanos y que sean, al mismo tiempo, permanentes. Es precisamente el conjunto de esos valores al que yo llamo «africanidad».

Es mi propósito intentar definir estos valores. Son, esencialmente, los valores culturales. Pero estos están condicionados por la geografía, la historia y la etnografía o el etnos, si no por la raza. Siempre he definido la «africanidad» como la simbiosis complementaria de los valores del arabismo y de los valores de la negritud.

[...] Haré un intento para demostrar que esta simbiosis por mestizaje se ha realizado, primeramente, a nivel de raza y de etnos [...].

M. LÓPEZ CORDÓN y J., MARTÍNEZ CARRERAS
Análisis y comentario de textos históricos, 1980

4. ●● Comparar el mapa de la descolonización de África con un mapa actual.

- Observa el documento 10.
  - a) ¿Qué países africanos eran independientes antes de 1950?
  - b) ¿En qué período de tiempo se produjo la mayor parte del proceso de descolonización?
  - c) ¿Qué países fueron los últimos en independizarse? ¿A qué imperio colonial pertenecían?
  - d) ¿Qué territorio no está aún reconocido internacionalmente?
- Compara este mapa con un mapa político actual de África.
  - a) ¿Qué países han cambiado de nombre?
  - b) ¿Qué nuevos países han surgido?

5. ●●● Entender el concepto de africanidad.

- Lee el documento 11.
  - a) ¿Qué defiende el autor como «africanidad»?
  - b) ¿Qué importancia se da al pasado colonial de África?
  - c) Busca en Internet información sobre Léopold Sédar Senghor.

4 Oriente Medio: un conflicto pendiente

Doc. 12 Encuentro entre los jefes de gobierno de Israel, Palestina y Estados Unidos en Nueva York en 2009.

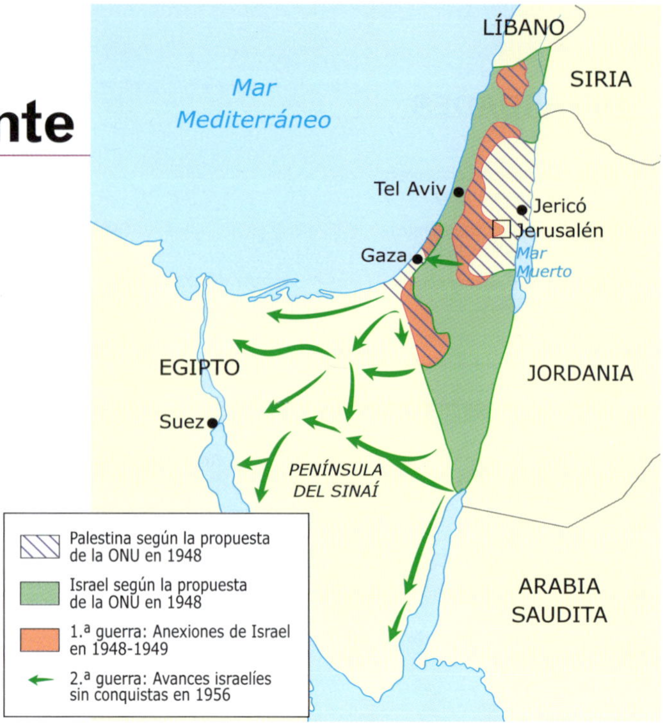

Doc. 13 Israel y Palestina durante los dos primeros conflictos.

La descolonización está en el origen de algunos conflictos actuales. De ellos, probablemente el que se vive en Oriente Medio es el que ha tenido efectos más profundos y duraderos.

Próximo Oriente en la primera mitad del siglo XX

Desde finales del siglo XIX el **movimiento sionista** postulaba la fundación de un Estado para el pueblo judío, que estaba disperso en diversos países de Europa y Estados Unidos.

En el contexto de la Primera Guerra Mundial se produjo la **Declaración Balfour** (1917), en la que Reino Unido se comprometió a favorecer la creación de un «hogar nacional judío en Palestina». Esto hizo que creciera a ritmo incesante el establecimiento de judíos en este territorio, en el que vivían los árabes desde el siglo VIII.

Tras la Primera Guerra Mundial, la Sociedad de Naciones concedió el mandato sobre Palestina a Reino Unido.

La **inmigración judía** a Palestina se intensificó en los años treinta, pues muchos judíos huían del régimen nazi. Si en 1931 vivían en Palestina 174.000 judíos, en 1935 su número ascendió a 335.000. Esto provocó el descontento de la población árabe. En 1945 ya habitaban en Palestina unos 600.000 judíos, frente a 1.200.000 árabes.

Los judíos comenzaron a oponerse a la presencia británica en Palestina, incluso cometiendo atentados terroristas.

En 1947 la ONU aprobó una resolución que establecía la retirada británica y la **partición de Palestina** en dos Estados, uno judío y otro árabe: el 55 % del territorio quedaba para los judíos, que eran el 33 % de la población, mientras que los árabes (el 66% de la población) obtuvieron el 45% de la tierra; además sus territorios estaban fragmentados en tres partes. Jerusalén quedaba bajo control internacional.

Las guerras árabe-israelíes

El mandato inglés llegó a su fin el 14 de mayo de 1948, y ese mismo día David Ben Gurion proclamó el Estado de Israel. Al día siguiente, los países árabes de la zona enviaron sus tropas contra el nuevo Estado, lo que desencadenó la **primera guerra árabe-israelí**. Israel sorprendió al mundo con una fulgurante victoria militar. Como consecuencia, Israel amplió sus territorios más allá de lo que la ONU le había asignado y ocupó la parte occidental de Jerusalén.

En julio de 1956 la tensión se volvió a agravar cuando Egipto nacionalizó el **Canal de Suez**, lo que provocó la respuesta de Israel, Francia y Gran Bretaña, que se aliaron e invadieron la **península del Sinaí**. Las presiones de la ONU y Estados Unidos los obligaron a retirarse **(doc. 13)**.

El 5 de junio de 1967 comenzó el tercer enfrentamiento, la **Guerra de los Seis Días**. Israel atacó a Egipto, Siria y Jordania, y conquistó Gaza, Cisjordania, Jerusalén Este, los Altos del Golán y la península del Sinaí **(doc. 14)**. Una resolución de la ONU ordenó la retirada israelí de los territorios recién ocupados; resolución que Israel no ha cumplido todavía.

Doc. 14 La expansión israelí entre 1967 y 1993.

Doc. 15 Israel y Palestina tras los acuerdos de paz de los años noventa del siglo XX.

La cuarta guerra árabe-israelí fue la **guerra del Yom Kippur**. Comenzó en 1973, cuando Egipto y Siria atacaron las posiciones israelíes. Pero la ayuda estadounidense permitió que Israel recuperara el territorio perdido. Tras la guerra, Estados Unidos presionó a Egipto e Israel para que firmaran los **acuerdos de Camp David**, por los que Egipto reconocía al Estado de Israel, que, a cambio, le devolvía la península del Sinaí.

En abril de 1975 llegó la **Guerra del Líbano** con la ofensiva de Israel para expulsar a los palestinos de este territorio.

El nacimiento de la Autoridad Nacional Palestina (ANP)

Tras la primera guerra árabe-israelí la población palestina que quedó dentro de Israel (unos 160.000) fue marginada. Los 900.000 palestinos que decidieron abandonar los territorios ocupados pasaron a vivir en campos de refugiados en diversos países árabes.

Esto favoreció el despertar de la conciencia nacional palestina y de la resistencia. Así, en 1964 nació la **Organización para la Liberación de Palestina (OLP)**, cuyo principal líder fue **Yasser Arafat**.

La OLP llevó a cabo acciones terroristas contra Israel. A partir de los años ochenta los palestinos pusieron en marcha tácticas de guerrilla urbana contra el ejército israelí en los territorios que este había ocupado en 1967 (Gaza, Cisjordania…). Es lo que se conoce como **Intifada**.

Ante la situación de continua violencia, la ONU propició la negociación. Por el **acuerdo Gaza-Jericó** (1994), Israel reconoció el autogobierno palestino. Se creó la **Autoridad Nacional Palestina (ANP)**, que ocupaba la Franja de Gaza, Jericó y sus alrededores, y Cisjordania (**doc. 15**). Yasser Arafat fue su primer presidente, cargo que desempeñó hasta su muerte en 2004.

A finales de 2011 los palestinos solicitaron en la ONU su reconocimiento como Estado, pero su petición no prosperó. Sin embargo, sí fueron admitidos en la UNESCO.

IDEAS CLAVE

Conceptos nuevos. Define: sionismo, ANP y OLP.

El papel de la población. Explica la influencia de la inmigración en la formación del Estado de Israel.

Hechos decisivos. Valora su importancia: declaración Balfour, proclamación del Estado de Israel, acuerdo Gaza-Jericó.

Los principios. ¿Qué defendía el sionismo? ¿Y la OLP?

Los métodos. Explica por qué decimos que el terrorismo fue un «arma» importante en la lucha de judíos y palestinos.

ACTIVIDADES

6. ●● Analizar el conflicto armado árabe-israelí.

- ¿Cómo se repartió el territorio entre Israel y Palestina?
- Compara los documentos 13 y 14 y señala las zonas que conquistó Israel en cada una de las guerras.

5 El nacimiento del Tercer Mundo

Behrendt in Algemeen Handelsblad, Amsterdam
"Porter, please?"

Doc. 16 Caricatura publicada en el periódico estadounidense *New York Times*, en 1960.

Gran parte de los nuevos Estados (junto a la mayoría de los países latinoamericanos) pasaron a formar lo que se llamó Tercer Mundo. Un espacio que no pertenecía ni al mundo comunista ni al capitalista y que se caracterizó por su inestabilidad política y su subdesarrollo.

Unos Estados frágiles

Los nuevos Estados conservaron las fronteras de las antiguas colonias. En su mayoría eran **fronteras artificiales**, que no se correspondían con los límites entre los diferentes pueblos. Esto dio lugar a numerosas guerras. Unas fueron guerras civiles, pues se enfrentaron grupos de un mismo país, como la guerra de Biafra en Nigeria y la guerra del Congo. Otros conflictos se produjeron entre países vecinos por la delimitación de las fronteras; es el caso del enfrentamiento entre Marruecos y Mauritania, por ejemplo.

Otro problema político era la **falta de personal preparado** para encargarse del gobierno y la administración. Esto hizo que, en muchas ocasiones, se tomaran decisiones inadecuadas, que agravaron los problemas.

Además, en muchos casos se establecieron **Estados dictatoriales**, que acabaron con las libertades políticas y fomentaron la corrupción.

La dependencia económica

La independencia política no trajo consigo la independencia económica. Las economías de los países descolonizados mantuvieron una **fuerte dependencia exterior**. El origen de la misma se encuentra ya en el período colonial. Las metrópolis solo estaban interesadas en explotar los recursos naturales de sus colonias, pero no en instalar industrias en ellas. Cuando se produjo la descolonización, las colonias se vieron obligadas a seguir comprando los productos manufacturados de los países desarrollados, a los que vendían sus recursos naturales. Por eso, se dice que el colonialismo político se sustituyó por el **neocolonialismo** económico **(doc. 17)**.

Las metrópolis tampoco se preocuparon por crear infraestructuras y servicios. Cuando se produjo la independencia, todo estaba por hacer: carreteras, aeropuertos, escuelas, hospitales… Pero estos países carecían de los ingresos suficientes para enfrentarse a los gastos, por lo que cayeron en el **subdesarrollo**.

La situación se agravó por el fuerte crecimiento demográfico en estos países.

Entre los dos bloques

En política internacional, en un principio los países del Tercer Mundo intentaron mantenerse neutrales. Estos planteamientos quedaron reflejados en la **Conferencia de Bandung** (1955), que fue el origen del **Movimiento de los Países No Alineados**, nombre que viene del deseo de los nuevos Estados por no integrarse ni en el bloque comunista ni en el bloque capitalista.

En la conferencia participaron 29 Estados recientemente descolonizados. Los participantes condenaron el colonialismo y la discriminación racial, reconocieron la necesidad de promover el desarrollo económico y preservar

IDEAS CLAVE

Conceptos nuevos. Define *Movimiento de Países No Alineados*, *neocolonialismo* y *Tercer Mundo*.

Hechos decisivos. Valora la relevancia histórica de la Conferencia de Bandung.

Las características. ¿Por qué decimos que los países del Tercer Mundo viven un neocolonialismo?

Los objetivos. ¿Qué finalidad perseguía el Movimiento de los Países No Alineados?

Los resultados. ¿Consiguieron sus objetivos?

la independencia nacional y proclamaron que ningún país debía intervenir en los asuntos internos de otro Estado.

El Movimiento de Países No Alineados acabó fracasando por varias razones. Los gobiernos de estos países no cumplieron con las expectativas de desarrollo económico ni se mantuvieron lejos de los bloques, pues la realidad fue que el Tercer Mundo se convirtió en un campo de batalla de ambas potencias por ganar influencia (doc. 16). Y la presencia de algunos países claramente alineados en algún bloque, como, por ejemplo, Cuba, restó credibilidad al movimiento.

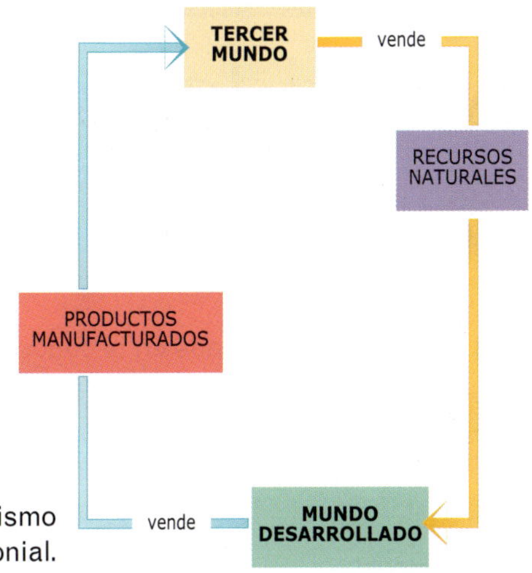

Doc. 17 El mecanismo de la relación neocolonial.

ACTIVIDADES

Doc. 18 La Conferencia de Belgrado

Conferencia celebrada entre el 1 y el 6 de septiembre de 1961, en la que participaron 25 países no alineados; fue convocada por Tito, Nasser y Nehru.

En una declaración que constaba de 27 puntos se exigió el derecho a la independencia y autodeterminación de todos los pueblos, incluidos los territorios colonizados; se criticó el *apartheid* sudafricano; se pidió el desarme y la prohibición de las armas nucleares; se adoptaron resoluciones sobre Berlín y Palestina, y se apoyó la entrada de la República Popular China en la ONU.

Gran Diccionario Enciclopédico, Vol. 2, Plaza y Janés, 1998

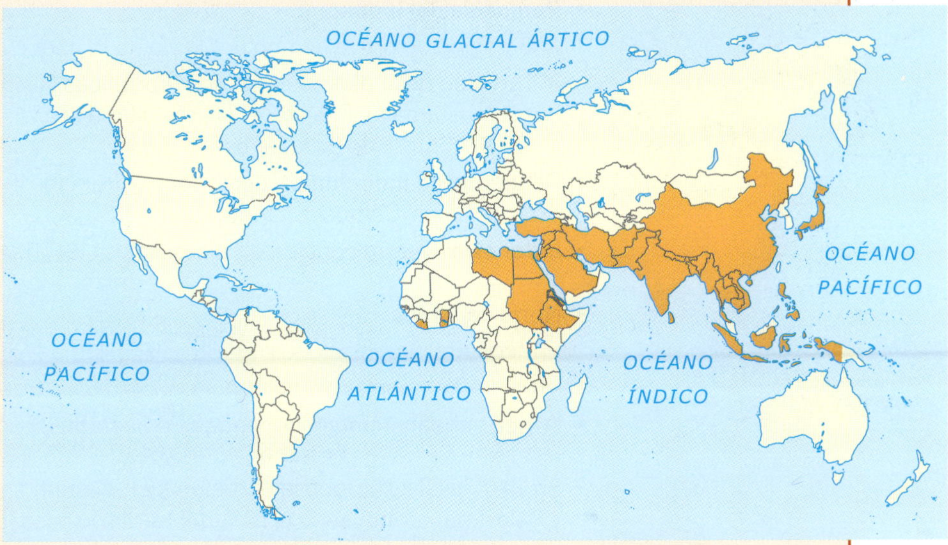

Doc. 19 Estados presentes en la Conferencia de Bandung (1955).

7. ●● Profundizar en el Movimiento de los Países No Alineados.

- ¿Qué Conferencia fue el origen de ese movimiento? ¿Qué países participaron? ¿Qué documento has consultado para saberlo?
- ¿Conoces el nombre de otras conferencias en las que se reunieron los países no alineados? ¿Cuáles son? ¿Cuándo tuvieron lugar?
- ¿Qué se decidió en la Conferencia de Belgrado?
- Compara los mapas. ¿Creció el número de países no alineados en los años sesenta y setenta? ¿Por qué, a pesar de eso, acabó fracasando el movimiento?

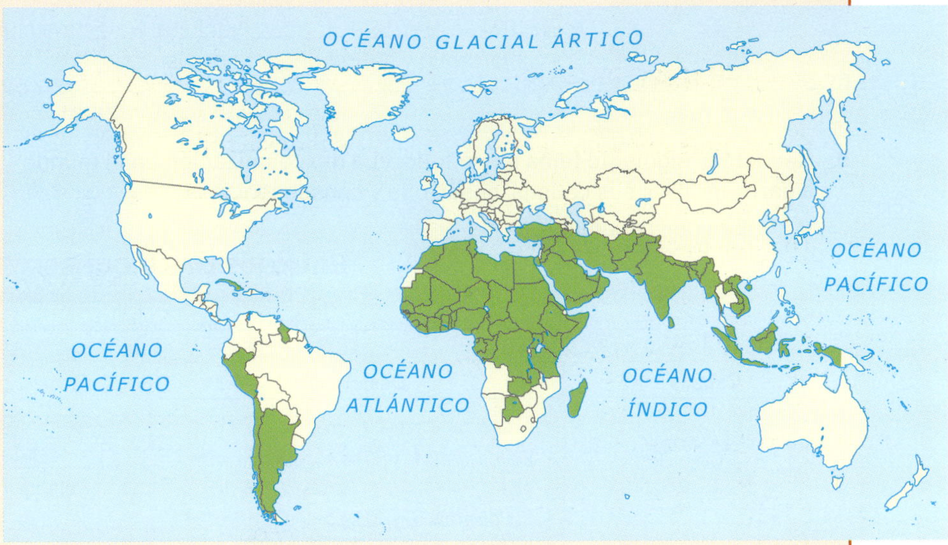

Doc. 20 Estados presentes en la Conferencia de Argel (1973).

Actividades de repaso

• Recuerda

8. Lee el resumen y añade en tu cuaderno aquellos puntos que eches en falta.

LA DESCOLONIZACIÓN	
Causas	• Debilitamiento de las metrópolis debido a las dos guerras mundiales. • Aparición de movimientos nacionalistas en los territorios colonizados. • Actitud anticolonial de Estados Unidos y la Unión Soviética. • Apoyo de organismos internacionales como la ONU.
Asia	• **Península del Indostán:** – Obtenida en breve tiempo por la vía de la negociación. – Partición de la península en dos repúblicas (1949): la mayoría hindú crea la India, y la musulmana, Pakistán. De esta última se independizó en 1971 la parte oriental con el nombre de Bangladesh. • **Península de Indochina:** Guerra contra Francia (1946-1954). División de la península en tres Estados: Laos, Camboya y Vietnam. • **Indonesia:** Guerra contra los Países Bajos (1947-1948) que acabó con la independencia en 1949.
África	• **Norte de África:** – Mediante negociaciones: Egipto (1922), Libia (1951), Túnez y Marruecos (1956). – Mediante guerra contra Francia (1954-1962): Argelia. • **África subsahariana:** Independencia pactada y pacífica.
Oriente Medio	• En 1947, la ONU aprobó la partición de Palestina en dos Estados independientes (Israel y Palestina) atribuyendo el 55 % del territorio a los judíos, y el resto, dividido en tres zonas, a los palestinos. Jerusalén quedó bajo control internacional. • El 15 de mayo de 1948 se proclamó el Estado de Israel y comenzó el primero de cuatro conflictos bélicos entre árabes y judíos en los que se reforzó Israel y amplió sus territorios. • Los palestinos crearon en 1964 la Organización para la Liberación de Palestina (OLP) para luchar contra Israel. Su líder fue Yasser Arafat. • En 1994 se creó la Autoridad Nacional Palestina (1994), que ocupa la Franja de Gaza, Jericó y Cisjordania y fue reconocida por Israel.

9. Redacta el siguiente tema en un folio: «La descolonización en el mundo a partir de 1946: sus causas, desarrollo y consecuencias».

- Elabora un esquema.

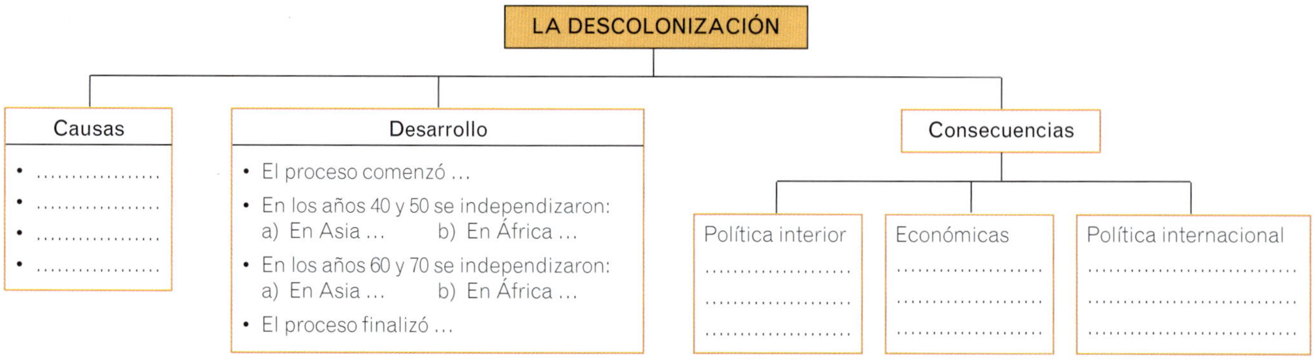

10. El tiempo.

- Elabora una línea del tiempo sobre el conflicto árabe-israelí.
  - a) Marca la fecha de inicio y anota el acontecimiento que dio origen al conflicto.
  - b) ¿Podrías poner una fecha de fin? Justifica tu respuesta.
  - c) Colorea cada fase de un color.
  - d) Anota los principales acontecimientos de cada etapa.

11. El espacio.

- Calca el mapa de la página 237 y escribe el nombre de los países que se independizaron en África, Asia y Oceanía tras la descolonización.
- Colorea cada país según la metrópoli a la que perteneció. Puedes utilizar esta leyenda.

Reino Unido	España	Italia	Países Bajos
Francia	Portugal	Bélgica	

12. Los conceptos.

- ¿Qué significan los términos panarabismo y panafricanismo?
- ¿Por qué decimos que el Movimiento de los Países No Alineados fue descendiente del panafricanismo y del panarabismo?
- Define los siguientes conceptos.
  - a) Descolonización.
  - b) Tercer Mundo.
  - c) Países No Alineados.
  - d) Sionismo.
  - e) Negritud.
  - f) Neocolonialismo.

  Después elabora una frase con cada uno de ellos que tenga relación con los contenidos que has estudiado en la unidad.

13. Los personajes.

- Explica el papel histórico de los siguientes personajes:
  - a) Yasser Arafat.
  - b) Léopold Sédar Senghor.
  - c) Ahmed Sukarno.
  - d) Alí Jinnah.
  - e) Jawaharlal Nehru.
  - f) Ho Chi Minh.

14. Las organizaciones.

- Explica los objetivos de estas organizaciones.
  - a) Liga Musulmana.
  - b) OLP.

●● Analiza

15. Las causas.

- ¿Cuáles fueron las causas inmediatas de la descolonización? ¿Y las lejanas?
  - a) Movimientos nacionalistas.
  - b) Ocupación japonesa de Indonesia y de Indochina.
  - c) La actuación de los líderes populares.
  - d) El papel jugado por las dos superpotencias.
  - e) La labor ejercida por la ONU.
  - f) La acción de la guerrilla.

16. Los cambios.

- Explica cómo cambió el poder de las potencias europeas tras la descolonización.
- Enumera los cambios que provocó la descolonización en las antiguas colonias en los siguientes terrenos:
  - a) Los derechos y libertades.
  - b) La situación económica.
  - c) El peso en la política internacional.

17. Las mentalidades.

- ¿Qué finalidad persiguió el movimiento sionista? ¿En qué fundamentaba sus peticiones?
- ¿Qué crees que sintió la población musulmana que vivía en Palestina cuando se partió el territorio en 1948? ¿Qué agrupación surgió en defensa de los intereses del pueblo palestino? ¿Qué medios utilizó?

18. La imagen.

Doc. 21 Nehru y Gandhi.

- Observa la imagen e investiga.
  - a) ¿Quiénes son estos personajes? ¿Qué papel desempeñaron en la descolonización de la India?
  - b) ¿Cuál fue su participación en la evolución de su país después de la independencia?

El caso de las colonias españolas

España había perdido la mayoría de su imperio colonial en el siglo XIX. En el siglo XX España poseía cuatro colonias en África: Guinea Ecuatorial, Ifni, Sahara Occidental y el Protectorado de Marruecos (doc. 23). Poco a poco, esta presencia en el continente africano se fue desvaneciendo, siguiendo con la política descolonizadora que le impuso la ONU. La cronología de los hechos fue la siguiente:

- **7 de abril de 1956.** Independencia del Protectorado de Marruecos.
- **1958.** El resto de colonias se convierten en provincias, tratando de impedir la descolonización.
- **12 de octubre de 1968.** Declaración de independencia de Guinea Ecuatorial.
- **4 de enero de 1969.** Se firmó el tratado de retrocesión del territorio de Ifni a Marruecos.
- **Noviembre de 1975.** Se entregó el Sahara Occidental a Mauritania y Marruecos.

Pero los saharauis no aceptaron ese acuerdo. En 1976 el Frente Polisario proclamó la República Árabe Saharaui Democrática (RASD), reconocida por la Organización para la Unidad Africana (OUA), y se lanzó a una guerra de liberación. En 1979 Mauritania renunció a sus derechos sobre el Sahara, pero Marruecos no solo no renunció, sino que se anexionó los territorios abandonados por Mauritania.

Doc. 22 Firma de la cesión española de Ifni a Marruecos.

FUENTES

http://es.wikipedia.org/wiki/%C3%81frica_Espa%C3%B1ola

http://www.elmundo.es/especiales/2002/07/internacional/sahara/historia.html

http://www.afrol.com/es/articles/14045

http://www.artehistoria.jcyl.es/histesp/contextos/7405.htm

http://www.uco.es/internacionalcoopera/proyecto_sahara/?Sobre_el_S%E1hara

Doc. 23 Las colonias españolas en África en el siglo XX.

●●● PLAN DE LA INVESTIGACIÓN

19. Busca la información.

- Investiga los siguientes aspectos:
  a) Qué monarca marroquí proclamó la independencia de su país y firmó la Declaración Conjunta Hispanomarroquí y el Protocolo adicional a la misma.
  b) En qué fechas la ONU dictó diversas resoluciones en las que se pidió, junto a la devolución de Gibraltar a España, la descolonización de Guinea Ecuatorial, Ifni y Sahara Occidental.
  c) Cuándo fue cedido Ifni a España y ocupado definitivamente.
  d) Qué monarca marroquí se anexionó el Sahara español; cuál era la situación política en España y cómo presionó Marruecos a España.
- Entra en las páginas web que te proponemos. Decide cuáles te son útiles.
- Imprime las páginas concretas que te aportan los datos que buscas. Léelas despacio y subraya la información que necesitas.

20. Trata la información.

- Haz un mapa con las colonias españolas.
- Confecciona un eje cronológico sobre la independencia de las colonias españolas.

21. Sintetiza la información.

- Toma un folio para cada territorio. Escribe el título en la parte superior y anota las ideas y los datos que tienen relación con ese tema.

22. Comunica la información.

- Escribe un informe que tenga estos capítulos:
  1. Las relaciones exteriores España-Marruecos: 1860-1975.
  2. El papel de la ONU en la descolonización de los territorios de España en África.
  3. La situación a partir de 1975.

Descolonización y subdesarrollo

La mayor parte de los países que forman parte del Tercer Mundo fueron colonias de alguno de los imperios europeos. Por eso, la colonización es uno de los factores que explica el subdesarrollo, aunque es preciso matizar esta afirmación según los casos.

	2000	2001	2002	2003	2004	2005	2006
Crecimiento económico							
Crecimiento de la producción (porcentaje anual)	5,6	2,7	3,9	5,2	6,9	6,5	6,9
Pobreza (millones)							
Población que vive con menos de 1 dólar al día (millones)	1.120	—	1.067	—	986	—	—
Proporción de la población (porcentaje)	22,3	—	20,4	—	18,4	—	—
Empleo (millones)							
Empleo de mujeres	787	800	816	834	847	862	878
Empleo de hombres	1.255	1.276	1.299	1.325	1.347	1.371	1.394
Educación (porcentaje)							
Tasa bruta de matriculación en primaria de niñas	78,9	79,5	79,2	81,3	83,7	—	—
Tasa bruta de matriculación en primaria de niños	85,5	85,6	85,4	85,6	87,9	—	—

Doc. 24 Indicadores de progreso en los países en desarrollo, 2000-2006.

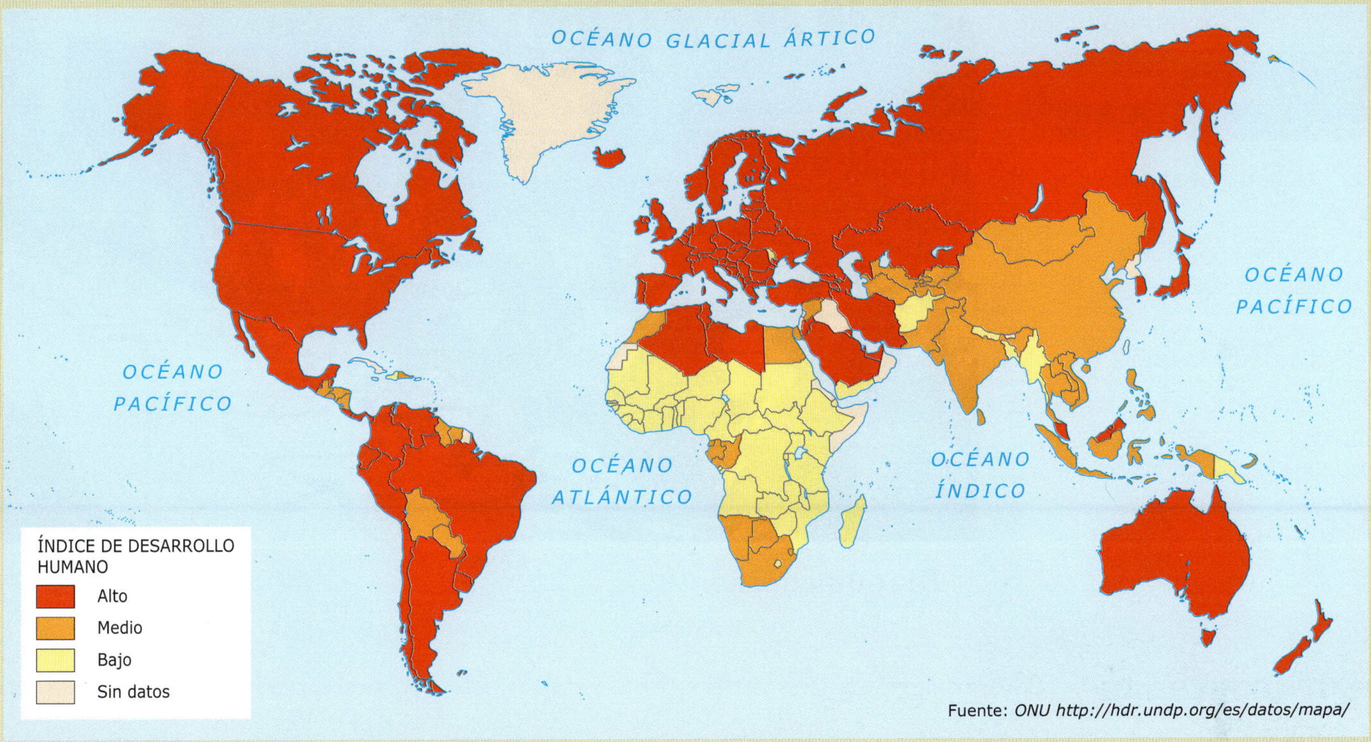

Doc. 25 Los países del mundo según el Índice de Desarrollo Humano (IDH).

●●● PASADO Y PRESENTE

23. Analiza la relación entre colonialismo y desarrollo.

- Compara el mapa de esta página con el de la descolonización en el mundo (página 237).
  - a) Cita el nombre de países que hayan sido antiguas colonias y que ahora tengan un índice de desarrollo bajo.
  - b) ¿Hay antiguas colonias que ahora tengan un nivel de desarrollo medio y alto? ¿Cuáles?
- ¿El pasado colonial es el único factor que explica el subdesarrollo? ¿Qué otros factores crees que hay que tener en cuenta para explicar el subdesarrollo de un país?
- Desarrolla un informe, que ocupe un folio por las dos caras, sobre los problemas de los países subdesarrollados hoy día.

Puedes buscar más información en las siguientes páginas web:

http://www.portalplanetasedna.com.ar/mundo_actual.htm;

http://www.portalplanetasedna.com.ar/tercer_mundo.htm;

http://www.un.org/spanish/

24. Describe la evolución de los países del Tercer Mundo a partir de datos estadísticos.

- ¿Cómo evolucionaron los indicadores de progreso en el período comprendido entre 2000 y 2006?
- ¿Ves diferencias en la situación de hombres y mujeres, niños y niñas?
- ¿Qué conclusiones sacas tú de estos datos?

TEMA

13

El mundo de la Guerra Fría

COMPETENCIAS QUE VAS A PRACTICAR

- Social y ciudadana: en todo el tema.
- Comunicación lingüística: actividades 1, 3, 4, 5, 7, 9, 11, 12, 13 y 27.
- Matemática: actividades 2, 6 y 10.
- Tratamiento de la información: actividades 5, 8, 9, 11, 12, 13, 24, 26 y 28.
- Cultural y artística: actividades 27, 30 y 31.

NO TE LO PIERDAS

Libros

- *América*, James Ellroy.
- *Cita en Berlín*, I. Heyne.
- *La insoportable levedad del ser*, Milan Kundera.

Películas

- *Riff-Raff*, de Ken Loach, 1990.
- *Éxito a cualquier precio*, de James Foley, 1992.
- *La vida de los otros*, de Florian Henckel-Donnersmarck, 2006.
- *El último bailarín de Mao*, de Bruce Beresford, 2009.

Enlaces

- El mundo occidental http://iris.cnice.mec.es/kairos/ensenanzas/eso/actual/m_occidental_00.html
- El mundo comunista http://www.historiasiglo20.org/enlaces/mundocomunista.htm

Bloque occidental

- **1950-1954** Caza de brujas en Estados Unidos.
- **1957** Tratado de Roma. Nace la Comunidad Económica Europea.
- **1963** Asesinato de Kennedy. «Marcha sobre Washington».

1945 — 1950 — 1955 — 1960

- **1946** República Democrática de Vietnam.
- **1949** República Popular China. Creación del COMECON.
- **1953** Muerte de Stalin.
- **1956** Revolución húngara.
- **1959** Revolución cubana.
- **1961** Muro de Berlín.
- **1962** Primera vuelta tripulada a la Tierra

Bloque comunista

- Con el mundo dividido en dos bloques de poder antagónicos, la historia evolucionó de forma separada. El bloque occidental experimentó un notable crecimiento económico, lo que permitió desarrollar el Estado del bienestar. En el bloque soviético la economía creció a un ritmo menor, y surgieron dictaduras comunistas que coartaron las libertades civiles.
- En los años setenta se produjo una crisis económica. Los países occidentales redujeron el intervencionismo del Estado; y los comunistas, incapaces de reanudar el crecimiento económico, acabaron desapareciendo a principios de los noventa.

1968 Asesinato de Martin Luther King. París, mayo del 68.

1973 Crisis del petróleo. Dictadura en Chile.

1974 Escándalo *Watergate*.

1976 Dictadura militar en Argentina.

1981-1989 Presidencia de Ronald Reagan en Estados Unidos.

1989 Derribo del muro de Berlín.

1990 Reunificación de Alemania.

1992 Creación de la Unión Europea.

1965 — 1970 — 1975 — 1980 — 1985 — 1990

1969 Primera misión tripulada a la Luna.

1975 Régimen de los jemeres rojos en Camboya.

1976 Muerte de Mao.

1985 Mijail Gorbachov al frente de la URSS.

1989 Derribo del muro de Berlín.

1991 Disolución de la URSS.

1968 Primavera de Praga.

1 El bloque occidental: del bienestar a la crisis

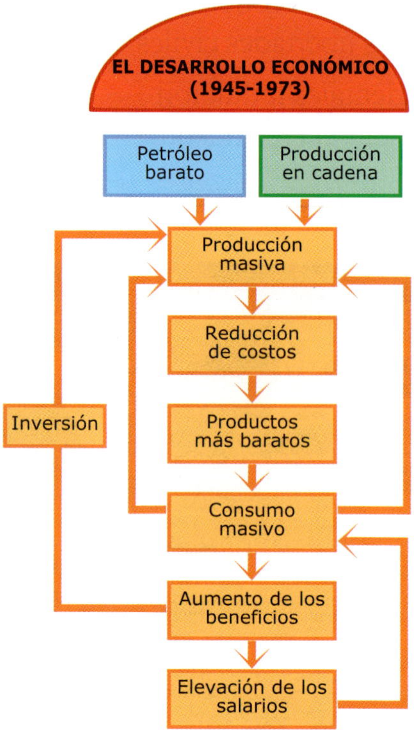

Doc. 1 El proceso de crecimiento económico.

En los años cincuenta se inició un período de desarrollo económico en el bloque occidental que fue la base de un intenso cambio social.

Los años dorados: la fase de crecimiento económico

Desde 1950 hasta 1973, la economía occidental creció a un ritmo del 5 % anual, el mayor de la historia. Este auge se basó en tres factores (doc. 1):

- **El aumento de la productividad**, gracias a la difusión de la producción en cadena, que permitió elaborar más productos en el mismo tiempo.
- **El bajo precio de las materias primas y la energía; sobre todo el petróleo**, que permitió aumentar la producción y reducir los precios.
- **La intervención del Estado en la economía.** Se aplicaron las doctrinas del economista **J. M. Keynes**, quien defendía que el Estado debía impulsar la economía y redistribuir la renta desde los más ricos a los más pobres con los impuestos, para aumentar el consumo de la población.

Una época de fuerte cambio social

El desarrollo económico tuvo importantes efectos sobre la sociedad. Se desarrolló completamente la **sociedad de consumo**. Como los salarios crecieron y los precios de los productos descendieron mucho, cada vez más gente podía comprar vehículos, electrodomésticos, etc. La **clase media** se convirtió en el grupo mayoritario y su nivel de vida creció paulatinamente.

Pero había fuertes desigualdades y surgieron movimientos de protesta:

- **Movimiento por los derechos civiles** en Estados Unidos, que combatía la discriminación racial de la población negra. Su principal líder fue **Martin Luther King**, que se distinguió por su protesta no violenta (docs. 9 y 10). En los años sesenta se aprobó una legislación no discriminatoria.
- **Movimientos feministas,** que luchaban por la igualdad legal y laboral entre la mujer y el hombre y el derecho al divorcio, al aborto, etc.
- Otras protestas fueron: en Estados Unidos, la oposición a la guerra de Vietnam; en Francia, el movimiento de **mayo de 1968**; y en todo occidente, los **movimientos pacifistas**, contra la carrera de armamentos.

En esta época, los jóvenes generaron un estilo de vida propio, caracterizado por la moda o la música y con un deseo de lograr una sociedad más libre. El principal exponente fue el **movimiento hippy** (doc. 6).

La crisis del petróleo

En 1973 se produjo la **guerra del Yom Kippur** (ver tema 12). La **OPEP (Organización de Países Productores de Petróleo)**, dominada por los países árabes, cuadruplicó el precio del petróleo, como represalia por el apoyo occidental a Israel. La subida de los combustibles disminuyó los beneficios y elevó la inflación. Muchas empresas cerraron y aumentó el paro (doc. 4).

Para salir de la crisis, los gobiernos occidentales aplicaron **políticas neoliberales**, que disminuían la intervención del Estado en la economía y flexibilizaban el mercado laboral.

IDEAS CLAVE

Conceptos nuevos. Define las siguientes expresiones: *política neoliberal, sociedad de consumo.*

Los factores. ¿En qué elementos se basó el desarrollo de la economía occidental?

Las causas. Señala las causas de la crisis del petróleo.

El resultado. ¿Qué efectos sociales tuvo el desarrollo económico de los años cincuenta y sesenta?

¿Qué consecuencias tuvo la crisis del petróleo?

Hechos decisivos. Enumera los movimientos sociales característicos de las décadas de los cincuenta y sesenta.

ACTIVIDADES

Doc. 2 El mayo del 68

Una batalla violentísima se ha desarrollado durante cerca de veinte horas entre los estudiantes de la Sorbona y la policía, en el Barrio Latino de París. En estas fotos vemos a los agentes de la autoridad reprimiendo los desórdenes por medio de gases lacrimógenos y de enérgicas cargas. Resultaron 665 heridos.

La Vanguardia, Barcelona, miércoles 8 de mayo de 1968

Durante las manifestaciones estudiantiles de mayo del 68, las paredes de París se llenaron de pintadas gracias a las cuales se difundían las ideas revolucionarias:

– «¡La imaginación al poder!»

– «Sed realistas, pedid lo imposible.»

– «No queremos un mundo donde la garantía de no morir de hambre suponga la garantía de morir de aburrimiento.»

– «Prohibido prohibir. La libertad comienza por una prohibición.»

– «La barricada cierra la calle, pero abre el camino.»

– «Decreto el estado de felicidad permanente.»

Doc. 5 Revueltas de mayo del 68 en París.

Doc. 6 Grupo de hippies en California en los años sesenta.

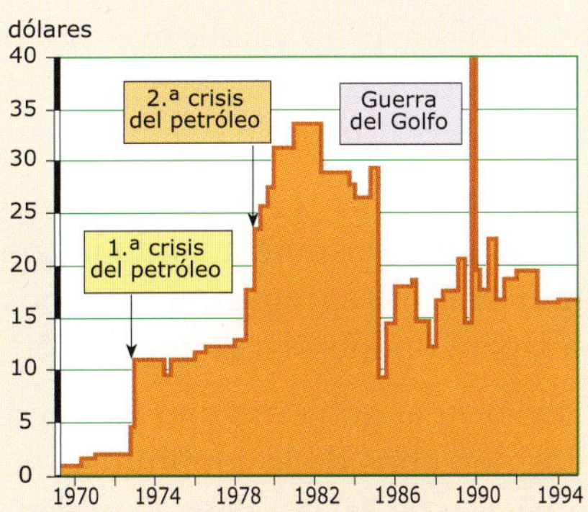

Doc. 3 Evolución del precio del petróleo.

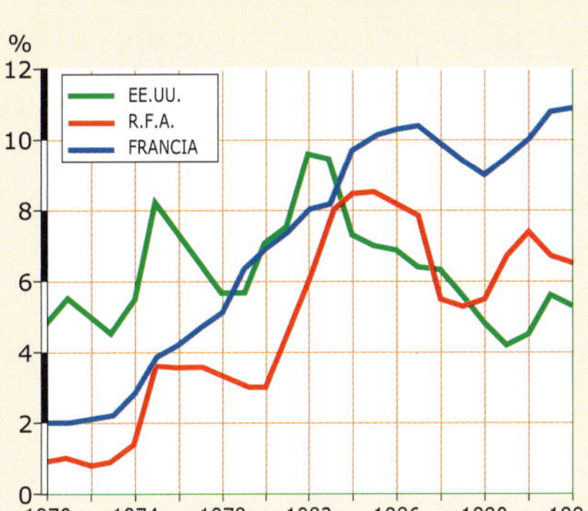

Doc. 4 Evolución del desempleo.

1. ●● **Analizar el significado del mayo del 68.**
   - Lee el documento 2.
     a) ¿Cuándo y dónde sucedieron los acontecimientos de la noticia?
     b) ¿Qué información te proporciona la noticia? ¿Serías capaz de saber las causas de los enfrentamientos?
     c) ¿De qué manera se describe la actuación de la policía? ¿Y la acción de los estudiantes? Según la noticia, ¿quiénes crees que comenzaron los disturbios?
     d) ¿Cuáles eran las reivindicaciones de los estudiantes? ¿Qué opinas de esas peticiones?

2. ●●● **Analizar la repercusión de la crisis del petróleo en el bloque occidental.**
   - Observa los documentos 3 y 4.
     a) ¿Cómo evolucionaron los precios del petróleo?
     b) Describe los efectos sobre el empleo de la crisis del petróleo.

2 Estados Unidos, la gran potencia del bloque occidental

Doc. 7 John F. Kennedy el día de su asesinato (Dallas, Texas, 22-XI-1963).

1933-1945	• Franklin D. Roosevelt (Demócrata)
1945-1953	• Harry Truman (Demócrata)
1953-1961	• Dwight Eisenhower (Republicano)
1961-1963	• John F. Kennedy (Demócrata)
1963-1969	• Lyndon B. Johnson (Demócrata)
1969-1974	• Richard Nixon (Republicano)
1974-1977	• Gerald Ford (Republicano)
1977-1981	• Jimmy Carter (Demócrata)
1981-1989	• Ronald Reagan (Republicano)

Doc. 8 Cronología de los presidentes de Estados Unidos entre 1945 y 1989.

IDEAS CLAVE

Los protagonistas. Enumera los diferentes presidentes de Estados Unidos, diferenciando el partido al que pertenecían.

Hechos decisivos. ¿Qué circunstancia favoreció la victoria electoral de los republicanos en el año 1968? ¿Qué incidente provocó la dimisión de Richard Nixon?

Al terminar la Segunda Guerra Mundial, Estados Unidos se convirtió en una gran superpotencia. Desde entonces domina la economía mundial e influye en la sociedad y el gobierno de numerosos países.

La hegemonía estadounidense

Estados Unidos era el país líder del bloque occidental y competía con la URSS por la supremacía militar y política sobre extensas zonas del globo. Para ello disponía de un enorme ejército, un inmenso arsenal de armas convencionales y nucleares, y una red de alianzas militares. Además, Estados Unidos tenía derecho de veto en la ONU, por lo que podía parar cualquier iniciativa que no considerara oportuna.

Asimismo, su dominio económico era incuestionable. La Segunda Guerra Mundial no afectó al territorio de los Estados Unidos y sus infraestructuras no fueron destruidas. Por ello, la guerra impulsó su economía, ya que su industria militar y la investigación tecnológica crecieron.

Tras la Segunda Guerra Mundial, las compañías estadounidenses alcanzaron una gran dimensión debido a la concentración empresarial. Después se expandieron a otros países y se transformaron en empresas multinacionales, lo que favoreció que el dólar se convirtiera en la moneda de referencia mundial.

La evolución de la política estadounidense

La vida política estadounidense está dominada por dos grandes partidos, el **Partido Demócrata** y el **Partido Republicano**, que se alternan en el poder.

Los demócratas estuvieron en el gobierno hasta 1953 y aplicaron políticas sociales. En este período comenzó la **caza de brujas** de McCarthy, una feroz campaña de persecución de todo aquel considerado comunista.

La presidencia del republicano **Eisenhower** (1953-1961) fue una época conservadora. La tranquilidad de aquellos años terminó cuando la comunidad negra inició su **lucha para acabar con la segregación** y grupos de fanáticos blancos provocaron disturbios para oponerse a la integración.

En los años sesenta los demócratas volvieron al gobierno con **Kennedy** y **Johnson**. En esta etapa se igualaron los derechos de la comunidad negra y se aprobaron leyes contra la discriminación de las mujeres. También fue la época de la **guerra de Vietnam**, que suscitó la oposición de muchos ciudadanos, lo que favoreció la vuelta al poder de los republicanos (1969).

En los años setenta, a la crisis económica causada por el petróleo se sumó la crisis política. En 1973 el presidente **Nixon** tuvo que dimitir, acusado de haber espiado a sus rivales demócratas (caso *Watergate*). Y en el exterior, el comunismo se extendió por algunos países de América, África y Asia. Estados Unidos parecía perder la batalla frente a la URSS.

En los años ochenta el republicano **Ronald Reagan** llegó al poder con el objetivo claro de revitalizar el poder estadounidense, para lo que puso en marcha un intenso plan de inversión militar. En el interior, protagonizó una **revolución conservadora**: promovió la liberalización económica y redujo los sistemas de protección social de los estadounidenses.

ACTIVIDADES

3. ●● Analizar el desarrollo de tres crisis políticas en Estados Unidos.

- Analiza la «caza de brujas».
  - a) Explica qué fue la caza de brujas y cuándo se produjo. ¿Por qué crees que se produjo en ese momento?
  - b) Consulta la cronología y haz un relato de ese hecho.
  - c) ¿A quién afectó fundamentalmente la caza de brujas?
  - d) ¿Cuándo finalizó? ¿Por qué?
- Analiza el problema de la segregación racial.
  - a) Vuelve a la cronología. ¿Qué tipo de situaciones vivía la población negra? ¿Qué hechos fueron capitales en la lucha por sus derechos?
  - b) ¿Qué deseo expresa Martin Luther King en su discurso? ¿Por qué le concedieron el premio Nobel? ¿Cuál fue el papel histórico de este personaje?
- Analiza el caso *Watergate*: qué fue, cuándo se produjo y cuáles fueron sus resultados.

Doc. 9 El sueño de Martin Luther King

Ayer soñé que llegará un día en que, en las rojas colinas de Georgia, los hijos de los antiguos esclavos y los hijos de los antiguos esclavistas puedan sentarse juntos en la mesa de la fraternidad.
Yo albergo el sueño de que, un día, incluso el Estado de Mississippi, un Estado abrasado por el calor de la injusticia, abrasado por el calor de la opresión, se transformará en un oasis de libertad y justicia. Yo albergo el sueño de que, allá en Alabama de crueles racistas, de un gobernador que destila solo palabras de interposición y de anulación, un día, justamente allí, en Alabama, niños y niñas negros podrán unir sus manos con niños y niñas blancos como hermanas y hermanos.

MARTIN LUTHER KING,
discurso en Washington, 1963

Doc. 10 Cronología de tres crisis estadounidenses: la caza de brujas, el movimiento por los derechos civiles y el *Watergate*.

CAZA DE BRUJAS

1940. **Ley de Registro de Extranjeros,** por la que los extranjeros han de declarar, entre otros datos, sus inclinaciones políticas.

1947. Actores de Hollywood perseguidos por el **Comité de Actividades Antiamericanas**, creado, en principio, para impedir la penetración de las ideas del nazismo.

1950. El senador **Joseph McCarthy** denuncia una trama marxista dentro del departamento de Estado de Estados Unidos. McCarthy difunde una lista de supuestos comunistas trabajadores de radio y televisión. Comienza la caza de brujas.

1952. El Congreso publica una lista de 342 personas a las que se tildaba de «antiamericanos» para que se les negase el trabajo.

1953. McCarthy intenta realizar una depuración en las fuerzas armadas, lo que causa malestar en el ejército y en el gobierno.

1954. McCarthy es censurado en el Senado, lo que supone el fin de su carrera política.

EL MOVIMIENTO POR LOS DERECHOS CIVILES

1955. **Asesinato de Emmett Till,** un adolescente negro. **Rosa Parks** rehúsa levantarse de su asiento en un autobús para dejárselo a un pasajero blanco; es arrestada y condenada. Boicot de los autobuses para protestar por la segregación.

1957. Creación de la **Conferencia de líderes cristianos del sur**, que apoya la lucha contra la segregación racial. El comité escolar de **Little Rock**, Arkansas, vota a favor de la existencia de escuelas a las que asistan juntos niños blancos y negros.

1960. Estudiantes negros ocupan los comedores escolares en protesta por la segregación.

1963. Luther King lidera la «**Marcha sobre Washington**».

1964. Martin Luther King recibe el premio Nobel de la paz.

1968. Asesinato de Martin Luther King.

WATERGATE

1968. Richard Nixon, republicano, es elegido presidente.

1972. Cinco hombres, sorprendidos mientras registraban la sede electoral del Partido Demócrata.

1973. Nixon es inculpado de **espiar a sus rivales políticos**.

1974. Dimisión de Nixon.

3 Europa occidental: el nacimiento de la CEE

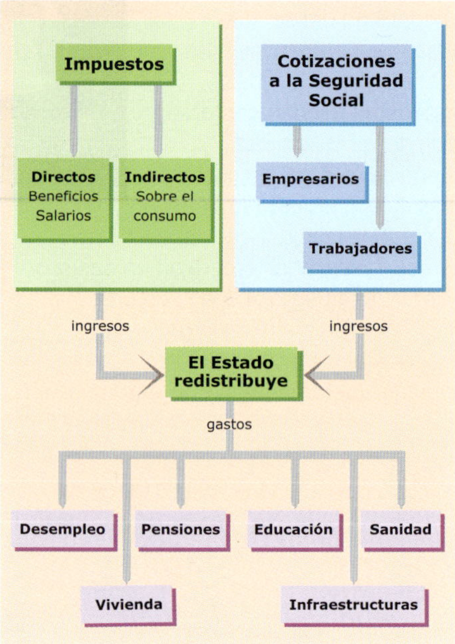

Doc. 11 El funcionamiento del Estado del bienestar.

GLOSARIO

Mercado común. Acuerdo por el que los productos, capitales y personas circularán libremente entre los países firmantes, sin ninguna traba ni impuesto especial.

Sistemas pluripartidistas. Sistemas políticos en los que existe libertad de asociación, por lo que cualquier partido político que respete la ley es legal.

IDEAS CLAVE

Los factores. ¿Por qué se construyó la CEE?

Los fines. ¿Cuáles fueron los objetivos de la CEE?

Las características. Señala las peculiaridades de los países de Europa occidental.

Las excepciones. Enumera los países que no se ajustaron a este modelo.

Tras la Segunda Guerra Mundial, los países europeos comenzaron con un proceso de unificación para ganar fuerza frente a las dos superpotencias.

El nacimiento de la Comunidad Económica Europea (CEE)

Tras la Segunda Guerra Mundial, los gobernantes europeos tomaron conciencia de dos cosas: en primer lugar, había que evitar otra guerra; en segundo lugar, cada Estado por sí solo era incapaz de competir con las dos grandes superpotencias que habían surgido tras la Segunda Guerra Mundial. Por eso, era preciso que los países europeos cooperasen entre sí, a fin de evitar nuevos enfrentamientos y recuperar la prosperidad.

En 1957 Francia, Alemania, Italia, Bélgica, Países Bajos y Luxemburgo firmaron el **Tratado de Roma**, que daba nacimiento a la **Comunidad Económica Europea (CEE)**. Sus objetivos eran: crear un **mercado común*** entre los países miembros y desarrollar políticas económicas e instituciones comunes.

Desde su fundación, la CEE tuvo un gran éxito que explica las incorporaciones que han jalonado su historia (doc. 13). Primero se unieron Reino Unido, Irlanda y Dinamarca en 1973. En los años ochenta, tras el fin de sus respectivas dictaduras, se adhirieron Grecia (1981) y España y Portugal (1986). Como veremos en su momento, tras el fin de la Guerra Fría se han sumado los países del este.

Europa occidental: democracia y Estado del bienestar

Al finalizar la Segunda Guerra Mundial, en Europa occidental se establecieron **sistemas políticos democráticos**. Son sistemas pluripartidistas*, aunque durante la Guerra Fría los comunistas no lograron participar en el gobierno. Los partidos hegemónicos eran los conservadores y democristianos, por la derecha, y los socialistas, por la izquierda.

Los gobiernos reconocieron muchas conquistas sociales en Europa. Los países europeos establecieron salarios mínimos, subsidios de desempleo, sistemas de asistencia sanitaria y educación gratuitos, etc. El gasto social se convirtió en la partida más importante del gasto público (en algunos países alcanzó el 60 % del presupuesto) y se constituyó lo que se denomina **Estado del bienestar** (doc. 11). Este sistema y la mejora económica permitieron el desarrollo de las clases medias y de la sociedad de consumo.

Las dictaduras mediterráneas

España, Portugal y Grecia constituyeron las excepciones en Europa occidental; en ellos, la democracia no se asentó hasta los años setenta.

En Portugal, la dictadura cayó en 1974, cuando un grupo de militares dio un golpe de Estado, conocido como la **revolución de los claveles**.

En **Grecia** existía una monarquía democrática. En 1967, ante la perspectiva de una victoria electoral de la izquierda, un grupo de militares conservadores dio un golpe de Estado consentido por el rey. Se instauró entonces una dictadura militar que gobernaría el país hasta 1974.

En **España**, la dictadura de **Franco** perduró desde 1939 hasta 1975, año en que murió el dictador y se inició la transición a la democracia.

ACTIVIDADES

Doc. 12 Los objetivos de la CEE

La Comunidad tendrá por misión promover, mediante el establecimiento de un mercado común, el desarrollo de las actividades económicas en el conjunto de la Comunidad, una expansión continua y equilibrada, una estabilidad creciente, una elevación acelerada del nivel de vida y relaciones más estrechas entre los Estados que en ella participan.

Art. 2 del Tratado de Roma, 1957

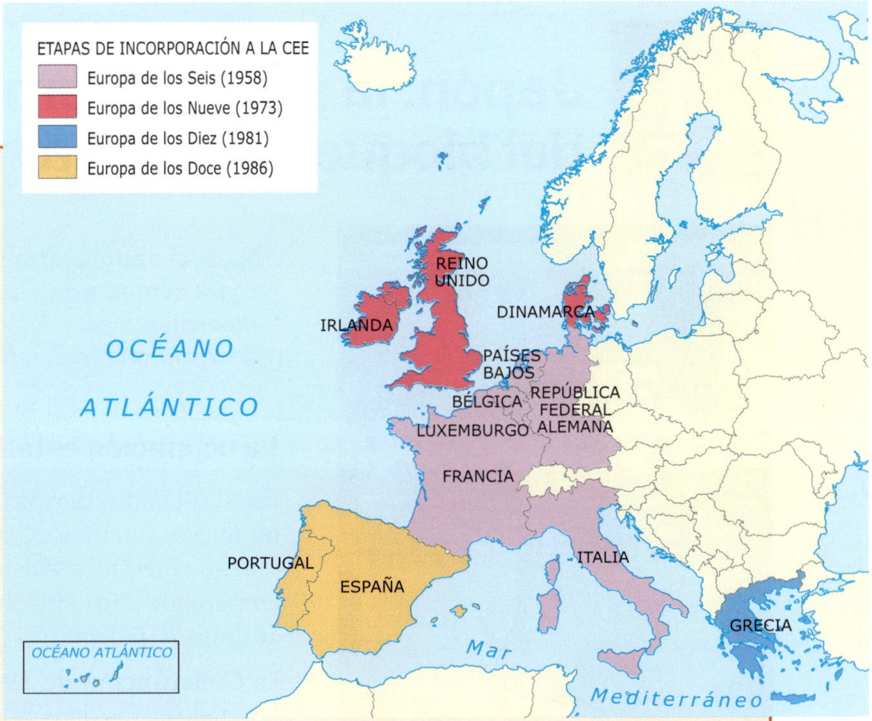

Doc. 13 Países miembros de la CEE (1958-1986).

Doc. 14 *La revolución de los claveles*, un alzamiento pacífico que acabó con la dictadura lusa.

Doc. 15 La revolución de los claveles

25 de abril – Las fuerzas armadas han derrocado hoy el régimen de Marcelo Caetano, mediante un golpe de Estado incruento saludado fervorosamente por la población. El primer acto del drama comenzó a primeras horas de la mañana, cuando las fuerzas rebeldes penetraron en Lisboa y ocuparon las estaciones de radio [...]. Una canción de José Afonso, *Grandola, vila morena*, prohibida hasta ahora, parecía convertirse en el santo y seña de los militares sublevados. A mediodía, las radios en poder de los militares difundieron la noticia de que Marcelo Caetano había dimitido. A partir de ese momento, la población se lanzó a las calles para confraternizar con los soldados, cuyos fusiles aparecían adornados de claveles rojos, símbolo de la libertad recuperada.

Crónica del siglo XX, 1986

4. ●● Profundizar en el conocimiento de la CEE.

- Lee el documento 12.
  a) ¿Qué objetivos se proponían los fundadores de la CEE?
  b) ¿Crees que se han cumplido? Explica tu opinión.
- Analiza el documento 13.
  a) ¿Qué países fundaron la CEE?
  b) ¿Cuáles se incorporaron en los años setenta y ochenta?

5. ●● Explicar la revolución de los claveles.

- Observa el documento 14.
  a) Describe la fotografía.
  b) ¿Cuál fue la participación del ejército? ¿Y la actitud de la población?
- Lee el documento 15.
  a) Explica cómo transcurrió la revolución portuguesa.
  b) ¿Qué significado tuvo la música? ¿Y los claveles?

4 Japón: la potencia emergente del bloque occidental

Doc. 16 Japón, entre Oriente y Occidente. Japón es un excelente ejemplo de convivencia entre la tradición y la modernidad.

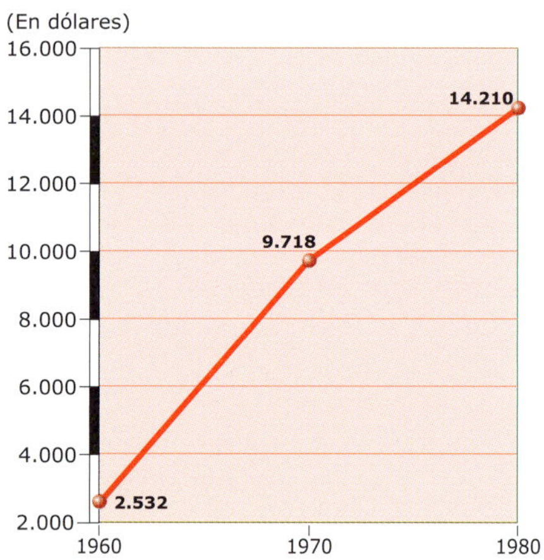

Doc. 17 Evolución del ingreso per cápita en Japón entre 1960 y 1980.

IDEAS CLAVE

Conceptos nuevos. ¿Qué es un *milagro económico*? ¿Por qué decimos que se produjo un milagro económico en Japón en los años 50-70? ¿Qué es el *modelo asiático de desarrollo*?

Los factores. ¿Qué condiciones permitieron el milagro económico japonés?

Tras su derrota en la Segunda Guerra Mundial, en Japón se implantaron la democracia y la economía de mercado. El país vivió una época de crecimiento económico que lo convirtió en la tercera potencia económica mundial y en modelo de desarrollo para otros países asiáticos.

La ocupación estadounidense

Estados Unidos derrotó a Japón en 1945 y ocupó el archipiélago. Para evitar nuevos intentos expansionistas japoneses, los estadounidenses desmantelaron el régimen existente: se depuró al ejército y a los funcionarios y el emperador Hiro Hito fue obligado a renunciar al carácter divino que le atribuía la tradición.

La **Constitución de 1947** establecía una **democracia** que garantizaba las libertades y los derechos individuales de los ciudadanos y establecía la soberanía nacional. Además, se procedió a modernizar muchas leyes.

En 1952 terminó la ocupación estadounidense. Antes, Japón y Estados Unidos habían firmado un **tratado de alianza** que permitía el mantenimiento de las bases estadounidenses en el archipiélago. De esta forma, Japón quedó dentro del bloque occidental durante la Guerra Fría.

El milagro económico

Japón inició su crecimiento económico en los años cincuenta. Durante las dos décadas siguientes, la economía japonesa creció a un ritmo más rápido que la del resto de los países, superando el 8 % anual. A finales de los años sesenta Japón se había convertido en la tercera potencia económica, por detrás de Estados Unidos y la Unión Soviética. Es lo que se ha llamado el **milagro japonés**.

Cuatro factores explican este extraordinario crecimiento.

- Japón no había perdido su infraestructura industrial, a pesar de la derrota en la guerra.
- El apoyo de Estados Unidos, que estaba interesado en fortalecer a su aliado en Asia.
- La limitación a las importaciones de manufacturas y el apoyo a la inversión en educación e investigación tecnológica.
- Los **acuerdos entre empresas y empleados**. En Japón, las compañías se comprometieron a garantizar estabilidad a los trabajadores durante toda su vida laboral, y estos aceptaron sacrificios como contrapartida: salarios reducidos, largas jornadas y cortos períodos de vacaciones. Esto permitió producir a bajo precio y mantener la estabilidad social.

Los sectores industriales de mayor crecimiento fueron el químico, el naviero, el transporte y la electrónica. La mayor parte de la producción quedó en manos de grandes conglomerados industriales, los **zaibatsu**, como Mitsubishi, Nissan o Toyota.

Otros países siguieron el ejemplo japonés. Son los **tigres asiáticos**: Corea del Sur, Taiwán, Hong Kong y Singapur. Países con una mano de obra barata y que elaboraban productos para exportar a los mercados occidentales. Por eso se habla del **modelo «asiático» de desarrollo** económico.

ACTIVIDADES

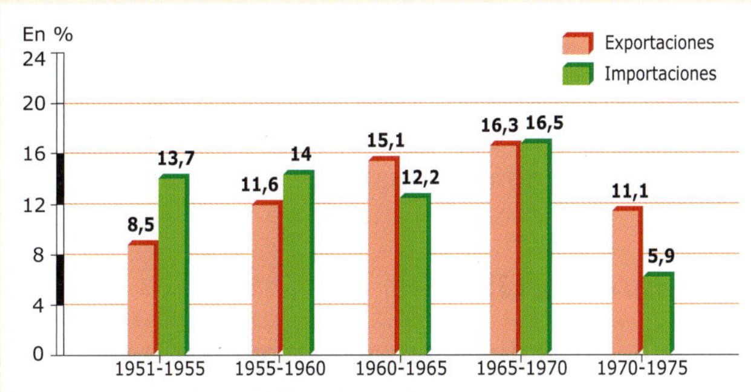

Doc. 18 Evolución de las exportaciones e importaciones japonesas (1951-1975) en el mundo.

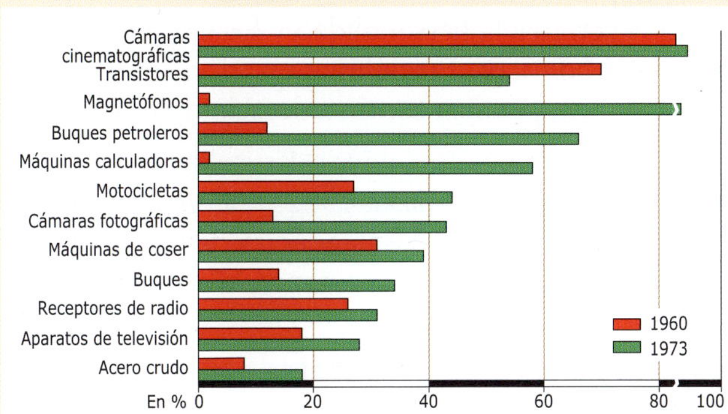

Doc. 19 La participación japonesa en la producción mundial en 1960 y 1973.

Doc. 20 Tres visiones de Japón

La empresa domina a sus accionistas, a sus proveedores, a sus asociaciones de consumidores: dispone del apoyo absoluto del Estado. El principal resultado de este sistema es una mano de obra maleable y adicta que trabaja de media un tercio más que nosotros.

JACQUES CALVET

Los japoneses desarrollamos nuestra estrategia de empresa sobre un período de diez años. Cuando pregunto a un americano a cuánto tiempo alcanzan sus previsiones, me responde [...]: «¡Oh! Algunas veces, a no más de diez minutos». [...] La diferencia de ingresos entre los jefes de empresa americanos y japoneses es enorme, casi increíble.

AIKO MORITA

En el siglo XII los problemas internos favorecieron el nacimiento de una casta guerrera [...] los recién llegados, guerreros adeptos al bushido, viven con frugalidad y practican el espíritu corporativo. [...] El jefe no debe disfrutar más de la vida que sus subordinados. Este espíritu perdura en el Japón contemporáneo; se hacen inversiones de prestigio, mientras que la vida diaria transcurre con sobriedad.

JEAN-LOUIS JACQUES

Doc. 21 Mapa económico de Japón.

6. ●● **Determinar la magnitud del crecimiento de Japón.**

- Explica qué evolución económica refleja el documento 17.
- Analiza los documentos 18 y 19.
  a) ¿Cómo evolucionó la participación japonesa en la producción mundial? ¿Qué sectores fueron los más destacados?
  b) ¿Cómo evolucionó el comercio exterior japonés? ¿Qué eran mayores al principio, las exportaciones o las importaciones? ¿Cómo lo explicarías? ¿Qué sucedió después?

7. ●● **Determinar qué factores han contribuido al crecimiento económico japonés.**

- ¿Qué factores resaltan los textos del documento 20 para explicar el desarrollo de Japón? ¿Qué otros factores añadirías tú?

8. ●● **Localizar los centros económicos.**

- Observa el documento 21. ¿En qué zonas de Japón se concentró la actividad económica? ¿Cuáles eran los principales centros económicos?

5 El bloque comunista en Europa: la URSS y las democracias populares

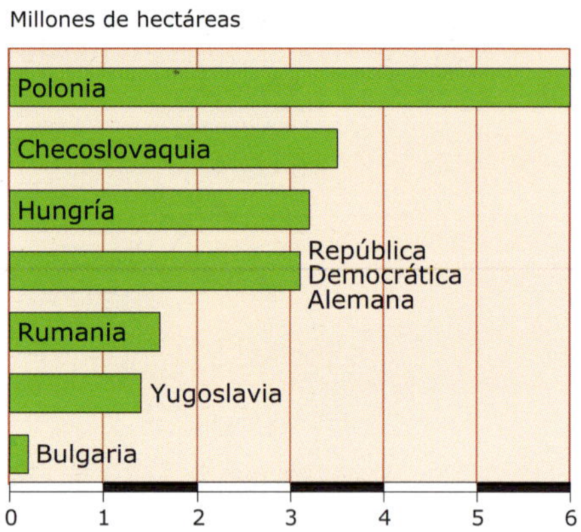

Doc. 22 Superficie de tierras redistribuidas en la reforma agraria que llevaron a cabo las democracias populares.

Doc. 23 Primavera de Praga (1968). Tras su fracaso, Dubcek fue cesado y enviado a Eslovaquia a trabajar como guardabosques.

IDEAS CLAVE

Conceptos nuevos. ¿A qué llamamos *desestalinización*?

Los protagonistas. ¿Quiénes fueron Kruschev y Breznev? ¿Qué caracterizó a sus gobiernos?

Los resultados. ¿Qué efectos provocó la política de Kruschev en los países del este?

Desde mediados de los años cincuenta, las dictaduras comunistas trataron de mejorar las condiciones de vida de sus ciudadanos, pero el autoritarismo y la ineficacia económica frustraron este propósito.

La «desestalinización» en la URSS

Tras la Segunda Guerra Mundial, **Stalin** siguió gobernando en la URSS y continuó con su política represiva: ordenó deportaciones masivas a los campos de trabajo (**gulag**) y detuvo a más de dos millones de personas (**docs. 24-25**).

Al morir Stalin, en 1953, **Nikita Kruschev** se hizo con el gobierno y suavizó la forma de ejercer el poder: convocó el **XX Congreso del PCUS** en 1956, en el que denunció el culto a la personalidad y los crímenes de Stalin y liberó a numerosos presos políticos. En política exterior, su nuevo estilo se materializó en la coexistencia pacífica con Estados Unidos.

Las reformas se paralizaron bruscamente cuando Kruschev fue destituido en 1964. Le sucedió **Leónidas Breznev** hasta 1982. Fue una época gris en la que se controló a la población a través de agencias de espionaje como el KGB. Además, el aumento de la burocracia estancó la economía.

Las revueltas internas en Europa oriental

Tras la Segunda Guerra Mundial, los países de Europa del este quedaron bajo la influencia soviética. Cuando se produjo la desestalinización en la URSS, en muchos de ellos surgieron críticas y revueltas contra los gobiernos comunistas. Las más importantes tuvieron lugar en Hungría y Checoslovaquia.

En 1956, una protesta popular inició la **revolución húngara**, que llevó al poder a **Imre Nagy**. Este reconoció la libertad de asociación, lo que destruía el monopolio comunista del poder, y proclamó la neutralidad del país. Las tropas soviéticas invadieron Hungría y pusieron fin a la revolución.

En Checoslovaquia, desde 1960 los comunistas exigían reformas. Cuando **Alexander Dubcek** ocupó el poder, en enero de 1968, emprendió los cambios políticos y sociales que dieron comienzo a la **primavera de Praga**: aceptó la fundación de partidos y sindicatos independientes, el derecho de huelga y la libertad religiosa y liberó a los presos políticos. En agosto, fuerzas del Pacto de Varsovia invadieron Checoslovaquia (**doc. 23**).

Industrialización sin bienestar

Tras la muerte de Stalin, los gobiernos comunistas europeos intentaron compatibilizar el crecimiento económico con la mejora de las condiciones de vida de la población. Con este fin se aumentó la producción de bienes de consumo y se tomaron medidas sociales, como reducir las jornadas laborales, aumentar los salarios, impulsar la construcción de viviendas, generalizar la sanidad y facilitar una educación de calidad.

Pero la economía comunista fue incapaz de igualar los niveles de vida de los países capitalistas europeos. Además, tampoco se desarrollaron sectores industriales punteros, como el electrónico, los plásticos o la informática. A partir de los años sesenta, aumentó el retraso económico respecto a occidente (**docs. 26 y 27**), lo que acrecentó el descontento de la población.

ACTIVIDADES

Doc. 24 Los campos de trabajo forzado soviéticos (gulag)

Durante 1945 y 1946 se encauzó hacia el Archipiélago un gran torrente [...] de adversarios del régimen, a veces convencidos, a veces involuntarios. Junto a ellos fue capturado cerca de un millón de fugitivos, huidos del régimen soviético durante los años de la guerra; civiles de todas las edades y de ambos sexos [...] pasaron en 1945 por nuestras cárceles camino del Gulag.

[...]

(Los trabajos comunes) Es el trabajo principal que se lleva a cabo, la base de la vida en el campo. Con ellos se ocupa al ochenta por ciento de los presos. Y revientan todos, todos. Y cuando llegan otros nuevos, derechitos a los «comunes». Ahí dejaréis vuestras últimas fuerzas. Y siempre estaréis hambrientos. Siempre calados. Sin calzado. Y os timarán con el peso de la ración. Y con cualquier otra cosa que pueda medirse. Os darán los peores barracones. Y nadie os atenderá si caéis enfermos.

ALEXANDR SOLZHENITSYN,
Archipiélago Gulag (1918-1956), 1973

Doc. 25 Vista de un campo de prisioneros soviético.

9. ●● Analizar la política represiva soviética: el gulag.

- Observa los documentos 24 y 25 y contesta teniendo en cuenta lo estudiado en la página anterior.
  - a) ¿A qué época se refiere el relato? ¿Y en qué país se sitúa?
  - b) ¿Qué eran los gulag?
  - c) ¿Cómo relata el autor la vida en estos centros?
  - d) ¿A quiénes se recluía en ellos?
  - e) Busca en Internet información sobre el autor de *Archipiélago Gulag* y redacta una pequeña ficha biográfica.

10. ●● Explicar los motivos de la crisis del bloque comunista.

- Analiza el documento 26.
  - a) ¿Cuál era la situación de la URSS en nuevas tecnologías respecto a las principales potencias económicas del mundo?
  - b) ¿Cómo pudo influir este atraso?
- Analiza el documento 27.
  - a) ¿Cómo evolucionó la economía soviética desde los años sesenta?
  - b) ¿Algún indicador tuvo una evolución positiva?

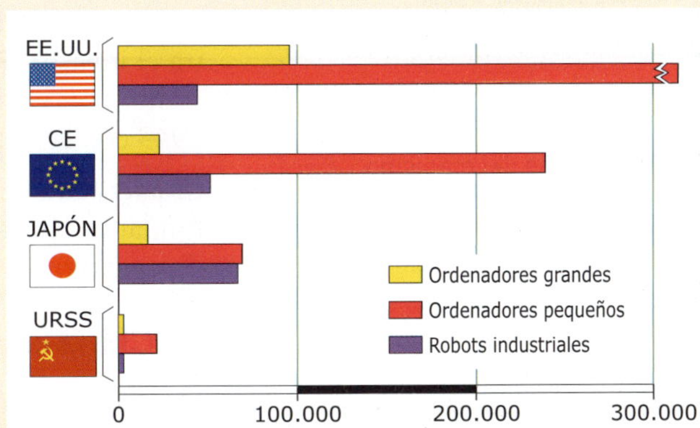

Doc. 26 Comparación del número de ordenadores en los años ochenta.

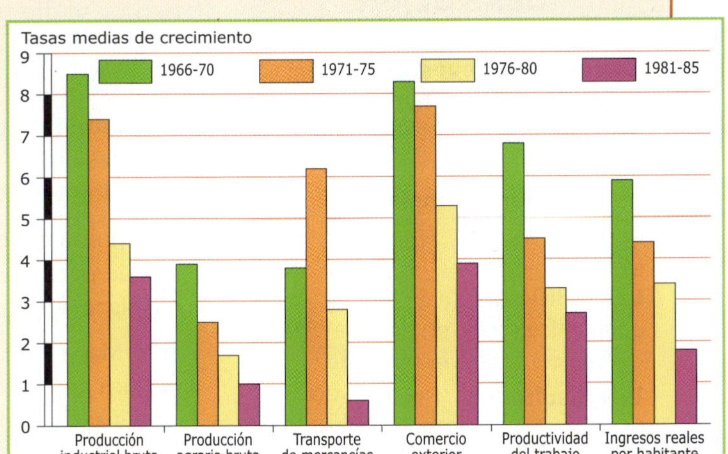

Doc. 27 Evolución de los principales indicadores de la economía soviética.

6 La China de Mao: la potencia emergente del bloque comunista

	Transformaciones sociales (1949-1952)
1949	• Proclamación de la República Popular China.
1950	• Ley del matrimonio. Puso fin a la situación discriminatoria de las mujeres chinas. • Los EE.UU. se oponen a la entrada de China en la ONU. • Pacto con la URSS. • Comienza la reforma agraria. • Ocupación del Tíbet.
	Construcción de un modelo socialista (1953-1965)
1954	• Nueva constitución: el Partido Comunista dirige la política en exclusiva.
1956	• Finaliza la reforma agraria.
1958	• Política del Gran Salto Adelante: creación de comunas populares.
1962	• Ruptura con la URSS.
	Revolución Cultural (1965-1976)
1965	• Comienza la Revolución Cultural.
1966	• Creación de la Guardia Roja.
1967	• China condena la invasión de Checoslovaquia.
1971	• Admisión de China en la ONU.
1972	• Visita del presidente Nixon.
1976	• Muerte de Mao.

Doc. 28 Las etapas del maoísmo.

Tras la Segunda Guerra Mundial, algunos países llevaron a cabo revoluciones comunistas que no fueron inducidas por la URSS. El caso más destacado fue el de China, país que desarrolló un modelo comunista propio que sirvió de inspiración a otros países.

Del imperio a la revolución

A principios del siglo XX, China estaba gobernada por un emperador, pero este no controlaba algunos territorios, que estaban bajo el poder de las potencias occidentales. La economía estaba atrasada: una agricultura anticuada era la base de la economía, y el desarrollo industrial era prácticamente nulo. La tierra estaba en manos de unos pocos y era trabajada por una masa de campesinos que vivían en un régimen de tipo feudal.

Ante esta situación, surgieron en China movimientos que apoyaban un cambio de régimen político. Finalmente, el emperador fue destituido en 1911 y se instauró una **república**. Gobernaba el **Kuomintang**, un partido nacionalista presidido por **Chiang Kai-shek**. Pero el Kuomintang no fue capaz de mantener el orden y durante su gobierno floreció la corrupción.

Entre la oposición crecía la influencia del **Partido Comunista Chino**, liderado por **Mao Zedong** y perseguido por Chiang Kai-shek.

En 1937 Japón invadió China, y comunistas y nacionalistas colaboraron contra el invasor. Pero, tras la derrota nipona en la Segunda Guerra Mundial, comunistas y nacionalistas volvieron a enfrentarse. La guerra civil terminó en 1949 con la victoria comunista. Nacía la **República Popular China**.

Chiang Kai-shek y sus partidarios se retiraron a la isla de Formosa, donde fundaron el Estado nacionalista de **Taiwán**, apoyado por los Estados Unidos, pero que no fue reconocido por la ONU.

La China comunista

Mao Zedong dirigió los destinos de China desde 1949 a 1976, fecha de su muerte. La historia de la República Popular en estos años se caracterizó por unos giros espectaculares (**doc. 28**).

En los primeros años, China siguió el **modelo soviético**. Se colectivizó la tierra y se dio prioridad al desarrollo de la industria pesada.

Como los resultados no fueron los esperados, Mao decidió desarrollar un modelo propio a partir de 1956, lanzando la política llamada **Gran Salto Adelante** (1958). La población fue integrada en **comunas**, centros autosuficientes en los que se combinaba la agricultura y la industria, y en las que todos los aspectos de la vida eran decididos por la colectividad.

Esta política fue desastrosa y provocó una hambruna y la muerte de millones de personas. Ante esto, un sector del Partido Comunista reaccionó y desplazó a Mao del poder.

Pero Mao contraatacó y organizó la **Revolución Cultural** en 1966. Era una política apoyada en las masas que pretendía instaurar un igualitarismo riguroso y acabar con las críticas a Mao. Durante la Revolución Cultural se realizaron purgas en la dirección del partido y se persiguió a numerosos intelectuales, lo que provocó el caos en el país (**docs. 31 y 32**).

IDEAS CLAVE

Conceptos nuevos. Describe qué son: una comuna, el *Gran Salto Adelante* y la *Revolución Cultural*.

La situación de partida. ¿Cómo era China antes del triunfo de la revolución comunista?

Las políticas. ¿Qué políticas económicas puso en marcha Mao? ¿Cómo controló a la sociedad?

Los resultados. ¿Solucionó Mao los problemas que tenía China antes de la revolución?

ACTIVIDADES

Doc. 29 La Larga Marcha

El día 16 de octubre de 1934, unos 100.000 comunistas chinos, hombres y mujeres, emprendieron una de las más extraordinarias marchas de las que se tiene noticia en la historia de la humanidad. [...] Hicieron una marcha a pie que duraría un año y que les llevaría, después de dar un rodeo de 10.000 a 12.000 km, al otro extremo de China. Durante su curso, Mao Zedong se reveló como el más poderoso líder. Durante la Larga Marcha, los comunistas chinos cruzaron 11 provincias, atravesaron ríos turbulentos, cadenas montañosas con nieves perpetuas, bosques y tierras pantanosas.

J. MORENO. *China contemporánea, 1916-1990*, 1992

Doc. 30 Mao, en 1971.

Docs. 31 y 32 Las purgas durante la Revolución Cultural

La Gran Revolución Cultural proletaria tiene por objeto liquidar la ideología burguesa, establecer la ideología proletaria, transformar al hombre desde lo más profundo, realizar su conversión ideológica a la revolución [...]. Debemos cortar las cumbres académicas reaccionarias de la burguesía y todos los «monárquicos» burgueses. [...] Debemos extirpar vigorosamente el pensamiento, la cultura, las costumbres y los hábitos antiguos de todas las clases explotadoras. Debemos reformar todas las partes de la superestructura que no corresponden a la base económica del socialismo. ¡Debemos purgar la Tierra de todos los bichos y barrer todos los obstáculos!

Comité Central del Partido Comunista Chino

[...] Obligábamos a los profesores a llevar un gorro y un cartel colgado del cuello en los que aparecían frases escritas como: «Soy un monstruo». Comparecían por turnos ante todas las clases, donde les insultábamos y les asediábamos con consignas, acusaciones y órdenes de reformarse. Les obligábamos a limpiar los lavabos, les embadurnábamos con pintura negra y organizábamos «equipos de control de monstruos» (kuan niu-kui tu), que se encargaban de que recibieran el trato que se merecían. [...] Hizo falta casi una semana de lucha sin tregua para que un hombre admitiera que había dicho «Mao está equivocado» en una conversación con un colega suyo.

A. MICHEL, *Memorias del Guardia Rojo*, 1976

11. ●●● Comprender el significado de la Larga Marcha.

- Lee el documento 29. ¿En qué consistió la Larga Marcha? ¿Cuál fue su importancia para Mao?
- Investiga en Internet (http://historiageneral.com/2009/10/25/la-larga-marcha-de-mao-zedong/) las causas de este hecho.

12. ●● Analizar un proceso: la Revolución Cultural.

- Lee los documentos 31 y 32. ¿Cuáles eran los objetivos de la Revolución Cultural? ¿Qué grupo profesional se vio afectado? ¿Qué métodos se emplearon para atacar a este grupo profesional? ¿Qué consecuencias sociales crees que pudo tener esto?
- Observa el documento 33.
  a) ¿Qué era el Libro Rojo? ¿Qué crees que le sucedería a las personas que no lo siguieran?
  b) ¿Cuál era la actitud de la población hacia Mao según el cartel? ¿Qué razones crees que provocaban ese entusiasmo?

Doc. 33 Cartel propagandístico de la época de la Revolución Cultural. Las personas sostienen el Libro Rojo en el que se recopilaban todas las directrices de Mao, que todo buen comunista debía seguir.

7 Tensiones en América Latina, África y Asia

Doc. 34 Fidel Castro y el Che Guevara.

En la época de la Guerra Fría, América Latina, África y Asia sufrieron los intentos de expansión del comunismo y el apoyo de Estados Unidos a regímenes muchas veces dictatoriales.

La Revolución cubana

Durante la Guerra Fría el hecho histórico fundamental en América Latina fue la Revolución cubana. Las fuerzas de **Fidel Castro** tomaron La Habana el 1 de enero de 1959, tras dos años de lucha de guerrillas contra el dictador Fulgencio Batista.

El nuevo régimen fue considerado un enemigo por Estados Unidos. El gobierno cubano confiscó las propiedades de la oligarquía y las inversiones estadounidenses. Además, Cuba se convirtió en un aliado de la URSS.

Las expropiaciones y el establecimiento de la dictadura provocaron la huida de gran parte de las clases pudientes a Estados Unidos. En 1961 los exiliados anticastristas, apoyados por Estados Unidos, intentaron invadir la isla para acabar con el régimen (**invasión de Bahía de Cochinos**), pero fracasaron. Esto aproximó aún más a Cuba a la URSS, que trató de instalar misiles nucleares en la isla. Esta acción desató una dura respuesta de Estados Unidos (**crisis de los misiles** de 1962), y la URSS terminó por retirarlos. Desde entonces, Estados Unidos impuso un duro **embargo comercial** a Cuba, para asfixiar al gobierno de Castro por la vía económica.

El régimen cubano se caracterizó por su naturaleza autoritaria y por el carisma de su líder, Fidel Castro. Este mantuvo un sistema comunista y apoyó la política exterior soviética. A cambio, Cuba recibió ayuda económica de la URSS y pudo neutralizar el embargo durante la Guerra Fría.

América Latina: entre las revoluciones y las dictaduras

Cuba se convirtió en un ejemplo y surgieron guerrillas comunistas en muchos países latinoamericanos. Para evitar la expansión del comunismo, Estados Unidos decidió apoyar la instalación de gobiernos aliados en la zona, aunque fueran dictaduras. Eso sucedió con las dictaduras militares de **Pinochet en Chile** y de las Juntas Militares en **Argentina**.

Pero Estados Unidos no fue capaz de evitar el triunfo de la revolución comunista en **Nicaragua**, donde los **sandinistas** tomaron el poder. Estados Unidos decidió apoyar militarmente a los grupos opositores (la «contra»), por lo que la situación derivó en una guerra civil muy sangrienta.

La expansión del comunismo en África y Asia

La descolonización de África y Asia significó la instauración de nuevos gobiernos, algunos de los cuales estuvieron influidos por las ideologías comunistas. Por ejemplo, en Asia se instauraron gobiernos comunistas en Vietnam, Camboya y Laos. En África, las tropas cubanas intervinieron en las guerras civiles de Angola y Namibia, y la URSS estableció bases y alianzas militares en Libia, Etiopía, Tanzania y Mozambique.

En Oriente Medio, el descontento por el apoyo de Estados Unidos a Israel volcó a algunos gobiernos hacia la URSS, como sucedió en Siria.

DERECHOS HUMANOS

El genocidio camboyano

En 1975 se instauró en Camboya el régimen maoísta de los jemeres rojos, liderados por Pol-Pot. Durante su gobierno, en menos de cuatro años (1975-1979) se llevó a cabo uno de los mayores genocidios: se asesinó a más de dos millones de personas, la cuarta parte de la población.

Doc. 35 Fotograma de la película *Los gritos del silencio*. Esta película se sitúa en la Camboya de los jemeres rojos.

El triunfo del fundamentalismo islámico: Irán y Afganistán

Posiblemente, el acontecimiento más relevante de la década de los setenta fue la llegada al poder de los fundamentalistas musulmanes, que instalaron regímenes basados en la ley islámica.

En **Irán**, gran parte de la población se oponía a la monarquía del *Shah* por diversos motivos: unos rechazaban su intento de occidentalizar el país, y otros repudiaban la corrupción del régimen y la represión a la que era sometida la oposición (miles de asesinados, torturados y encarcelados).

En 1979 el *ayatollah* **Jomeini** aprovechó el descontento y dio un golpe de Estado que derrocó al Shah. Jomeini estableció un **régimen teocrático**, basado en la interpretación estricta del Corán y en la concentración del poder político en manos de los religiosos. El nuevo régimen se enfrentó desde el principio con Estados Unidos (**docs. 36 y 37**).

La victoria del fundamentalismo no se limitó a Irán. En 1979 la URSS invadió **Afganistán**, para evitar que las guerrillas fundamentalistas derrocaran al gobierno, que era prosoviético. En 1989 la URSS, incapaz de vencer a las guerrillas, abandonó el país, en el que acabó implantándose un régimen fundamentalista islámico.

IDEAS CLAVE

Los protagonistas. ¿Quiénes fueron los principales líderes de las revoluciones en América Latina? ¿Qué papel jugó Jomeini en Irán?

La expansión del comunismo. ¿En qué países hubo intentos de expansión comunista? ¿Por qué medios se intentó llevar a cabo esta expansión?

La reacción de Estados Unidos. ¿Por qué apoyó Estados Unidos a algunas dictaduras? ¿Que opinión te merece este hecho?

ACTIVIDADES

Doc. 36 Misión política del islam, según Jomeini

Desautorizar a los paganos es el preludio de la lucha y organización de los soldados de Dios contra las fuerzas de Satán. [...]

Nuestro lema, ni Este ni Oeste, es el lema fundamental de la revolución islámica entre los pobres y los hambrientos. Este lema define la verdadera política [...] de todos aquellos países que aceptarán el Islam como la única escuela posible de salvación, con la ayuda de Dios. [...] Las potencias, las superpotencias y todos sus lacayos deben convencerse de que, aunque Jomeini se encuentre solo y abandonado, continuará su recto camino de combatir la blasfemia, la tiranía, el politeísmo y la idolatría. [...]

Con toda firmeza os digo [...] que el Islam eliminará uno tras otro todos los obstáculos, tanto dentro como fuera de sus fronteras, y que terminará conquistando los principales bastiones del mundo. [...] O ganaremos nuestra libertad o conoceremos una libertad todavía más grande: el martirio.

3 de agosto de 1987

Doc. 37 En este cartel Jomeini descarga su ira contra el Shah.

13. ●●● Comprender la ideología del régimen iraní.

- Lee el documento 36.
  - a) ¿Qué frases del texto nos permiten afirmar que el régimen iraní es fundamentalista?
  - b) ¿Cuál es su posición frente a los bloques?
  - c) ¿Es un régimen expansionista? ¿Por qué?
  - d) ¿Quién es el Satán al que se refiere el texto?
- Observa el documento 37.
  - a) ¿Quién es Jomeini? ¿Cómo va vestido?
  - b) ¿A quién está pisando? ¿Cómo le representa?
  - c) ¿Quién apoya al político caído?
  - d) ¿Crees que representa la realidad histórica? Justifica tu respuesta.

Actividades de repaso

• Recuerda

14. Lee el resumen y complétalo en tu cuaderno si crees que falta alguna información relevante.

BLOQUE OCCIDENTAL	
Estados Unidos	• Líder del bloque occidental tras la Segunda Guerra Mundial. • Gran crecimiento económico. El dólar como moneda de referencia mundial. • Problemas de desigualdad social y racial. Aparición de movimientos que luchaban por los derechos civiles.
Europa	• La creación de la Comunidad Económica Europea (CEE) en 1957 supuso un gran logro en la integración económica. • Creación del Estado del bienestar, con un sistema público de protección social. • Fin de las dictaduras en Portugal, Grecia y España.
Japón	• Después de la guerra mundial se incorporó al bloque occidental con el apoyo de EE.UU. • En la década de 1960 se convirtió en la tercera potencia económica: el llamado milagro japonés.
BLOQUE COMUNISTA	
URSS	• Al morir Stalin, en 1953, el nuevo líder de la URSS, Kruschev, comenzó un proceso de condena y revisión de las políticas estalinistas. Coexistencia pacífica con EE.UU. • Las reformas se paralizaron con la llegada al poder de Breznev. La economía se estancó.
Europa oriental	• Tras la guerra, la URSS estableció en Europa del este sistemas políticos idénticos al suyo. • Con la desestalinización surgieron críticas contra los gobiernos comunistas e importantes revueltas (Hungría y Checoslovaquia), que fueron duramente reprimidas por los soviéticos.
OTRAS ÁREAS DE CONFLICTO	
Asia	• En China, Mao Zedong implantó el modelo soviético. A partir de 1956 desarrolló un modelo propio, con la política del Gran Salto Adelante. En 1966, Mao organizó la Revolución Cultural, con importantes purgas en la dirección del partido comunista y la persecución de los intelectuales. • El comunismo también se implantó en Corea del Norte, Vietnam, Laos y Camboya.
América Latina	• El triunfo de la revolución de Fidel Castro en Cuba incluyó al país en el bloque comunista. • Otra revolución comunista triunfó en Nicaragua, cuando los sandinistas tomaron el poder. • EE.UU. brindó su apoyo a dictaduras militares, como las de Chile y Argentina.
África	• Se instauraron modelos socialistas en Angola y Etiopía.

15. Copia en tu cuaderno y completa el cuadro sobre las etapas de crecimiento y crisis en el mundo capitalista.

Período de crecimiento	Período de crisis
• Factores del crecimiento:	• Causas de la crisis del petróleo:
• Efectos sobre la sociedad:	• Consecuencias de la crisis del petróleo:

16. El tiempo.

- Haz una línea del tiempo como esta sobre la época de la Guerra Fría.

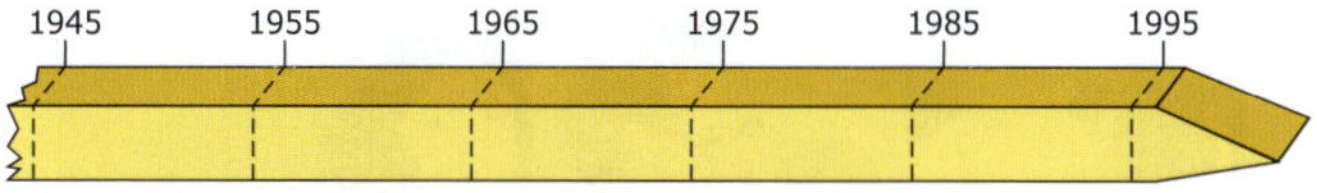

- Localiza los siguientes períodos:
  a) Crecimiento de la economía occidental.
  b) Gobierno de Leónidas Breznev.
- Sitúa los siguientes hechos donde corresponda.
  a) Crisis del petróleo.
  b) Creación de la CEE.
  c) Revolución iraní.
  d) Revolución cubana.
  e) Primavera de Praga.
  f) Revolución Cultural china.
  g) Muerte de Stalin.
  h) Rep. Popular China.
  i) Crisis de los misiles.

17. El espacio.

- Localiza en un mapa del mundo los países donde se produjeron los anteriores acontecimientos.

18. Los conceptos.

- Explica las diferencias entre *bipartidismo* y *pluripartidismo*.
- Copia el cuadro y explica si las siguientes políticas son características del liberalismo o del keynesianismo.

Creación de empresas públicas	...
Bajo nivel de inversión pública	...
Redistribución de la renta a través de los impuestos	...
Inversión pública en infraestructuras	...
Flexibilización del mercado de trabajo	...

- Define los siguientes términos.
  a) Sociedad de consumo.
  b) Estado del bienestar.
  c) Gulag.
  d) Zaibatsu.

19. Los personajes.

- Explica el papel histórico de los siguientes personajes:
  a) Fidel Castro.
  b) Mao Zedong.
  c) Martin Luther King.
  d) Keynes.

20. Las organizaciones.

- Explica qué son estas organizaciones:
  a) OPEP.
  b) CEE.

●● Analiza

21. Las causas.

- Identifica las causas de la crisis del petróleo y justifica cómo afectaron en cada caso.
  a) Incremento de la inflación.
  b) Guerra Fría.
  c) Intervencionismo económico.
  d) Subida del precio de los carburantes.
  e) Guerra del Yom Kippur.
  f) Ineficacia de los gobiernos.

22. Los cambios.

- Compara la situación de los disidentes en la URSS antes y después de la muerte de Stalin.
- Explica cómo cambió la situación política, económica y social en China antes y después de la Revolución.

23. Las mentalidades.

- ¿Qué nuevos movimientos sociales surgieron en Occidente después de la Segunda Guerra Mundial? ¿Qué motivó la decadencia de los movimientos de épocas anteriores?

24. La imagen.

- Observa y responde.
  a) Describe la escultura.
  b) ¿Qué mensaje crees que quiere transmitir?
  c) Describe las características del tipo de sociedad que critica el autor.

Doc. 38 *Supermarket lady*, obra de D. Hanson.

●●● Piensa críticamente

25. El fundamentalismo islámico.

- ¿Sigue existiendo un régimen fundamentalista islámico en Irán? ¿Y en Afganistán?
- ¿Qué movimientos se basan en una visión fundamentalista del islam?
- ¿Todas las personas que practican el islam son fundamentalistas?

Utilizar el álbum familiar como fuente histórica

El uso de la máquina fotográfica desde mediados del siglo pasado, posibilitó la aparición del álbum familiar convertido, con los años, en un documento histórico valioso que recoge la memoria de un tiempo y de las personas que vivieron esa época.

Doc. 39 Foto familiar.

26. ●●● Consulta tus álbumes familiares.

- Selecciona las imágenes que te proporcionan información sobre alguno de los aspectos que se enumeran a continuación y escanéalas.
  - La estructura de la familia (número de hijos y otros familiares que vivían juntos).
  - El espacio, rural o urbano, con su vivienda, muebles, decoración, electrodomésticos y otros enseres.
  - Ropa y evolución de la moda.
  - La religiosidad y las costumbres: bodas, bautizos, comuniones, cumpleaños, juegos.
  - El papel desempeñado por hombres y mujeres.
- Escribe la fecha aproximada de cada foto y ordénalas de la más antigua a la más moderna.
- Analiza cuáles son los cambios más significativos a lo largo del tiempo.

Analizar canciones populares

Uno de los máximos exponentes de la canción popular y de protesta es Bob Dylan, nacido como Robert Allen Zimmerman en 1941. Muchas de sus canciones se convirtieron en himnos antibélicos y de los movimientos sociales de la década de 1960. Como ocurrió con esta canción, que mantiene su actualidad expresando la necesidad de comprender los signos de los tiempos y su evolución.

Doc. 40 *Los tiempos están cambiando* (*The Times They Are A-changin'*)

Vengan senadores, congresistas, por favor, oigan la llamada
y no se queden en el umbral, no bloqueen la entrada,
porque resultará herido el que se haya opuesto,
hay en el exterior una batalla furibunda,
pronto golpeará sus ventanas y crujirán sus muros
porque los tiempos están cambiando.

Vengan padres y madres de toda la Tierra
y no critiquen lo que no pueden entender.
Sus hijos e hijas están fuera de su control,
su viejo camino envejece rápidamente,
por favor, dejen paso al nuevo si no pueden echar una mano
porque los tiempos están cambiando.

La línea está trazada y marcado el destino;
los lentos de ahora serán rápidos más tarde,
como lo ahora presente más tarde será pasado,
el orden se desvanece rápidamente
y el ahora primero más tarde será el último
porque los tiempos están cambiando.

Bob Dylan, 1964

27. ●●● Lee la canción y responde.

- Relaciona la época de la canción con lo que estaba sucediendo en ese momento en la sociedad estadounidense y la europea.
- Explica si el autor se muestra favorable o contrario a los cambios.
- Razona cómo trata el autor a los políticos; si los ve cerca o lejos de los problemas de los ciudadanos. Explica qué pasa en nuestros días.
- Analiza su postura respecto a los padres. Di si se podría decir lo mismo ahora.

28. ●●● Busca fuera del texto.

- Busca información en Internet sobre Bob Dylan y redacta una ficha biográfica.

Arde Mississippi

La desigualdad racial en Estados Unidos fue la causa de graves conflictos. A mediados del siglo XX, en los Estados del sur la segregación continuaba vigente y las diferencias entre los niveles de vida entre negros y blancos eran abismales. La toma de conciencia de la población negra sobre su situación hizo aparecer, desde los años cincuenta, un movimiento de lucha por la igualdad civil.

En junio de 1964, un año después de la «marcha sobre Washington» encabezada por Luther King, fueron asesinados tres jóvenes defensores de derechos civiles que realizaban una campaña (*Freedom summer*) para promover la inscripción de los negros en las listas electorales y para que ejercieran su derecho a voto. El hecho ocurrió en el Estado de Mississippi, donde el Ku Klux Klan, una sociedad secreta que aboga por la supremacía de la raza blanca, tenía un fuerte arraigo. Puedes ver un resumen en: http://www.youtube.com/watch?v=vFt4Os2cNCo.

Doc. 41 Fotograma de la película con la cruz ardiendo, uno de los símbolos del Ku Klux Klan.

FICHA TÉCNICA Y SINOPSIS

Título y año: *Arde Mississippi* (1988).

Duración: 125 minutos.

Género: Drama.

País: Estados Unidos.

Director: Alan Parker.

Argumento y guion: El guionista Chris Gerolmo se adentra en la imposible convivencia de negros y blancos en un condado de Mississippi donde los derechos humanos son vulnerados sistemáticamente.

Reparto: Willem Dafoe (Alan Ward), Gene Hackman (Eupert Anderson), Frances McDormand (Mrs. Pell), Brad Dourif (Clinton Pell), Michael Rooker (Frank Bailey).

Sinopsis: En 1964 son asesinados tres activistas por los derechos civiles de los negros en el condado de Jessup (Mississippi), un lugar en el que la connivencia entre las autoridades y los grupos racistas son evidentes.

●●● GUION DEL ESPECTADOR

29. Investiga la época.

- Analiza el contexto histórico en el que transcurre la trama de la película: país, fecha, circunstancias económicas, políticas y sociales.

30. Analiza el contenido de la película.

- Resume brevemente el argumento de la película.
- Explica la razón del título.
- Analiza las siguientes frases del filme:
  – *Estoy harto de asistir a entierros de negros asesinados por blancos.*
  – *Los negros reciben lo que merecen. No son como las personas blancas.*
- Judíos, negros o comunistas son despreciados por ser minorías. ¿Cuál era la mayoría social?
- Explica y valora los distintos métodos seguidos por los policías del FBI.
- La escena final muestra una lápida con el año de 1964 y un lema: *not forgotten*. Valora su significado e intencionalidad.

31. Conclusiones: valoración y crítica de la película.

- Señala si la película muestra con claridad el problema de la segregación racial y la violación de los derechos humanos en Estados Unidos.
- Explica si los realizadores de la película toman partido en la defensa de los derechos humanos y cómo lo hacen.
- Relaciona los sucesos de la película con otros episodios de la lucha por los derechos civiles tratados en el tema.

TEMA

14 La dictadura de Franco

COMPETENCIAS QUE VAS A PRACTICAR

- Social y ciudadana: en todo el tema.
- Comunicación lingüística: actividades 1, 3, 4, 7, 21, 23 y 27.
- Matemática: actividades 3, 5 y 7.
- Tratamiento de la información: actividades 3, 7, 8, 9, 19, 21, 22, 23, 24, 25, 26, 29 y 30.
- Cultural y artística: actividades 28 y 31.
- Autonomía e iniciativa personal: actividades 2, 3 y 6.

NO TE LO PIERDAS

Libros

- *Nada*, Carmen Laforet.
- *Entre visillos*, Carmen Martín Gaite.
- *Tiempo de silencio*, Luis Martín-Santos.

Películas

- *Bienvenido, Mr. Marshall*, de Luis García Berlanga, 1953.
- *Pa negre*, de Agustí Villaronga, 2010.

Enlaces

- España durante el franquismo
  http://www.historiasiglo20.org/HE/15.htm
  http://www.artehistoria.jcyl.es/histesp/contextos/12585.htm

Discurso de la victoria

Madrileños, españoles: [...]

Metódicamente fuimos labrando la Victoria y nuestros triunfos dieron respuesta adecuada al histérico «no pasarán».

Ni un día de descanso; dos años y medio de campaña templaron en el duro yunque de la guerra el ánimo de nuestra juventud, de la que sacrificamos lo mejor para llegar a este día de gloria y de triunfo. [...]

La Victoria se malograría si [...] dejásemos en libertad de acción a los eternos disidentes, a los rencorosos, a los egoístas, a los defensores de una economía liberal que facilitaba la explotación de los débiles por los mejor dotados. [...]

Hacemos una España para todos; vengan a nuestro campo los que arrepentidos de corazón quieran colaborar a su grandeza; pero si ayer pecaron, no esperen les demos el espaldarazo mientras no se hayan redimido con sus obras. [...]

¡ARRIBA ESPAÑA! ¡VIVA ESPAÑA!

19 de mayo de 1939

Fechas clave

- **1940** Entrevista de Franco y Hitler en Hendaya.
- **1941** Creación de la División Azul.
- **1945** Se niega a España la entrada en la ONU.
- **1946** Se retiran la mayoría de los embajadores.
- **1951** Regresan los embajadores.
- **1953** Se firman acuerdos con la Santa Sede y EE.UU.
- **1955** Espa admi en la ONU

1940 · 1945 · 1950 · 1955

- El régimen franquista surgió como consecuencia de la victoria de los sublevados en la Guerra Civil. La Iglesia católica, el ejército y la oligarquía apoyaron la dictadura, lo que explica su larga duración (1939-1975). En el exterior, primero contó con la ayuda de la Alemania nazi y la Italia fascista. Durante la Guerra Fría, la apoyaron Estados Unidos y sus aliados.
- La España de Franco fue una anomalía en Europa occidental, donde se habían instaurado democracias después de la Segunda Guerra Mundial. El régimen no respetó los derechos y libertades de la población y los opositores fueron perseguidos, encarcelados y en ocasiones ejecutados.

1956 Conflictos estudiantiles en Madrid.

1959 Se publica el plan de estabilización.

1960

1962 Grandes huelgas.

1964 Primer Plan de Desarrollo.

1965

1966 Se aprueba la Ley de Prensa.

1969 El príncipe Juan Carlos es designado sucesor.

1970

1973 ETA asesina a Carrero Blanco.

1975

1975 Fusilamiento de terroristas. Marcha Verde. Muerte de Franco.

1 Las características generales de la dictadura franquista

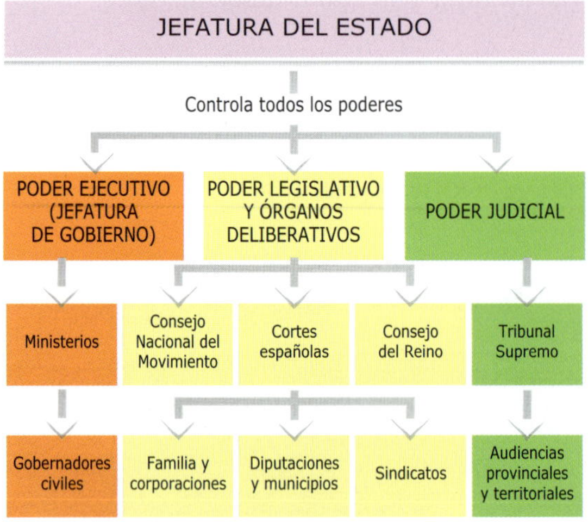

Doc. 1 Organización del Estado franquista.

La dictadura de Franco duró casi cuarenta años (1939-1975). Los apoyos con los que contó, así como la existencia de una represión muy dura, explican su larga duración.

El franquismo, una dictadura

El franquismo se prolongó mucho tiempo, por lo que evolucionó a lo largo de su historia. Sin embargo, las bases del régimen permanecieron iguales.

En primer lugar, **Franco asumió todos los poderes:** era jefe del Estado, fiscalizaba los poderes ejecutivo, legislativo y judicial, y tenía el mando supremo del ejército (doc. 1). Aunque existían las Cortes, se limitaban a aprobar las leyes que presentaba el gobierno. Como líder indiscutible, Franco era adulado con títulos como *Caudillo de España* y *Generalísimo de los ejércitos* (docs. 2-4).

En segundo lugar, **existía un único partido legal, FET y de las JONS**. Este partido agrupaba a todas las fuerzas políticas que habían apoyado la sublevación contra la república.

En tercer lugar, **se suprimieron los derechos y libertades** individuales.

Por último, **se rechazó toda manifestación de nacionalismo regional** y se abolieron los estatutos de autonomía de Cataluña y el País Vasco.

Los vencedores: los apoyos del franquismo

La dictadura fue sostenida por los sectores sociales que habían apoyado a los sublevados en la Guerra Civil. La victoria consolidó su situación y les dio gran poder e influencia.

- El **ejército** fue una garantía para el régimen. Muchos de sus mandos ejercieron importantes cargos en el gobierno y en las empresas estatales.
- La **Iglesia católica** se benefició de un Estado confesional* y recibió numerosos privilegios, como la reposición de la enseñanza católica en la escuela o la supresión del matrimonio civil, entre otros.
- Los **terratenientes y grandes empresarios** asentaron su dominio. La burguesía agraria se benefició de la supresión de la reforma agraria, y la burguesía industrial, de la inexistencia de sindicatos.

Además, el franquismo contó con el apoyo de **parte de la clase media**, que tenía una mentalidad conservadora y deseaba una situación de paz.

Los vencidos: entre el exilio y la represión

La **represión** también favoreció la larga duración de la dictadura, al impedir que se manifestara el descontento. Esta represión afectó a los republicanos, muchos condenados a trabajos forzosos o ejecutados (doc. 5). Se prohibió publicar en lenguas diferentes del castellano y los jerarcas de la dictadura y de la Iglesia **censuraron** publicaciones, películas, etc.

Al terminar la Guerra Civil, muchas personas marcharon al **exilio** por temor a caer víctimas de la represión de los vencedores. Entre los exiliados había líderes republicanos, personas desconocidas e intelectuales. Esta emigración forzada supuso una enorme pérdida humana y cultural para el país.

GLOSARIO

Estado confesional. Estado que reconoce una religión oficial, a cuya doctrina se ajustan las leyes.

IDEAS CLAVE

Las características. ¿En qué principios políticos se basaba el sistema franquista?

Conceptos nuevos. Define el término *censura*.

Los protagonistas. ¿Qué títulos y qué poderes acumuló Franco en el ejercicio de su dictadura?

Las causas. ¿Por qué se pudo prolongar la dictadura de Franco durante treinta y seis años?

Un hecho importante. ¿Cuántas personas tuvieron que exiliarse al terminar la Guerra Civil? ¿A qué actividades se habían dedicado? ¿Qué consecuencias tuvo para nuestro país?

ACTIVIDADES

Doc. 2 Pintura mural *Alegoría de Franco y la cruzada* (1948), de Arturo Roque Meravia.

Doc. 4 Franco y su mujer entrando bajo palio en la catedral de Vitoria.

Moneda de 1949 con el rótulo «Francisco Franco Caudillo de España por la gracia de Dios».

Doc. 3 El culto a Franco

Nosotros hemos visto caer lágrimas de Franco sobre el cuerpo de esta madre, de esta mujer, de esta hija suya que es España, mientras en las manos le corría la sangre y el dolor del sacro cuerpo en estertores. ¿Quién se ha metido en las entrañas de España como Franco, hasta el punto de no saber ya si Franco es España o España es Franco? ¡Oh, Franco, caudillo nuestro, padre de España! ¡Adelante! ¡Atrás, canallas y sabandijas del mundo!

ERNESTO GIMÉNEZ CABALLERO

Doc. 5 Construcción de la basílica del Valle de los Caídos (Madrid). Gran parte de los trabajos de construcción los realizaron presos políticos de la Guerra Civil. Se encuentra en la sierra madrileña de Guadarrama.

1. ●● Analizar las características del franquismo.

- Observa los documentos de esta página y di cuáles hacen referencia a los apoyos del régimen franquista. ¿Qué otros apoyos tenía el franquismo en el país? ¿Qué grupos sociales apoyaron la dictadura?
- ¿Qué poderes acumulaba Franco según el documento 1?
- Lee el documento 3 y señala con qué términos se refiere el autor a España, a Franco y a los republicanos. ¿Qué sentimientos se tratan de fomentar contra los adversarios? ¿Por qué crees que la moneda tenía esa leyenda?
- ¿Quiénes construyeron la basílica que se muestra en el documento 5? ¿Con qué aspecto del régimen relacionas su construcción?

2. ●● Analizar los símbolos del franquismo.

- ¿Crees que los actuales líderes políticos reciben alabanzas semejantes a las del documento 3? ¿Reciben insultos semejantes a los de ese documento los adversarios políticos? ¿Qué actitud te parece más deseable, la del franquismo o la de la actualidad?
- La basílica del Valle de los Caídos es un símbolo del franquismo. ¿Qué edificios crees que simbolizarían nuestra democracia?
- Existen muchos símbolos del franquismo como el Valle de los Caídos. ¿Qué habría que hacer con ellos, destruirlos, conservarlos…? Justifica tu opinión.

2 Los años de la posguerra (1939-1945): fascismo y miseria

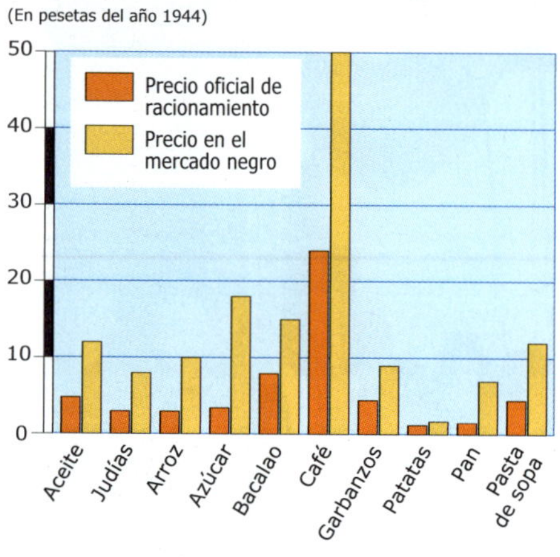

Doc. 6 Racionamiento y mercado negro.

Los primeros años del franquismo fueron una etapa muy dura. Franco intentó implantar un régimen fascista, similar al italiano. Además, la pobreza caracterizó la vida de la población, pues el país había quedado devastado.

Un gobierno de orientación fascista

Los primeros años del franquismo estuvieron marcados por el desarrollo de la Segunda Guerra Mundial, que estalló en 1939.

En 1941 se creó la **División Azul** para apoyar a la Alemania de Hitler en el frente ruso. Pero en 1942 las victorias aliadas indujeron a Franco a declararse neutral y retirar la División Azul del conflicto.

En este ambiente, los falangistas tuvieron gran influencia en esta primera etapa, y orientaron el régimen según las doctrinas del fascismo.

En economía se impuso la **autarquía**, que aspiraba a la autosuficiencia del país. Para alcanzar el autoabastecimiento se crearon el Servicio Nacional del Trigo, que controlaba la producción y distribución de este cereal, y el Instituto Nacional de Industria (INI), cuyo objetivo era estimular la industrialización. Sin embargo, este empeño fracasó y la economía española no fue capaz de cubrir las necesidades de la población.

Para controlar a los ciudadanos, se encuadró a la población en numerosas **organizaciones que dependían de FET y de las JONS**. Las principales fueron la Central Nacional Sindicalista, que incorporó a los obreros y los empresarios; la Sección Femenina, que agrupaba a las mujeres para realizar labores sociales, y la OJE (Organización Juvenil de España), que organizaba actividades recreativas para captar a la juventud.

También se implantaron **símbolos fascistas**, como el *saludo a la romana*.

En estos años, la **represión** fue muy dura. Decenas de miles de personas fueron condenadas a trabajos forzados o a la pena de muerte **(doc. 8)**. Esta dura represión hizo desaparecer casi toda oposición interior al régimen. Solo se mantuvieron algunas partidas de guerrilleros, conocidas como el **maquis**, que lucharon en sierras aisladas hasta finales de los años cuarenta.

La economía: un país desolado

Al finalizar la guerra, la economía española estaba hundida. Numerosas industrias, carreteras y vías de ferrocarril habían sido destruidas, y los campos, devastados, tardaron años en recuperarse. Como consecuencia de este desastre, disminuyó la actividad en las ciudades y muchas personas regresaron a sus pueblos. Así, España volvió a ser un país predominantemente agrario y la renta per cápita disminuyó.

El retroceso económico hizo que los años cuarenta estuvieran marcados por el **desabastecimiento** de productos, como alimentos, ropa o combustible. Para aprovisionar a la población, el Estado estableció el **racionamiento*** de los alimentos.

Al tiempo, apareció un **mercado negro**, conocido como *estraperlo*, en el que se podían adquirir mercancías a precios elevados **(doc. 6)**.

GLOSARIO

Racionamiento. Asignación de productos básicos a las personas de un Estado para paliar el desabastecimiento. En la España franquista se mantuvo el racionamiento de algunos bienes hasta 1952.

IDEAS CLAVE

Las características. ¿Qué rasgos demuestran que en su primera fase el franquismo tuvo relación con el fascismo?

Las causas. Explica cómo influyeron la Guerra Civil y la política autárquica en el establecimiento del racionamiento en la España franquista.

Los medios. Señala los organismos que creó el régimen franquista para adoctrinar a la población y para alcanzar el autoabastecimiento del país. ¿Tuvieron éxito?

Los hechos. ¿Qué actitudes mantuvo Franco ante la Segunda Guerra Mundial?

Conceptos nuevos. ¿Qué fue el *maquis*? ¿Y el *estraperlo*?

ACTIVIDADES

Doc. 7 Normas de representación teatral

Primero.– Presentación por duplicado del libreto de la obra.

Segundo.– Presentación por duplicado de los figurines de la misma [...].

Tercero.– Diseño por duplicado de los decorados de la obra.

Cuarto.– Relación de los artistas de ambos sexos que hayan de intervenir en la representación [...].

Presentados tales documentos [...]

Autorizada la obra en su totalidad o con las correcciones que se establezcan, la representación de la misma será sometida previamente al visado del ensayo general, dos días antes del estreno.

Dirección General de Seguridad

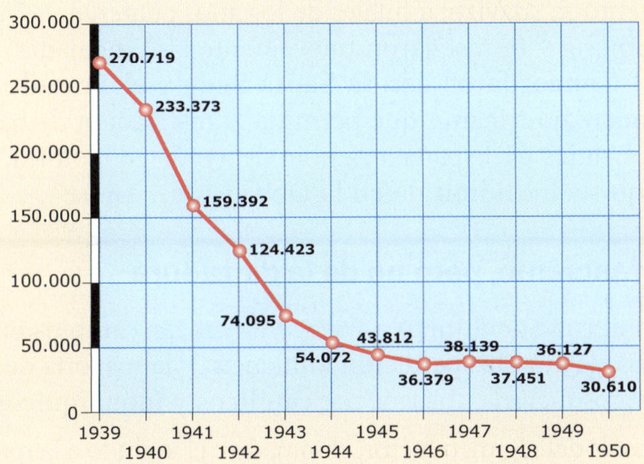

Doc. 8 Presos políticos en España entre 1939 y 1950.

3. ●● Analizar qué significa la falta de libertades: censura y represión.

- Resume los documentos 7, 10 y 11.
- Describe el documento 8.
- Observa el documento 9. ¿Crees que esa viñeta publicada durante la dictadura pudo tener problemas con la censura? ¿Por qué?
- Explica qué aspecto de los que a continuación se enumeran reprime cada uno de esos documentos.
  - Las costumbres.
  - Las opiniones políticas.
  - La creación cultural.
- Argumenta si en la actualidad se coartan esas u otras parcelas de la vida.
- Debatir qué es más positivo para una sociedad, las libertades o la regulación de las libertades por parte de los gobiernos.

Doc. 9 Portada de *La Codorniz*, 14 de septiembre de 1952. Fue una importante revista satírica. Sufrió cierres y multas por sus críticas.

«Ha tenido suerte amigo: en vez de fusilarle al amanecer, le fusilaremos al atardecer. Así no tendrá que madrugar.»

Doc. 10 Normas para el baño

Primera.– Queda prohibido bañarse en playas o piscinas sin vestir la prenda adecuada: caballeros, pantalón de deporte, y señoras, traje completo con falda, prohibiéndose el uso de bañadores que [...] resulten ofensivos al pudor o a la decencia pública. [...]

Quinta.– Los agentes de la autoridad cursarán sin demora las denuncias por las infracciones de las anteriores reglas y detendrán [...] a los infractores.

Dirección General de Seguridad

Doc. 11 La represión de la masonería y el comunismo

Art. 1.º– Constituye figura de delito castigado conforme a las disposiciones de la presente ley el pertenecer a la masonería, al comunismo y demás sociedades clandestinas a que se refieren los artículos siguientes [...]

Art. 7.º– Quienes en tiempo anterior a la publicación de esta ley hayan pertenecido a la masonería y al comunismo [...], vienen obligados a formular ante el gobierno una declaración de retractación en el plazo de dos meses. [...]

Art. 8.º– Aquellas en que no se reconozca alguna excusa absolutoria quedarán separadas definitivamente de cualquier cargo del Estado [...]. Asimismo, serán sometidas a procedimiento para imposición de sanción económica. [...]

Se considerará circunstancia atenuante el suministrar información o datos interesantes sobre actividades de la secta.

Boletín Oficial del Estado, 2 de marzo de 1940

3 El asentamiento del régimen (1945-1959)

Doc. 12 Manuel Fraga, ministro de Información y Turismo, bañándose en la localidad almeriense de Palomares. La colaboración militar con EE.UU. sufrió un grave percance cuando un accidente aéreo provocó la caída de cuatro bombas nucleares en la costa de Almería. El régimen intentó minimizar la gravedad del suceso.

La derrota de los fascismos en la Segunda Guerra Mundial dejó aislado al régimen de Franco, que intentó eliminar los aspectos más duros del régimen para ser aceptado por los vencedores. Asimismo, la economía se modernizó y se abrió al exterior.

Del aislamiento a la aceptación internacional

Franco no intervino en la Segunda Guerra Mundial, pero desde su comienzo se mostró favorable a las potencias del Eje (doc. 13). Acabado el conflicto (1945), las potencias vencedoras intentaron provocar la caída del franquismo. Para ello sometieron a la dictadura al **aislamiento internacional**: España no fue admitida en la ONU, casi todos los países retiraron sus embajadores y Francia cerró su frontera con España (docs. 14 y 15).

Pero la situación cambió con la Guerra Fría. Estados Unidos consideró que el régimen franquista era ante todo anticomunista, y que por ello podría ser un aliado. El aislamiento se suavizó: a finales de los años cuarenta, la frontera francesa fue reabierta y se instalaron nuevamente las embajadas. En 1953 se firmaron el **Concordato* con la Santa Sede** y el **Tratado de Amistad Hispano-norteamericano**, que permitía la instalación de bases militares de Estados Unidos en España a cambio de ayuda económica. En 1955 la España franquista fue **admitida en la ONU** (docs. 16-18).

El abandono del fascismo, pero no de la dictadura

La nueva situación internacional forzó a Franco a realizar cambios en la forma de gobierno. Los falangistas perdieron influencia, y la mayoría de los ministerios y altos cargos fueron cubiertos por **católicos y monárquicos**.

Los aspectos más fascistas del régimen fueron eliminados: el «saludo a la romana» dejó de ser obligatorio, FET y de las JONS pasó a llamarse **Movimiento Nacional** y se reguló el sistema político, que se definió como una **democracia orgánica**. Pero la realidad fue que se mantuvo una férrea dictadura.

El nuevo ambiente político contribuyó a que se organizasen las **primeras actuaciones de la oposición**. En 1956 hubo disturbios en la universidad de Madrid y huelgas obreras en Asturias y Cataluña.

La llegada de los tecnócratas inicia el cambio económico

En los cincuenta, la economía comenzó un ligero crecimiento que alivió la miseria y permitió suprimir el racionamiento. A pesar de esto, España siguió siendo uno de los países menos desarrollados de Europa. La causa de este retraso económico era el mantenimiento de una política autárquica.

A finales de los años cincuenta llegaron al gobierno personas vinculadas al grupo católico *Opus Dei* que aportaron criterios técnicos para desarrollar la economía, por lo que se los conoce como **tecnócratas**.

Los nuevos dirigentes hicieron un **plan de estabilización** en 1959, y facilitaron la creación de empresas privadas y la entrada de inversiones extranjeras. También redujeron los aranceles que encarecían los productos extranjeros, con lo que se abandonó la autarquía y la economía española se aproximó al sistema capitalista de los países de nuestro entorno.

GLOSARIO

Concordato. Acuerdo entre el Vaticano y otro Estado. En el Concordato firmado en 1953 se reconocían los privilegios que el régimen franquista había concedido a la Iglesia.

IDEAS CLAVE

Los cambios. ¿Cómo evolucionaron las relaciones internacionales entre 1945 y 1959? ¿Qué razones explican estos cambios?

Los efectos. ¿Qué cambios se produjeron en el sistema político franquista? ¿Por qué?

Las razones. ¿Qué motivos explican el escaso crecimiento económico de los años cincuenta?

Conceptos nuevos. Explica quiénes eran los *tecnócratas*.

ACTIVIDADES

Doc. 13 Entrevista entre Franco y Hitler en Hendaya (23 de octubre de 1940).

Doc. 14 Resolución de la ONU sobre el régimen de Franco

La Asamblea General, convencida de que el gobierno fascista de Franco en España [...] no representa al pueblo español [...] recomienda que se prohíba al gobierno de Franco pertenecer a los organismos internacionales creados por las Naciones Unidas, o relacionados con ellas [...]. Además [...] recomienda que, si dentro de un plazo razonable, no se establece en España un gobierno cuya autoridad proceda de sus gobernados y que se comprometa a respetar la libertad de expresión, de religión y de reunión, y a celebrar cuanto antes elecciones en las que el pueblo español pueda expresar su voluntad, libre de coacción y de intimidación, y de coacción de partido, el Consejo de Seguridad estudie las medidas para remediar tal situación. Asimismo, la Asamblea recomienda que todos los Estados miembros de las Naciones Unidas retiren inmediatamente los embajadores y ministros plenipotenciarios que tienen acreditados en Madrid.

Asamblea General de las Naciones Unidas,
Nueva York, 12 de diciembre de 1946

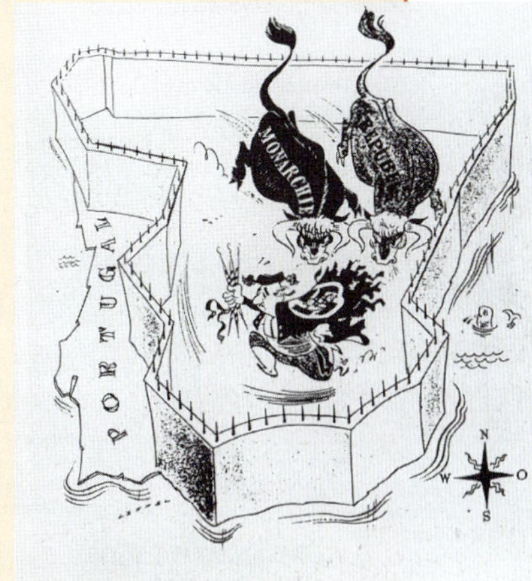

Doc. 15 Caricatura de 1945 que satiriza el aislamiento de España.

Incorporación española

- 1955 • ONU
- 1958 • Provisional FMI y BM
- 1959 • Pleno OECE
- 1960 • Provisional GATT
- 1963 • Definitivo GATT
- 1964 • UNCTAD

1944 | 1945 | 1946 | 1947 | 1948 | 1949 | 1950 | 1951 | 1952 | 1953 | 1954 | 1955 | 1956 | 1957 | 1958 | 1959 | 1960 | 1961 | 1962 | 1963 | 1964

Creación internacional

- 1944 • FMI y BM
- 1945 • ONU
- 1947 • Plan Marshall y GATT
- 1948 • OECE
- 1949 • OTAN
- 1951 • CECA
- 1957 • CEE y EURATOM
- 1959 • EFTA
- 1961 • OCDE (antes OECE)
- 1964 • UNCTAD

Doc. 16 Cronología de la incorporación de España a los principales organismos internacionales.

Doc. 17 Acuerdo español con Estados Unidos

Frente al peligro que amenaza al Mundo Occidental, los gobiernos de Estados Unidos y España [...] han convenido lo siguiente:

Art. 1.º– [...] El gobierno de España autoriza al gobierno de Estados Unidos a desarrollar, mantener y utilizar para fines militares, aquellas zonas e instalaciones en territorio bajo jurisdicción española que se convenga [...].

Art. 2.º– Se autoriza a Estados Unidos a preparar y mejorar las zonas convenidas para uso militar [...]; a almacenar y custodiar provisiones, abastecimientos, equipo y material.

26 de septiembre de 1953

Doc. 18 Visita del presidente de Estados Unidos Eisenhower a España (1959).

4. ●● Analizar la evolución de la política internacional.

- Lee el documento 14.
  - a) ¿Cómo cataloga la ONU al régimen de Franco?
  - b) Sintetiza las principales ideas del texto.
- Lee el documento 17. ¿Qué concede España en el tratado? ¿Qué da a cambio Estados Unidos? ¿Qué crees que supuso ese tratado respecto a la situación general del régimen? ¿A qué se debe este cambio en la posición de Estados Unidos?
- Observa el documento 16. ¿Cómo influyó la Guerra Fría en la aceptación del régimen? Enumera de forma ordenada los hechos que permitieron el reconocimiento internacional de la España franquista en los años cincuenta.

4 Los cambios de los años sesenta

Doc. 19 La balanza de pagos española (1959-1969).

GLOSARIO

Baby boom. Crecimiento extraordinario de la natalidad durante un período breve, de cinco o diez años.

Divisas. Capitales procedentes del extranjero que se invierten en el propio país.

IDEAS CLAVE

Los procesos.

- ¿Qué actividades económicas se desarrollaron a lo largo de los años sesenta?
- ¿Qué valores surgieron en la España de los sesenta a consecuencia del progreso económico?
- ¿Cómo cambió la demografía española en la década de los sesenta?

Las causas. ¿Qué factores favorecieron el crecimiento económico de los años sesenta?

En los años sesenta, España experimentó un notable crecimiento económico y su sociedad se modernizó. Sin embargo, persistían las desigualdades y la falta de democracia, por lo que España no alcanzó el nivel de los países desarrollados.

El cambio económico

El crecimiento económico que se produjo entre 1960 y 1973 tuvo dos bases (doc. 21):

- El **crecimiento de la industria**, cuya producción llegó a aumentar a un ritmo superior al 7 % durante algunos años.
- La expansión de los servicios, donde destacó el **turismo**, que se convirtió en una de las principales actividades económicas del país.

La agricultura también se modernizó gracias a la mecanización, que permitió aumentar la producción agraria, al tiempo que se reducía la mano de obra.

El crecimiento económico fue posible por las muchas inversiones extranjeras, atraídas por los bajos salarios y los reducidos impuestos. También llegaron muchas divisas*, procedentes del turismo y de los envíos que hacían los emigrantes (doc. 19).

Este **crecimiento económico** fue **desequilibrado**. Los gobiernos diseñaron *Planes de Desarrollo* para industrializar las zonas pobres y disminuir las grandes diferencias de bienestar que había entre regiones. Pero las actividades económicas más dinámicas se concentraron esencialmente en el litoral mediterráneo, el País Vasco y Madrid.

El cambio demográfico

El cambio económico produjo un **fuerte aumento de la población**, que creció en tres millones y medio de habitantes. Este aumento fue consecuencia del *baby boom** y de una mortalidad menguante.

La modernización del campo provocó un **éxodo rural**. Cuatro millones de campesinos emigraron a las ciudades para buscar trabajo. Así, la mayor parte de la población comenzó a trabajar en la industria y los servicios.

España se convirtió en un **país urbanizado**. Pero el campo se despobló, y las ciudades, que crecieron muy rápidamente, carecían de servicios para acoger a los recién llegados. Muchos de ellos vivían en chabolas y en barrios de la periferia que carecían de infraestructuras suficientes (alcantarillado, asfaltado, transportes…).

Las actividades económicas de las ciudades no pudieron absorber a toda la población inmigrante que buscaba empleo. Como consecuencia, unos **dos millones de españoles emigraron** a distintos países europeos.

Modernización social, pero no política

La expansión económica mejoró el nivel de vida y en la España de los sesenta empezó a aparecer una **sociedad de consumo**. Entonces se popularizaron entre la creciente clase media artículos como la televisión, el coche o los electrodomésticos (doc. 20).

Las nuevas actividades económicas exigían nuevos profesionales, como bancarios, obreros especializados, administrativos, profesionales liberales, etcétera. Así, se necesitaba una **sociedad mejor educada** y se extendió la educación obligatoria hasta los catorce años.

Los cambios económicos y la llegada de turistas con modas más libres dieron lugar a una **nueva realidad y nuevos valores** (doc. 23): se demandaba mayor libertad, la mujer comenzó a incorporarse al mundo laboral y se redujo la influencia de la Iglesia católica en la vida cotidiana.

El régimen respondió a este cambio moderando sus prácticas más represivas. También se eliminó la censura previa con la **Ley de Prensa** de 1966, con lo que aumentó tímidamente la libertad de expresión. Pero la dictadura se mantuvo como tal.

Doc. 20 El Seat 600 comenzó a fabricarse en 1957.

ACTIVIDADES

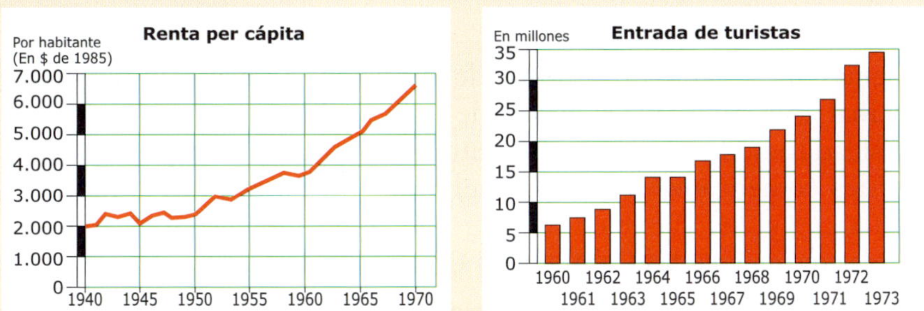

Doc. 21 El cambio económico y social.

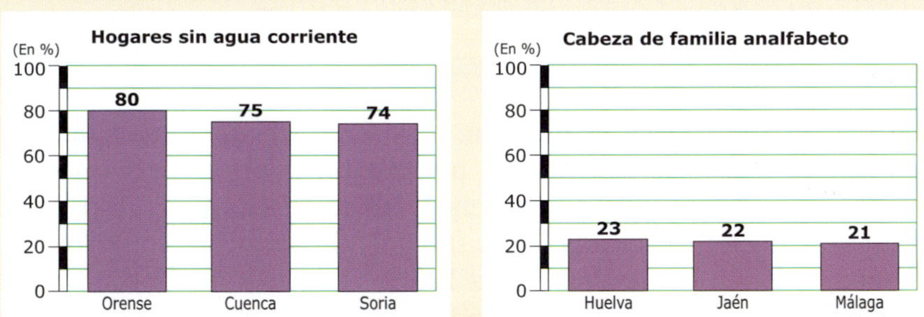

Doc. 22 Las limitaciones del desarrollo económico.

Doc. 23 Turistas suecas en biquini en las playas del Levante español.

5. ●● Analizar las diferencias entre crecimiento económico, modernización y desarrollo.

- Interpreta los gráficos del documento 21.
  - a) ¿Qué aspecto describe cada gráfico?
  - b) ¿Cómo evolucionó cada uno de ellos?
- ¿Qué innovaciones sociales ilustra el documento 20?
- Interpreta los gráficos del documento 22.
  - a) ¿A qué aspectos hacen referencia los gráficos? ¿Consideras que son básicos en la modernización?
  - b) ¿Cómo eran estos indicadores en la España franquista? ¿Eran iguales en todo el territorio?
  - c) ¿Qué diferencias crees que existirían con otros países europeos, como, por ejemplo, Francia?
  - d) ¿La España franquista era un país desarrollado? ¿Era una sociedad moderna? Justifica tus respuestas con los datos de los gráficos.

6. ●● Relacionar el cambio socioeconómico y el cambio político.

- Haz una lista con factores que, según tu criterio, favorecen que las sociedades deseen mayores grados de libertad. Elige entre estos pares: sociedad tradicional / moderna; urbanizada / rural; pobre / rica; analfabeta / alfabetizada; cerrada / abierta a otros países.
- Analiza cuáles de esos factores caracterizaban a la España franquista.
- ¿Crees que aumentaría la oposición al régimen en los años sesenta? ¿Por qué?

5 La crisis final de la dictadura

Doc. 24 Chiste de El Perich (1973).

Los años setenta fueron testigos del final del régimen, que se produjo al morir Franco. Su muerte coincidió con una situación de crisis general.

La reorganización de la oposición al franquismo

El cambio económico y social de los años sesenta se reflejó en un aumento de la oposición al franquismo.

En 1956 el Partido Comunista (PCE) lanzó una **política de reconciliación nacional**, que tenía como objetivo la alianza de todos los partidos que se oponían a la dictadura, fueran de derechas o de izquierdas. En 1962 estos partidos se reunieron en Múnich (**doc. 26**). Después se crearon asociaciones, como la Junta Democrática y la Plataforma de Convergencia Democrática, que organizaban la oposición.

Además, nacieron nuevas formas de oposición. Apareció un **movimiento vecinal**, que reclamaba la mejora de los servicios en los barrios. En la universidad tomó fuerza el **movimiento estudiantil**, y los intelectuales y los artistas comenzaron a expresar públicamente su rechazo al franquismo (**docs. 24 y 28**). También se desarrolló el movimiento sindical, liderado por las recién creadas **Comisiones Obreras (CC. OO.)**.

Asimismo, se desarrolló una **oposición terrorista**, caracterizada por sus métodos violentos. Había tres grupos terroristas, GRAPO, FRAP y ETA, que realizaron los primeros atentados con víctimas ya en los años sesenta.

La crisis final del régimen

En 1973 estalló la **crisis económica**, la llamada *crisis del petróleo*, que afectó duramente a España. La inflación, por la subida del petróleo, el cierre de empresas y el paro fueron sus principales manifestaciones. En España, además, se redujeron la entrada de turistas y de divisas de los emigrantes que, desempleados en los países a los que habían emigrado, regresaban a España. Con ello, el paro aumentó aún más.

La crisis económica incrementó el **descontento social**. Las **huelgas**, lideradas por los sindicatos clandestinos, aumentaron enormemente, a pesar de que estaban prohibidas (**doc. 27**).

La crisis económica y el crecimiento de la oposición coincidían con la **crisis política** del régimen de Franco. La salud de Franco se deterioraba rápidamente. Ante la posibilidad de su muerte, el régimen quería planificar el futuro. En 1969, Franco designó a Juan Carlos de Borbón su sucesor como Jefe de Estado, y en 1973 nombró al almirante Luis Carrero Blanco jefe de gobierno. Pero ese mismo año ETA asesinó a Carrero Blanco, lo que dejó al franquismo sin una dirección clara.

Presionado por los problemas, el régimen reaccionó con la **represión**: decretó estados de excepción* en varias ocasiones y aumentaron las detenciones y condenas de muerte, que afectaron a miembros de ETA y el FRAP.

Asimismo se produjo el conflicto del Sahara español. Esta colonia reclamaba su independencia, y los marroquíes aprovecharon la debilidad del régimen para anexionársela en la llamada **Marcha Verde** (**doc. 25**). En esta confusa situación, murió Franco el 20 de noviembre de 1975.

GLOSARIO

Estado de excepción. Orden del gobierno que suspendía las escasas libertades que la dictadura concedía a la población.

IDEAS CLAVE

Los efectos. ¿Cómo se manifestó la crisis del petróleo en España?

Los procesos.

- ¿Cómo evolucionó la oposición? ¿Por qué?
- ¿Cómo afectó la crisis económica a la estabilidad del franquismo? ¿Y el aumento de la oposición?
- ¿Cómo respondió el régimen ante los problemas?
- ¿Qué efectos provocó su reacción?

Los protagonistas. ¿Qué organizaciones creó la oposición al final de la dictadura?

El balance. ¿Qué opinas de la dictadura franquista?

Balance: un país industrializado pero no desarrollado

El régimen de Franco fue una dictadura a lo largo de toda su existencia.

A la muerte de Franco, el crecimiento económico había transformado la sociedad española. El régimen pudo alardear entonces de haber transformado a España en la décima potencia industrial del mundo.

Sin embargo, aunque España era un país industrializado en los años setenta, subsistían numerosas **desigualdades**. Junto a las zonas industriales y turísticas, con mejor nivel de vida, otras seguían dedicadas a la agricultura y permanecían sumidas en el subdesarrollo. Estas regiones perdían población, que emigraba a las ciudades.

Aunque había aumentado el nivel de vida, la escasez de servicios públicos (planificación de las ciudades, sanidad, seguros sociales, etc.) dejaba desprotegidos a muchos trabajadores.

El escaso nivel cultural de gran parte de la población contrastaba con el elevado grado de formación de una minoría. Este retraso cultural frenaba el crecimiento económico, pues había que importar las innovaciones técnicas del extranjero.

Doc. 25 Población civil marroquí portando banderas durante la Marcha Verde.

ACTIVIDADES

Doc. 26 Resolución del Congreso del Movimiento Europeo

El Congreso del Movimiento Europeo [...] estima que la integración, ya en forma de adhesión, ya de asociación, de todo país a Europa exige de cada uno de ellos instituciones democráticas, lo que significa para España...

1. La instauración de instituciones auténticamente representativas y democráticas que garanticen que el gobierno se basa en el consentimiento de los gobernados.
2. La efectiva garantía de todos los derechos de la persona humana, en especial los de la libertad personal y de expresión, con supresión de la censura gubernativa.
3. El reconocimiento de la personalidad de las distintas comunidades naturales.

Múnich, 8 de junio de 1962

Doc. 28 Manifestación de estudiantes reprimida por la policía.

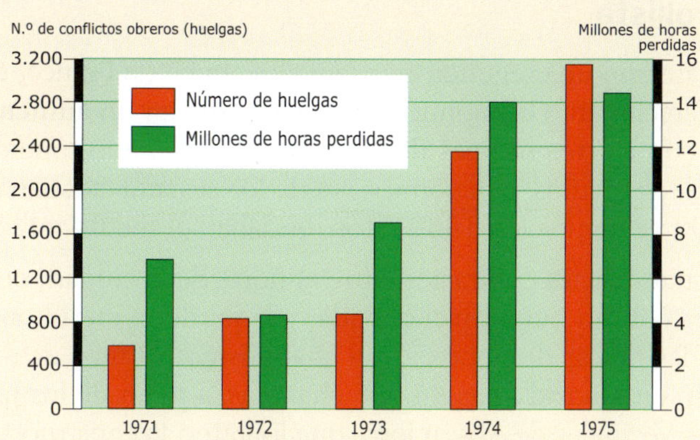

Doc. 27 Huelgas en España entre 1971 y 1975.

7. ●● Analizar la oposición al franquismo.

- Explica el significado del término *oposición*. ¿Qué queremos expresar cuando decimos que alguien se opone a un régimen político?
- ¿Qué distintas formas de oposición se manifiestan en los documentos? ¿Se te ocurren otras? ¿Cuáles?
- ¿Por qué consideramos que las huelgas eran una forma de oposición al franquismo?
- Lee el documento 26. ¿Qué pedían las personas que se reunieron en Múnich?
- ¿Consideras que el documento 24 es una forma de oposición? ¿Por qué? ¿Qué consecuencias pudo tener para la persona que lo creó?

6 Madrid durante el franquismo

Doc. 29 Edificio del antiguo Ministerio del Aire.

La primera etapa (1939-1959)

A partir de 1940, todos los esfuerzos y proyectos se dirigieron a **transformar Madrid en una ciudad al servicio del régimen**, fomentando la rehabilitación de edificios destruidos o la construcción de otros nuevos que simbolizaran el triunfo de los valores del régimen.

- El **Plan de Reconstrucción**, aprobado por las Cortes en 1944, fue encomendado a los arquitectos *Pedro Bigador* y *Pedro Muguruza*. El proyecto se puso en marcha en 1946 y se centraba, por un lado, en la reconstrucción de edificios de Madrid, especialmente de su zona oeste, porque fue la más afectada por los combates; y, por otro lado, el plan preveía una mejora de las carreteras de acceso a la ciudad.
- El régimen de Franco quiso hacer de la capital un lugar de propaganda del sistema triunfante, y puso la arquitectura al servicio de dicho fin. Se construyeron **edificios en estilo neoherreriano**, símbolo de un pasado glorioso. Uno de los edificios más emblemáticos de este estilo fue el **Ministerio del Aire** (doc. 29), obra de *Luis Gutiérrez Soto*. Pero la obra más destacada fue **el Valle de los Caídos** en la sierra de Guadarrama, y cuyos arquitectos fueron *Pedro de Muguruza* primero y *Diego Méndez* después.

Uno de los principales problemas de estos años fue el de la vivienda, provocado por la **fortísima inmigración** hacia la capital proveniente del éxodo rural de otras zonas de España. En los primeros años cincuenta, llegaban unos **30.000 inmigrantes anuales** y sus expectativas de empleo estaban sobre todo en la construcción. La población inmigrante tendió a ocupar las zonas periféricas de la ciudad –muchas veces por la vía de los hechos–, lo que dio lugar a un ingente problema de **chabolismo** (doc. 31).

Ello obligó al Gobierno a aprobar en 1955 el **Plan Nacional de Vivienda**, para fomentar la construcción de casas y nuevos barrios al amparo del Estado, pero también de la iniciativa privada. Algunas de las zonas afectadas fueron San Blas, Canillas, Villaverde, Vicálvaro y Carabanchel.

La red de transportes urbanos conoció asimismo un impulso con la **creación de la Empresa Municipal de Transportes (EMT)** en 1946, así como un plan de ampliación del metro, en 1956, que extendía la red hacia algunas zonas suburbanas.

La etapa desarrollista

Los años sesenta marcaron una segunda etapa en el régimen de Franco, caracterizada por un crecimiento económico, que se tradujo en un **aumento de la clase media, con ciertos índices de bienestar**. Un ejemplo concreto fue el incremento de vehículos: si a comienzos de los sesenta existían en Madrid unos 70.000 vehículos, en 1969 estos rondaban el medio millón.

No obstante, persistían fuertes contrastes entre el norte de la ciudad, ocupado por habitantes con un buen nivel de vida, y la periferia meridional, donde perduraban las bolsas de pobreza y el chabolismo. Al final de este periodo aún existían en Madrid unas 45.000 chabolas, a pesar de los **planes UVA** (Unidades Vecinales de Absorción), que lograron la construcción de tan solo cinco mil viviendas de baja calidad y sin apenas equipamientos en zonas como Vallecas, Hortaleza o Fuencarral.

IDEAS CLAVE

El cambio social. ¿Qué significó el primer franquismo para Madrid? ¿Qué cambios supuso la etapa del desarrollismo en la sociedad madrileña?

Los conflictos. ¿Qué problemas urbanos produjo el fuerte éxodo rural en Madrid? ¿Qué tipo de conflictividad social se dio en Madrid en los años finales de la dictadura?

La reestructuración urbana. ¿Qué zonas de la ciudad fueron remodeladas durante la dictadura de Franco?

En 1963 se aprobó un **nuevo plan de ordenamiento urbano**, uno de cuyos objetivos era conectar la ciudad con su área metropolitana. Así, próximas a las zonas industriales fueron surgiendo **ciudades dormitorio**: Alcorcón, Móstoles, Leganés... El plan también contemplaba una mejora de las comunicaciones a base del diseño de un cinturón de circunvalación que constituirá la futura **M-30**, cuya construcción se inició en 1970.

Una de las grandes reformas que conoció el Madrid de los años sesenta y principios de los setenta fue el hecho de desplazar el centro urbano como espacio de servicios y administración a nuevos ejes y áreas que respondieran a las nacientes necesidades que una capital moderna requería. El **eje de la Castellana** vio cómo se derribaban muchas de sus casas señoriales, para elevar modernos edificios, como el rascacielos del Banco de Bilbao, pero también nuevos edificios de la Administración, como el Ministerio de Economía.

También comenzó la construcción de la **zona AZCA** (doc. 30), cuyas obras se iniciaron en 1964. Esta zona se convirtió en un espacio peatonalizado de oficinas y centros comerciales, donde el tráfico discurre por pasos subterráneos y con una conexión ferroviaria a través de la estación de Nuevos Ministerios.

La respuesta social a la dictadura aumentó en esta época a través de movimientos vecinales y asociaciones de trabajadores. También tuvo un profundo eco entre los estudiantes universitarios y proliferaron las **huelgas** y las **manifestaciones estudiantiles**. La Ciudad Universitaria fue escenario de los choques entre los estudiantes y la policía. Estos disturbios motivaron, en parte, que la **Universidad Autónoma** –la segunda Universidad pública que se fundó en Madrid, en 1968– se situara a las afueras de la ciudad.

La oposición más violenta al régimen de Franco también se hizo presente en las calles de Madrid, donde **ETA cometió su primer atentado en la capital** al asesinar al presidente del Gobierno, el almirante Carrero Blanco.

Doc. 30 Panorámica de la zona AZCA.

ACTIVIDADES

Docs. 31 y 32 El Pozo del Tío Raimundo, en Vallecas, en 1975 (arriba) y en 2004 (abajo).

8. ● **Analizar y comparar fotografías aéreas.**
   - Observa los documentos 31 y 32. ¿Cómo era este barrio en la década de 1970? ¿Cómo ha cambiado?
   - ¿Por qué proliferaron tanto los barrios de chabolas en Madrid?
   - ¿Qué remedios se pusieron en práctica para solucionar este problema?

9. ●●● **Buscar información en Internet.**
   - Averigua qué otros poblados marginales se calificaron en esta época como Unidades Vecinales de Absorción (UVA) y fueron remodelados.

Actividades de repaso

• Recuerda

10. Lee el resumen y complétalo en tu cuaderno si lo consideras necesario.

LA DICTADURA DE FRANCO	
Características generales	• Franco concentró todos los poderes. • Existía un único partido legal: FET y de las JONS. • Se suprimieron los derechos y libertades individuales. • Se anularon todas las manifestaciones de nacionalismos regionales. • El régimen recibió el apoyo del ejército y la Iglesia católica, y de los terratenientes y grandes empresarios que consolidaron su poder.
1939-1945	• España se identificó con las potencias del Eje fascista. • En economía se impuso la autarquía. • La falta de alimentos obligó al racionamiento. • Fuerte represión contra los republicanos, que fueron condenados a trabajos forzados o ejecutados; y muchos optaron por el exilio.
1945-1959	• Al terminar la guerra, España quedó aislada. • A finales de los años cuarenta, EE.UU. vio en el régimen un aliado anticomunista e inició un proceso de acercamiento. • El régimen se adaptó al nuevo escenario: eliminó los símbolos fascistas y nombró ministros más moderados. • A finales de los años cincuenta llegaron al gobierno los tecnócratas del *Opus Dei*. En 1959 hicieron un plan de estabilización con el que liberalizaron la economía y terminaron con la autarquía.
1960-1975	• Crecimiento económico entre 1960 y 1973, basado en la industria y el turismo, con notables desequilibrios entre regiones. • Aumento de la población (*baby boom*). • Éxodo rural, con el consiguiente crecimiento de las ciudades. • Un volumen importante de la población emigró en busca de empleo. • Modernización de la sociedad: se generalizó el consumismo, cambió el papel de la mujer. • Aumento de la oposición política. • Tomó fuerza el movimiento estudiantil. • Nacieron las Comisiones Obreras (CC. OO.), que lograron infiltrarse en la organización sindical. • Surgió una oposición terrorista: GRAPO, FRAP y ETA. • A partir de 1973, crisis económica que aumentó el descontento social, a lo que el régimen respondió con mayor represión.

11. Haz una redacción sobre la política exterior de los primeros años del franquismo a partir del siguiente eje cronológico.

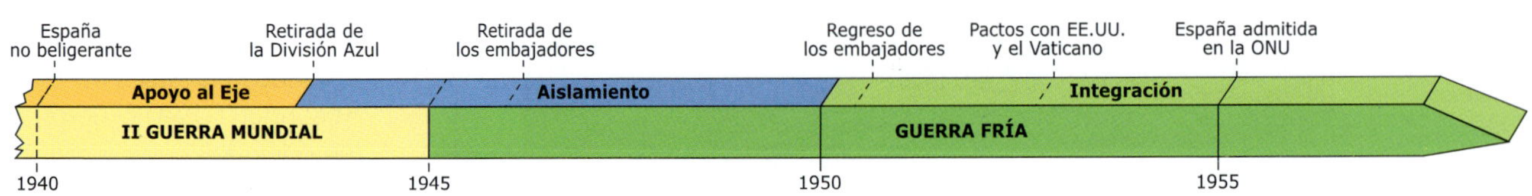

12. Los conceptos.

- Aclara el significado de los siguientes conceptos y señala a qué período del franquismo corresponden.
  a) Tecnócratas. b) Maquis.

13. Los personajes.

- Explica el papel de estas personas en la época franquista.
  a) Franco. b) Don Juan Carlos. c) Carrero Blanco.

14. Las organizaciones.

- ¿Qué era FET y de las JONS? ¿Y el Movimiento Nacional?
- Enumera las organizaciones que creó el franquismo para controlar a la sociedad. Explica cuál era el objetivo de cada una de ellas.

●● Analiza

15. Las características.

- Enumera las características del franquismo que pervivieron a lo largo de toda su historia.
- Explica por qué el franquismo fue una dictadura.

16. Las causas y los efectos.

- Copia el siguiente cuadro y resume los factores que explican la duración de la dictadura franquista.

Apoyos internos	…
Situación internacional	…
Política interior del régimen	…

- Copia en tu cuaderno y completa el siguiente esquema que sintetiza los factores en que se basó el crecimiento de los años sesenta.

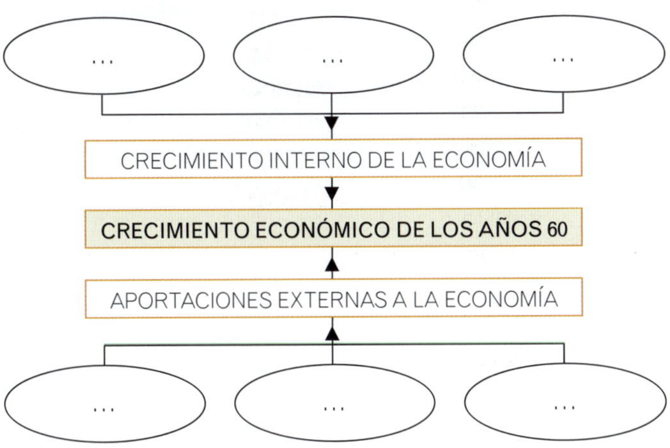

17. Los cambios.

- Compara las dos fases de la dictadura franquista (1939-1959 y 1960-1975) en cuanto a: líder, régimen político hegemónico, política económica, represión, sociedad.

18. Las mentalidades.

- El crecimiento económico de los años sesenta provocó cambios sociales. ¿Qué cambios crees que no fueron bien recibidos por los jerarcas de la dictadura? Explica tu respuesta.
  a) Emigración del campo a la ciudad.
  b) Demandas de mayor libertad.
  c) Extensión de la educación obligatoria a los 14 años.
  d) Incorporación de la mujer al mundo del trabajo.
  e) Disminución de la influencia moral de la Iglesia.
  f) Aumento de la población.
- ¿Por qué chocaron los cambios que has identificado con la ideología del régimen franquista?

19. La imagen.

- Observa las imágenes y responde a las preguntas.

  a) ¿A qué período del franquismo crees que corresponde cada imagen?
  b) ¿A qué grupo social pertenecen las personas?
  c) Describe brevemente cómo sería la vida cotidiana en cada época.

●●● Piensa críticamente

20. El franquismo hoy.

- ¿Crees que sigue habiendo partidarios del franquismo en la actualidad? ¿Qué aspectos del régimen suelen ensalzar?
- ¿Hay partidos que podemos considerar «franquistas»? ¿Tienen éxito electoral? Si llegasen al poder, ¿cómo crees que cambiaría el sistema político?
- ¿Crees que deberían prohibirse los partidos defensores del franquismo? ¿Por qué? ¿Debería prohibirse algún partido o ideología?
- Compara cómo era la España franquista con la situación de los países de Europa occidental de nuestro entorno, que estudiaste en el tema 13. ¿Consideras que el franquismo fue un freno para el desarrollo de España o que facilitó dicho desarrollo? Explica tu opinión.

Contrastar un testimonio de época y la visión de un historiador

Cuando terminó la Guerra Civil, el nuevo Estado franquista mantuvo una fuerte represión sobre los opositores. De esta represión queda constancia documental: cuando hubo juicios se conservan las actas y también tenemos testimonios orales de los que padecieron la represión de posguerra.

Los **testimonios orales** son muy importantes, porque nos permiten saber cómo vivieron los hechos las personas, qué les pasó, qué sintieron, qué recuerdan y qué han olvidado. Pero no hay que olvidar nunca que nos hablan de experiencias individuales y que pueden no coincidir con lo que les pasó a otras personas.

En esta página vas a comparar el testimonio de una represaliada y el papel que un historiador profesional otorga a la represión franquista.

Doc. 33 Manolita del Arco en la cárcel de Ventas

Ya estaba yo en casa de otro familiar pero me localizaron. Y me detuvieron el 1 de abril [...] allí había falangistas. Éramos muchos en aquel sitio.

–*¿Y habían ido a por ti porque ya conocían tus antecedentes?*

–Pues se ve que los conocían [...]. Me detuvieron, me llevaron allí, no fue grata la estancia allí, por supuesto, y estuve allí quince días. Me pusieron en libertad provisional. [...] Estaba de lleno metida en todo lo que era la organización del partido en Madrid. [...] Dentro de la delegación del Comité Central. Yo decía que no hacía más que escribir cartas... yo sabía escribir a máquina, porque me pilló siendo estudiante, la guerra.

–*¿Qué estudiabas?*

–Había terminado el Bachillerato, con idea de seguir estudiando [...]. Ya de allí [La Coruña] me trajeron a Madrid, a la Dirección General de Seguridad, de triste recuerdo, y allí estuve un poco más de dos meses. Y de allí a la cárcel.

–*[...] ¿Dónde estaban concentradas las presas comunistas?*

–Las comunistas... Primero estábamos un poco desperdigadas por distintas galerías... de políticas, siempre. Pero llegó un momento en que el director se puso en plan duro y a todas las que teníamos expediente comunista nos concentró en la segunda galería.

–*¿Cuántas estabais en cada celda en aquel momento?*

–[...] Eran celdas que estaban hechas para dos personas, para que hubiera dos camas... y estábamos como diez.

Entrevista de Fernando Hernández Holgado con Manuela del Arco Palacio, Madrid, 9 de febrero de 2001

Doc. 34 El texto de un historiador

El régimen victorioso se consolidó mediante la prolongación de la Guerra Civil por otros medios [...]. La represión llevada a cabo en la retaguardia nacionalista fue institucionalizada en varias leyes dirigidas no solo a los partidarios de la República, sino también contra quienes se identificaban con ciertas clases y regiones [...].

El objetivo evidente de la represión era liberar a España de los sistemas e ideologías que habían «corrompido» su «verdadera identidad». Entre ellos se hallaban la democracia, el ateísmo y, al menos en los primeros años del régimen, el capitalismo en cuanto sistema liberal de mercado.

SEBASTIAN BALFOUR, *España desde 1931 hasta hoy*. En *Historia de España* (Raymond Carr ed.). Ed. Península

Doc. 35 Presos políticos en una cárcel franquista.

Doc. 36 Mujeres rapadas como castigo por ser republicanas.

21. ●● Compara los dos textos.

- Lee el documento 33.
  a) ¿Cuándo detuvieron a Manolita?
  b) ¿En qué partido militaba?
  c) ¿Quién la detuvo?
  d) ¿Cuántas presas vivían en una celda? ¿Para cuántas estaban diseñadas?
- Lee el documento 34.
  a) ¿Contra quién se dirigía la represión política en la posguerra?
  b) ¿Qué finalidad perseguía la represión?
- Compara la información que aporta cada tipo de fuente.
  a) ¿Qué fuente aporta una información más general? ¿Cuál ofrece una información más concreta?
  b) ¿Por qué crees que los historiadores entrevistan a cientos de personas para hacer sus estudios?

Investiga en Internet

Símbolos franquistas y memoria histórica

En 1975 terminó la dictadura franquista y tres años después se aprobó la actual Constitución democrática. Sin embargo, en la actualidad, más de treinta años después, continúan presentes en nuestras calles, plazas y edificios públicos símbolos de aquel régimen. Son documentos de la dictadura que podemos utilizar para conocer esa época.

Doc. 37 Retirada de la estatua de Franco de la Academia Militar de Zaragoza (2006).

FUENTES

Pervivencia de los símbolos franquistas.

Estas páginas nos muestran la continuidad de la simbología franquista.

http://www.galeon.com/murcia1939/ aficiones477130.html

http://www.20minutos.es/galeria/1225/0/0/

Noticias sobre distintos tratamientos que los símbolos franquistas reciben en la actualidad.

Las páginas siguientes abordan las diferencias con que se trata en distintas localidades la pervivencia de la simbología franquista.

http://www.elconfidencial.com/noticias/_16765.asp

http://www.cadenaser.com/articulo/sociedad/PP/mantiene/Franco/Alcalde/Honor/Salamanca/csrcsrpor/20070126csrcsrsoc_2/Tes/

Opiniones que genera el mantenimiento o no de los símbolos franquistas.

http://davidrgarcia.blogspot.com/2007_03_01_archive.html

http://www.elperiodicoextremadura.com/noticias/opinion/simbolos-franquistas_167144.html

http://www.lavanguardia.com/cultura/20110627/54177482796/que-hacer-con-los-simbolos-franquistas.html

●●● PLAN DE LA INVESTIGACIÓN

22. Busca la información.

- Debes buscar información sobre los siguientes aspectos:
  a) Símbolos franquistas que perviven en la actualidad.
  b) Juicios que suscitan los símbolos franquistas que perviven.
  c) Información sobre las distintas actitudes de las autoridades hacia los símbolos franquistas.
- Utiliza las páginas web que te reseñamos. Échales un vistazo y después busca nuevas páginas sobre las cuestiones que te proponemos.
- Imprime las páginas concretas que te aportan los datos que buscas.
- Léelas con detenimiento y subraya la información más importante.

23. Analiza la información.

- Haz un listado con los tipos de símbolos franquistas que perviven en la actualidad (nombres de calles, edificios, etc.).
- Resume en un cuadro sinóptico las diferentes actuaciones de las autoridades sobre la conservación o la supresión de los símbolos franquistas.
- Resume en un cuadro sinóptico los argumentos que esgrimen los partidarios de conservar los símbolos franquistas y los partidarios de su supresión.

24. Sintetiza la información.

- Elabora un índice del trabajo que vas a realizar.
- Anota a continuación de cada epígrafe las ideas más importantes que vayas a expresar en el trabajo.

25. Comunica la información.

- Haz una portada con un título alusivo.
- Redacta un informe sobre los símbolos franquistas que perviven en la actualidad.
- Puedes utilizar las imágenes que hayas capturado y los cuadros sinópticos que has elaborado. Así el trabajo será más vistoso.
- En la página final escribe las fuentes que hayas utilizado.

La colmena

Camilo José Cela (1916-2002) es uno de los escritores españoles más importantes de la segunda mitad del siglo XX. En *La colmena*, retrata de forma costumbrista la España de la posguerra. La narración se sitúa en Madrid, en el invierno de 1943. Es decir, en los primeros años del franquismo, caracterizados por las enormes dificultades económicas y un ambiente político y social muy difícil para la inmensa mayoría de los españoles –sobre todo para los perdedores–, que el autor nos descubre a través del testimonio de sus más de doscientos personajes.

Doc. 38 *La colmena* fue llevada al cine por el director Mario Camus con guion de José Luis Dibildos.

Docs. 39, 40 y 41 Un personaje: Martín Marco

Martín Marco paliducho, desmedrado, con el pantalón desflecado y la americana raída, se despide del camarero llevándose la mano al ala de su triste y mugriento sombrero gris.

–Adiós, muchas gracias; es usted muy amable.

[…]

–Nada. Váyase por ahí. Aquí no se vuelva a arrimar.

Martín, el hombre que no ha pagado el café y que mira la ciudad como un niño enfermo y acosado, mete las manos en el pantalón.

(Cap. II, págs. 100-101.)

Martín Marco se para ante los escaparates de una tienda de lavabos que hay en la calle Sagasta. La tienda luce como una joyería o como la peluquería de un gran hotel, y los lavabos parecen lavabos de otro mundo, lavabos del paraíso, con sus grifos relucientes, sus lozas tersas y sus nítidos, purísimos espejos…

Martín Marco sonríe, como perdonándose, y se aparta del escaparate.

–La vida –piensa– es esto. Con lo que unos se gastan para hacer sus necesidades a gusto, otros tendríamos para comer un año…

A Martín Marco le preocupa el problema social. No tiene ideas muy claras sobre nada, pero le preocupa el problema social.

(Cap. II, págs. 104-105.)

Martín por el andén, se finge cojo; algunas veces lo hace.

–Puede que cene en casa de la Filo y si no, pues mira, ¡de tal día en un año!

La Filo es su hermana, la mujer de don Roberto González –la bestia González, como le llama su cuñado–…

Cuando el marido no está en casa le fríe un huevo o le calienta un poco de café con leche al hermano, y cuando no puede, porque don Roberto, con sus zapatillas y su chaqueta vieja, hubiera armado un escándalo espantoso llamándole vago y parásito, la Filo le guarda las sobras de comida en una vieja lata de galletas que baja la muchacha a la calle.

(Cap. II, págs. 112-113.)

CAMILO JOSÉ CELA, *La colmena*, 1951

●●● GUION DE LECTURA

26. Busca información.

- Realiza una breve biografía del autor.

27. Lee el fragmento y responde.

- De los más de doscientos personajes de la novela destaca Martín Marco. ¿Qué perfil de este personaje se puede extraer a través de estos fragmentos?

28. Anímate y lee el libro completo. Analiza.

- Resume el argumento de la novela e identifica el tema central de cada capítulo.
- Explica el significado del título de la novela.
- Describe brevemente los personajes más importantes (doña Rosa; Martín Marco, su hermana Filo y su marido Roberto González; la familia de los Moisés), identifica su procedencia social y su actitud ante los problemas de la vida cotidiana.

29. La obra y su contexto ideológico y cultural.

- Identifica y busca información en Internet de referencias de la novela sobre la España del momento (el estraperlo, cédulas personales, cartillas de racionamiento, prensa del Movimiento, etc.). Explica cómo aparecen estos elementos en la obra.
- Relaciona esas referencias a la vida cotidiana de Madrid en los años cuarenta con las circunstancias políticas, sociales y culturales en que vivía España en esos años.

Los santos inocentes

El cine, tanto el documental como el de ficción, tiene un valor histórico. Y en muchos casos, una intencionalidad histórica, es decir, reflejar y difundir algún momento de la historia. Este es el caso de la adaptación cinematográfica de la novela de Miguel Delibes *Los santos inocentes*, una cinta que recrea fielmente la España rural del franquismo y denuncia la pobreza, la injusticia social y el contraste entre clases.

La película, probablemente más célebre que el mismo libro, fue galardonada en el Festival de Cannes, en donde Alfredo Landa y Paco Rabal consiguieron la Palma de Oro a mejor actor, y Mario Camus recibió una mención especial del jurado. Puedes ver un fragmento en http://youtube.com/watch?v=WP58qosKuKw&feature=related.

Doc. 42 Fotograma de la película con Francisco Rabal, Azarías, y su «Milana bonita».

FICHA TÉCNICA Y SINOPSIS

Título y año: *Los santos inocentes* (1984).

Duración: 107 minutos.

Género: Drama.

Dirección: Mario Camus.

País: España.

Argumento y guion: A cargo de Antonio Larreta, Manuel Matji y Mario Camus, basado en la novela *Los santos inocentes*, de Miguel Delibes, publicada en 1981.

Reparto: Alfredo Landa (Paco el Bajo), Francisco Rabal (Azarías), Juan Diego (Señorito Iván), Terele Pávez (La Régula), Belén Ballesteros (Nieves), Juan Sánchez (Quirce).

Sinopsis: Ambientada en un cortijo de la Extremadura rural en la década de 1960. Muestra el drama de una familia de campesinos pobres e incultos que viven miserablemente en un gran latifundio como sirvientes de unos ricos y grandes propietarios. La familia de Paco es víctima de la pervivencia en el medio rural de un sistema caciquil en una España con un incipiente desarrollo industrial.

GUION DEL ESPECTADOR

30. Documéntate sobre la obra.

- Realiza una breve biografía del director y su filmografía (nacionalidad, origen social e ideología).
- Busca información sobre la obra literaria en la que el guionista y el director se han inspirado. Realiza una ficha biográfica sobre el autor de la novela e indica otras obras que haya escrito.

31. Análisis de la película.

- Resume el argumento general de la película en unas pocas líneas y sitúala en el espacio y el tiempo en el que se desarrolla.
- Explica el significado del título.
- Indica los temas que trata la película.
- Identifica los personajes principales y señala sus actitudes frente a los acontecimientos que narra la película.
- ¿Qué generaciones describe la película? ¿Cómo describe la película el cambio generacional?

32. Conclusiones. Valoración y crítica de la película.

- Valora hasta qué punto la película refleja de forma fidedigna la España rural de los años sesenta.
- ¿Logran los autores (guionista y director) hacer una crítica social con su película?
- ¿Se puede considerar como una fuente de información adecuada para el período histórico al que se refiere? Explica tu respuesta.

TEMA

15 El mundo en la actualidad

COMPETENCIAS QUE VAS A PRACTICAR

- Social y ciudadana: en todo el tema.
- Comunicación lingüística: actividades 1, 2, 4, 6, 10, 11, 12, 14, 29, 30, 32 y 33.
- Matemática: actividades 5, 7 y 26.
- Aprender a aprender: actividades 17, 18 y 24.
- Tratamiento de la información: actividades 3, 5, 7, 8, 9, 13, 15, 16 y 28.
- Autonomía e iniciativa personal: actividades 12, 27, 31 y 33.

NO TE LO PIERDAS

Libros

- *La ciudad de la alegría*, D. Lapierre.
- *Muerte de una heroína roja*, Qiu Xialong.

Películas

- *Tres reyes*, de David O. Russell, 1999.
- *Diamantes de sangre*, de Edward Zwick, 2006.
- *La red social*, de David Fincher, 2010.

Enlaces

- Cuestiones políticas y económicas de actualidad
  http://www.politicaexterior.com/
  http://www.fp-es.org/

- A comienzos de la década de 1990 se produjo la disolución de la URSS y, con ello, la desaparición de la Guerra Fría y la consolidación de Estados Unidos como la única superpotencia. En la nueva etapa aparecieron nuevos conflictos: nacionalismos enfrentados, expansión territorial, control de recursos, Estados inestables, y surgió un nuevo enemigo, el terrorismo islamista.
- La revolución de la información y las comunicaciones ha permitido el desarrollo de un proceso de globalización. Pero aún existen muchas diferencias entre los países ricos y los países pobres, que son la causa de graves problemas.

Fuente: *http://hdr.undp.org/es/datos/mapa*
Elaboración propia.

1 La desaparición del bloque comunista

Doc. 1 Mijail Gorbachov

Secretario general del partido comunista soviético de 1985 a 1991. Inició una serie de profundas reformas en el régimen político y económico que derivaron en el proceso de desintegración de la Unión Soviética y la caída del bloque comunista.

Las reformas de Gorbachov en la URSS y las revueltas populares del 89 en Europa oriental provocaron la caída del bloque comunista.

La perestroika de Gorbachov

En 1985, **Mijail Gorbachov** alcanzó la presidencia de la Unión Soviética. El país estaba sumido en una grave crisis económica y social. Para intentar salir de esa situación, Gorbachov puso en marcha la ***perestroika*** («reestructuración»), un programa de reformas económicas, y la ***glasnost*** («transparencia»), su equivalente en los asuntos políticos y culturales. Así, en 1989 se celebraron las primeras elecciones libres, y se otorgó más autonomía a las quince repúblicas que formaban la URSS.

En cuanto a la política exterior, el gobierno de Gorbachov estrechó sus relaciones con Estados Unidos e inició una política de **desarme**. Además, renunció a intervenir militarmente en los países de Europa del este.

Doc. 2 Lech Walesa

Político polaco. Fue el líder de Solidaridad, la primera organización sindical independiente en el bloque comunista. Fue capaz de encaminar el malestar social en Polonia, protagonizando una serie de huelgas en 1988 que llevaron a la caída del régimen comunista polaco y propiciaron el inicio del proceso democratizador en la Europa oriental en 1989.

Las revoluciones populares y la disolución de la URSS

En los años ochenta, los países de Europa oriental también sufrían una profunda crisis, que aumentó el rechazo al dominio soviético. La política de Gorbachov permitió a los **movimientos de oposición** organizarse y manifestar abiertamente sus críticas a los dirigentes comunistas (doc. 2).

En 1989 se sucedieron una serie de **revoluciones populares**, primero en Polonia y Hungría, y meses después, en la República Democrática Alemana (RDA), Checoslovaquia, Bulgaria y Rumania, que significaron el fin del comunismo. En la RDA se produjeron los dos acontecimientos más representativos de este período: la **caída del muro de Berlín**, en 1989, y la **reunificación alemana**, en 1990. El proceso seguido por estas repúblicas impulsó también a Yugoslavia y Albania a abandonar el comunismo.

Tras la caída del comunismo, los **nacionalismos** cobraron fuerza y provocaron la fragmentación de tres Estados: en 1992, Checoslovaquia se dividió en la **República Checa** y **Eslovaquia**; a partir de 1991, **Yugoslavia se fragmentó** en varias repúblicas (doc. 26) tras una dura guerra civil; y en diciembre de 1991 se proclamó la **disolución de la URSS**, que se fragmentó en 15 repúblicas independientes (doc. 6).

La transición hacia la democracia y el capitalismo

La transición hacia la democracia no ha sido igual en todos estos países.

Los países de Europa oriental en su mayoría son hoy democráticos, con economías de libre mercado, y, aunque en general se encuentren más retrasados que los países de Europa occidental, algunos han alcanzado el desarrollo suficiente para entrar en la Unión Europea. Muchos son también Estados miembros de la OTAN.

Los países que han tenido más dificultades son los que se desmembraron de la Unión Soviética. En la mayoría de ellos existen regímenes autoritarios; sus economías se encuentran más atrasadas, y están sometidos a la presión de Rusia, que intenta mantener estos territorios dentro de su esfera de influencia.

IDEAS CLAVE

Conceptos nuevos. Define *perestroika* y *glasnost*.

El resultado. ¿Qué consecuencias tuvo la política aperturista de Gorbachov?

Hechos decisivos. ¿Dónde y por qué se produjeron las revoluciones de 1989?

El final. ¿Cuándo se disolvió oficialmente la URSS?

La evolución. ¿Cuál es la situación actual de las antiguas repúblicas del bloque comunista?

ACTIVIDADES

Doc. 3 Cae el muro de Berlín

La decisión del nuevo equipo dirigente de la República Democrática Alemana (RDA) al abrir las fronteras con Alemania occidental equivale a liquidar el muro de Berlín. El valor simbólico que esta edificación ha tenido desde hace 28 años, como separación entre el mundo de la democracia occidental y el del socialismo de cuartel, subraya la trascendencia del viraje que acaba de dar el Partido Socialista Unificado de Alemania oriental. [...] presionado por un éxodo masivo de sus ciudadanos a través de Checoslovaquia que en los últimos días alcanzaba un ritmo de 200 personas por hora.

[...] Ha sido la presión popular, animada por las organizaciones de la oposición, la que impuso los cambios anunciados ayer. El más importante de todos ellos, además de la significación de la apertura de fronteras, es el anuncio de elecciones libres, con transparencia en la prensa y reconocimiento de los movimientos opositores [...].

[...] La simplificación –y en cierto modo la garantía de estabilidad– que ofrecía el sistema de los dos bloques se está esfumando y, consiguientemente, aumentan las posibilidades de que muchas de las preocupaciones e inversiones concentradas hasta ahora en lo militar se trasladen hacia esferas constructivas en otros ámbitos. El otro gran asunto es la unificación alemana: [...] el papel político de la Comunidad Europea se fortalecerá y será decisivo para eliminar, o paliar, los recelos que suscita la idea de la unidad alemana.

El País, viernes 10 de noviembre de 1989

Doc. 4 La dimisión de Gorbachov

Queridos compatriotas, conciudadanos: dada la situación creada con la formación de la Comunidad de Estados Independientes, ceso en mi actividad como presidente de la Unión Soviética. Tomo esta decisión por consideraciones de principio [...]. Se ha impuesto la línea de la desmembración del país y desunión del Estado, lo cual no puedo aceptar. [...] Además estoy convencido de que resoluciones de tal envergadura deberían haberse tomado basándose en la voluntad expresa del pueblo (es decir, un referéndum). [...] El destino quiso que cuando me vi al frente del Estado ya estuviera claro que nuestro país estaba enfermo. [...] Hoy estoy convencido de la razón histórica de los cambios iniciados en 1985. [...] Hemos acabado con la Guerra Fría, se ha detenido la carrera armamentística y la demente militarización del país, que había deformado nuestra economía, nuestra conciencia social y nuestra moral. [...] Nos abrimos al mundo y nos ha respondido con confianza, solidaridad y respeto. Pero el antiguo sistema se ha hundido antes de empezar a funcionar de nuevo.

M. GORBACHOV, 25 de diciembre de 1991

Doc. 5 Caída del muro de Berlín el 9 de noviembre de 1989.

Doc. 6 La disolución de la URSS.

1. **●● Analizar el significado histórico de la caída del muro de Berlín.**
   - Interpreta los documentos 3 y 5:
     a) ¿Qué cuenta la noticia? ¿Qué muestra la imagen?
     b) ¿Para qué se construyó el muro? ¿Durante cuántos años cumplió su función?
     c) ¿Qué motivos llevaron al gobierno de la RDA a abrir la frontera con Alemania occidental? ¿Qué otro cambio fundamental anunció el gobierno?
     d) ¿Por qué se considera la caída del muro de Berlín como un momento decisivo para la historia? ¿Qué supuso para Alemania y para el conjunto de Europa?

2. **●● Comparar los planteamientos de Gorbachov con la realidad.**
   - Lee el documento 4. ¿Qué objetivos tenía la política de Gorbachov? ¿Cuáles consiguió? ¿Qué efectos no deseados por él tuvo su política?

3. **●● Analizar los cambios en el mapa político europeo.**
   - Enumera los países que surgieron de la antigua URSS.
   - Explica qué otros cambios se produjeron en el mapa de Europa tras las revoluciones de 1989.

2 Estados Unidos, única superpotencia

Doc. 7 Barack Obama ha sido el primer presidente negro de Estados Unidos.

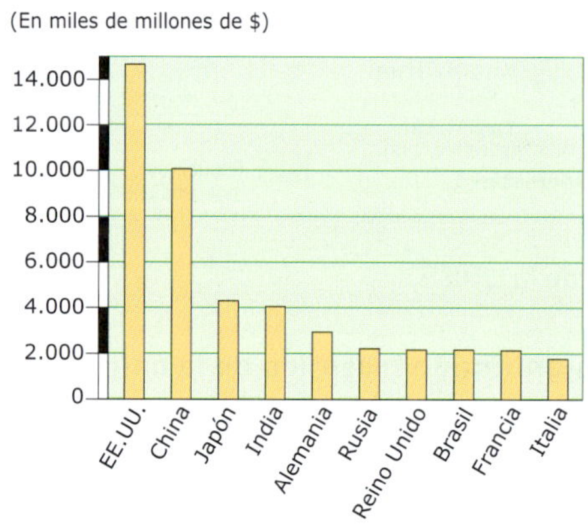

Doc. 8 PIB de las principales economías mundiales en 2010.

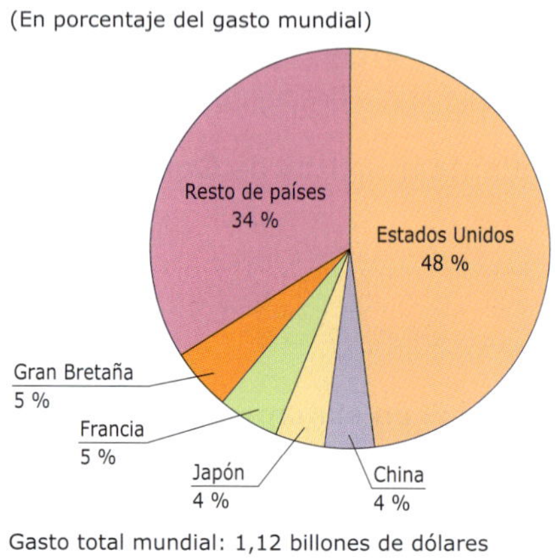

Doc. 9 Estados Unidos es el país que más gasta en ejército y armamento.

Tras la disolución de la URSS, a comienzos de la década de 1990, Estados Unidos se convirtió en la única superpotencia mundial gracias a su enorme poder económico, militar, político y cultural.

Las bases del poder estadounidense

La potencia de Estados Unidos se manifiesta en todos los campos.

Estados Unidos continúa siendo el motor de la economía mundial, aunque su **dominio económico** ha disminuido ante el crecimiento de China e India. Genera casi el 20 % del valor de la producción mundial (doc. 8); lidera el comercio internacional de mercancías y servicios; cuenta con el mayor número de multinacionales; la bolsa de Nueva York es la principal institución financiera y el dólar es la moneda de referencia en el mundo.

Su **liderazgo científico y tecnológico** se debe a las grandes inversiones que dedica a la investigación y al desarrollo de nuevos productos.

El **poderío político y diplomático** se manifiesta en que es el único país capaz de intervenir en cualquier asunto mundial y en la gran influencia que ejerce sobre los demás países y las organizaciones internacionales.

El **dominio militar** es claro. Cuenta con el mayor ejército del mundo, dotado de las armas de combate más avanzadas. Sus bases militares se encuentran en numerosos países, repartidas por los cinco continentes. Lidera la OTAN. Y su gasto militar es enorme: supone casi la mitad del gasto militar mundial (doc. 9).

Culturalmente está presente en muchos países. El **inglés** es la lengua internacional por excelencia. Y ha «exportado» su modo de vida a gran parte del mundo (comida, ropa, música, cine…).

La evolución interna de Estados Unidos

En 1992, el demócrata **Bill Clinton** ganó las elecciones y se convirtió en presidente de los Estados Unidos. Durante su mandato se produjo un fuerte crecimiento económico, se acordó con Rusia reducir los respectivos armamentos nucleares, y Estados Unidos afianzó su prestigio internacional al mediar en el acuerdo de paz alcanzado entre Israel y la Organización para la Liberación de Palestina (OLP) en 1993, y en el conflicto de Irlanda del Norte en 1998.

En las elecciones de 2000, los republicanos recuperaron el poder. **George Bush** se puso al frente del país. El **11 de septiembre de 2001** se producían los dramáticos atentados perpetrados por la organización terrorista Al-Qaeda, liderada por el islamista saudí Osama bin Laden, contra las torres del *World Trade Center* de Nueva York y el Pentágono. Los atentados provocaron un cambio en la política exterior y se incrementó el presupuesto en seguridad nacional y el gasto militar.

En 2008 fue elegido presidente el demócrata **Barack Obama**. Su gobierno tuvo que hacer frente a las graves consecuencias de la crisis económica internacional que comenzó en Estados Unidos en 2007. En el plano internacional ha llevado a cabo una política menos beligerante que su predecesor.

La política exterior de los últimos años

La política exterior de Estados Unidos ha estado marcada por su intervención en diversos conflictos, unas veces como mediador para alcanzar acuerdos de paz entre países enfrentados y, otras veces, para liderar operaciones militares. Las principales intervenciones militares estadounidenses han tenido como escenario Oriente Medio.

- En 1991, Estados Unidos intervino en la llamada **guerra del Golfo**, liderando una coalición internacional, respaldada por la ONU, para expulsar a las tropas iraquíes que habían invadido Kuwait.
- En 2001, tras los atentados del 11-S, dirigió la ofensiva contra el gobierno talibán en **Afganistán**, al que consideraba aliado de la organización Al-Qaeda. En 2011 tropas estadounidenses mataron al líder de Al-Qaeda, Osama bin Laden, en Pakistán.
- En 2003 lideró la **guerra de Irak**, esta vez sin la aprobación de la ONU y con la justificación de que este país poseía armas de destrucción masiva, algo que más tarde reconoció que no era cierto. Esta intervención, que provocó grandes discrepancias en la comunidad internacional, significó el derrocamiento del presidente de Irak, Sadam Hussein, y el inicio de un período de gran inestabilidad, con continuos atentados. Las tropas estadounidenses se retiraron definitivamente en diciembre de 2011.

IDEAS CLAVE

Las bases. ¿Cómo se manifiesta la potencia de Estados Unidos frente al resto del mundo?

La política. ¿Qué aspectos destacarías de la política de los últimos presidentes estadounidenses?

Los conflictos. ¿Dónde y cuándo han tenido lugar las principales intervenciones militares estadounidenses de los últimos años? ¿Cuáles han sido los motivos esgrimidos para justificar esas intervenciones?

La ONU. ¿Cuál ha sido la postura de la ONU en esos conflictos?

ACTIVIDADES

Doc. 10 El ataque contra las Torres Gemelas de Nueva York causó la muerte de más de 3.000 personas.

Doc. 11 El mundo diez años después del 11-S

El mundo post 11-S es [...] un mundo más seguro donde la mayoría de expertos coinciden en que no cabe esperar que Al Qaida vuelva a cometer un atentado de semejante magnitud. [...] Diez años después Osama Bin Laden está muerto, acaba de caer asimismo el número dos de Al Qaida [...]. Hoy en día el peligro no viene tanto de la propia Al Qaida, como de los yihadistas espontáneos [...] gentes a las que basta un lejano ejemplo, una remota inspiración para dar el paso hacia la violencia suicida. En una medida insuficiente para otro 11-S, pero quizás no para otro 11-M. [...]

Y es que desde el 11-S vivimos en un estado de alerta antiterrorista que constituye un arma de doble filo. Estamos mucho más prevenidos pero también mucho más asustados. [...] Los medios de comunicación e Internet dan una información tan inmediata y hasta sofocante de los actos de terror que se amplifican pavorosamente sus efectos. [...]

Un reciente sondeo del prestigioso Pew Research Center muestra que el público norteamericano está unido en la conmemoración de la tragedia, pero dividido en la opinión sobre sus causas y sus efectos. En septiembre de 2011 [...] un 55 por ciento rechazaba la idea de que estos hubieran podido ser causados por malas actuaciones de Estados Unidos, como sí creía un 33 por ciento. A día de hoy el margen se ha estrechado al 45 contra el 43 por ciento.

ANNA GRAU, *ABC*, septiembre de 2011

4. ●● **Analizar el significado histórico del 11-S.**
   - Lee el documento 11 y la información del epígrafe.
     a) ¿Qué consecuencias internacionales tuvo el ataque terrorista del 11-S?
     b) ¿Por qué afirma la autora que el mundo es un lugar más seguro?
     c) ¿Qué quiere decir cuando afirma que «estamos más asustados»?
     d) ¿Compartes estas opiniones? Explica tu respuesta.

3 La Unión Europea: consolidación y retos

Doc. 12 Firma del Tratado de la UE.

Doc. 13 Bandera de la UE y moneda de un euro.

La UE avanza hacia la unión económica, y más lentamente hacia la unión política. Sin embargo la crisis económica de 2007 ha introducido dudas sobre la solidez del proyecto.

Nace la Unión Europea

El 7 de febrero de 1992, los doce países de la Comunidad Económica Europea (CEE) dieron un nuevo impulso a su proyecto europeísta con la firma del **Tratado de Maastricht**. La CEE pasó a denominarse Unión Europea y se ratificaron las bases para la unión económica y política.

La unión económica es la que más ha progresado. Los países miembros comparten unas políticas económicas comunes (agraria, pesquera, industrial, de transportes, comercial). Las mercancías, capitales y personas se mueven libremente por el territorio de la Unión. Y el 1 de enero de 2002 entró en circulación la moneda única, el euro. En un principio el euro fue adoptado por once países y en 2011 ya eran diecisiete.

La unión política está más retrasada. Se reconoció la ciudadanía europea y la cooperación judicial y en materia de seguridad. Con el **Tratado de Lisboa**, que entró en vigor en 2009, se estableció una política internacional común y una carta de derechos fundamentales para todos.

El atractivo del proyecto europeo es evidente: la Unión Europea ha pasado de seis miembros en 1957 a 27 en 2007 en **siete ampliaciones** (doc. 14).

Los retos de la UE

El poder económico de la UE se basa principalmente en un importante comercio y en una industria moderna, aunque tiene puntos débiles.

La inversión de la UE destinada a investigación e innovación es mucho menor que la que realizan otras grandes potencias económicas. Por este motivo, la industria de los países comunitarios está más atrasada en sectores punteros como la biotecnología o la informática, y la productividad de sus empresas es más baja que en Estados Unidos o Japón.

Aunque no todos los países se encuentran en la misma situación. Alemania, Reino Unido, Francia e Italia son las economías más potentes, mientras que los países del este están menos desarrollados (doc. 15).

Precisamente un grave problema de la UE es la existencia de **grandes contrastes** entre sus miembros. Por ejemplo, en 2009 la renta media de un ciudadano de Luxemburgo era diez veces mayor que la de un habitante de Bulgaria (doc. 16). En torno a un tercio del presupuesto comunitario se dedica al desarrollo de las regiones más pobres.

La UE es una de las principales potencias económicas y el euro se ha convertido en una moneda de gran peso internacional. Pero esto no siempre se corresponde con un peso político similar. Uno de los motivos es la **falta de acuerdo sobre el alcance que debe tener la integración política europea**: mientras unos países proponen una unión de Estados, otros opinan que la soberanía de los Estados debe mantenerse y cooperar en cuestiones específicas. Además, la crisis económica que comenzó en 2007 puso de manifiesto algunas debilidades del proyecto que deben ser replanteadas.

IDEAS CLAVE

El proceso. ¿Qué tratado dio origen a la Unión Europea? ¿Dónde y cuándo se firmó? ¿Se puede considerar a la UE una continuación de la CEE o son organizaciones distintas?

Los objetivos. ¿Qué objetivos recoge el Tratado de la Unión Europea? ¿Y el de Lisboa?

La situación actual. ¿Cuáles de esos objetivos se han alcanzado?

Los retos de la UE. ¿A qué retos económicos se enfrenta la UE? ¿Qué consecuencias tiene la falta de una política internacional común?

ACTIVIDADES

Doc. 14 La Unión Europea en 2011.

5. ●● Analizar la Unión Europea.

- Interpreta el documento 14.
  - a) Copia este cuadro y complétalo.

Países miembros y año de adhesión	Países candidatos	Países zona euro
…	…	…

  - b) Con la información del tema 13 haz un resumen de 10 líneas en el que expliques la evolución de la CEE desde su fundación hasta 1992.
  - c) Investiga sobre la polémica que existe acerca de la posible incorporación de Turquía a la UE. ¿Cuáles son los principales motivos de esta?
- Compara los documentos 15 y 16.
  - a) ¿Qué indican el PIB y el PIB per cápita? ¿Qué indicador crees que refleja el nivel de vida de la población?
  - b) Resume las diferencias de riqueza dentro de la UE. ¿Cómo son esos valores en los países meridionales y del este comparados con los de los países centro-occidentales?

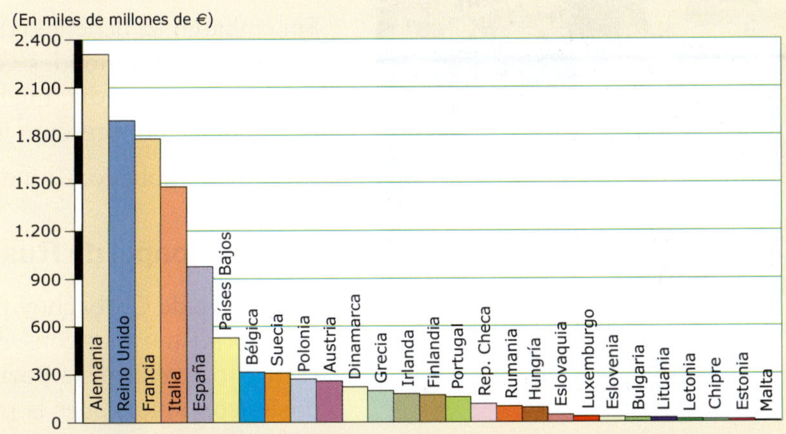

Doc. 15 Desigualdades en el PIB.

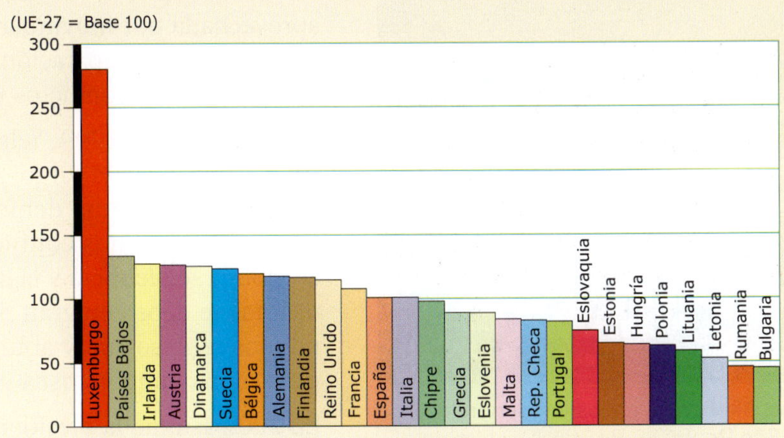

Doc. 16 PIB per cápita en estándar de poder adquisitivo, 2010.

4 Las nuevas potencias: China, Brasil, India y Rusia

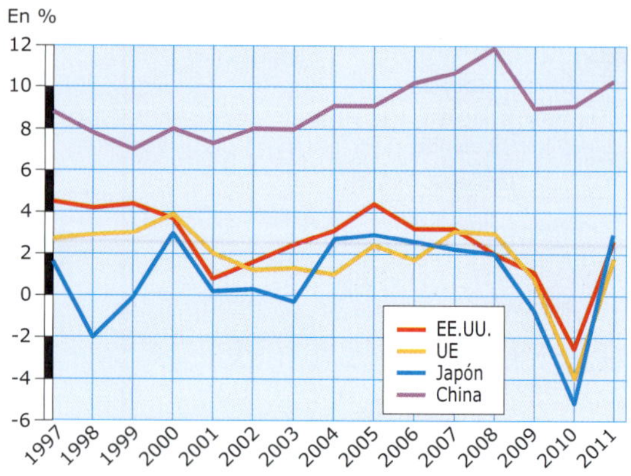

Doc. 17 Crecicimiento anual del PIB de China comparado con el de las potencias económicas tradicionales.

Doc. 18 China es el primer fabricante de productos textiles del mundo.

Doc. 19 Favela, en los alrededores de São Paulo. En Brasil los niveles de pobreza y las diferencias de renta son muy altas.

En los últimos años cuatro países están experimentando un espectacular crecimiento económico. Son Brasil, Rusia, India y China, que reciben el nombre de BRIC, resultado de unir la primera letra de sus nombres.

China, la nueva superpotencia

Tras la muerte de Mao, en 1976, **Deng Xiaoping** se convirtió en el nuevo líder chino. En la nueva etapa, China inició un cambio radical en su política económica con un objetivo fundamental: intentar atraer la tecnología y las inversiones de los países occidentales para impulsar el crecimiento económico del país. Así, la nueva política económica permitió la **entrada de capital extranjero**, el establecimiento de sus **industrias** en el territorio y un **comercio más abierto a Occidente**, que culminó en 2001 con el ingreso de China en la Organización Mundial del Comercio.

En poco más de dos décadas China se ha convertido en una **gran potencia industrial** y en uno de los principales motores de la economía mundial (**doc. 17**). Duplica su PIB cada siete años, mientras que Estados Unidos lo ha hecho cada 20, y la UE, cada 24. Se estima que para 2030, China representará casi el 16 % del PIB mundial, 4,5 % más que en la actualidad, y concentrará casi el 14 % de las exportaciones mundiales.

Sin embargo, el beneficio del crecimiento económico chino se ha centrado en las grandes ciudades costeras, con economías muy dinámicas y una creciente clase media, mientras la China rural, donde vive la mayor parte de la población, presenta los rasgos propios del subdesarrollo (**doc. 21**).

En el plano político, China continúa siendo una **dictadura comunista**.

El nuevo papel de Rusia

La política de Gorbachov provocó el enfrentamiento entre los partidarios del reformismo y los conservadores. Las elecciones de junio de 1991 dieron el triunfo al reformista **Boris Yeltsin**, que no pudo evitar que se agravara la crisis económica, pues la transición hacia el capitalismo se produjo en un ambiente de **corrupción** generalizada.

Esta situación de **crisis económica y social** y de **inestabilidad política** fue aprovechada por movimientos independentistas de algunas regiones, que demandaban su separación de Rusia. Pero Yeltsin se negó a perder territorios y estallaron conflictos violentos, como el de **Chechenia**.

En diciembre de 1999, Yeltsin dimitió, y el primer ministro, **Vladimir Putin**, le sucedió en el cargo. Al igual que su antecesor, Putin estableció, bajo la apariencia de una democracia, un **régimen autoritario** y centralista (**doc. 20**). Algunos conflictos persisten, como el de Chechenia, pero la economía se recupera y la influencia de Rusia en el exterior aumenta. Estas mejoras se deben en gran parte a las exportaciones de petróleo y gas natural, dos recursos muy abundantes en Rusia y que esta utiliza como arma política para imponer sus intereses sobre los países a los que abastece.

En 2008 asumió la presidencia **Dmitri Medvedev**, aunque el poder seguía en manos de Putin. Tras las elecciones legislativas de 2011 hubo importantes protestas y denuncias de fraude.

Dos potencias emergentes: India y Brasil

India es hoy en términos de producción anual la **cuarta potencia mundial** y la **segunda en ritmo de crecimiento**: se estima que crecerá una media del 8 % hasta 2020.

Brasil, con una producción anual de 2 billones de dólares, es la **primera economía de América Latina** y la **novena a escala mundial**. El país ha registrado una media de crecimiento económico del 4 % anual desde 2004 y espera estar entre los cinco grandes antes de 2015.

El despegue económico de ambos se vio favorecido por una combinación estratégica de varios factores: mano de obra barata, mercado interno en crecimiento y amplios recursos naturales y energéticos. En el caso de la India, se suma además una industria muy diversificada y su capacidad de innovación en sectores punteros, como la biotecnología, la nanotecnología, la genética, las TIC o las energías alternativas.

Sus puntos débiles son altos niveles de pobreza, un enorme peso de la economía sumergida, deficiencias educativas y sanitarias y escasas infraestructuras.

IDEAS CLAVE

El régimen político. ¿Cómo calificarías el régimen político de Rusia? ¿Y el de China?

La situación. ¿Cómo describirías la situación política, económica y social de las cuatro potencias BRIC?

El cambio económico. ¿En qué consistió la nueva política económica china? ¿Qué consecuencias ha tenido? ¿Qué otras potencias emergentes hay en la actualidad? ¿A qué se debe su crecimiento económico?

ACTIVIDADES

Doc. 20 ¿Es la Rusia de Putin una democracia?

Los rusos rara vez han sido más libres. «Son mucho más libres que los chinos. Pueden vivir bien y divertirse. Pueden leer, ver, decir lo que quieran y acceder a Internet» [...]. Pero estas tendencias positivas coexisten con muchos signos de que Rusia se está deteniendo en el camino hacia la democracia de libre mercado. [...] La evaluación anual de la organización estadounidense en pro de la democracia *Freedom House* muestra un deterioro progresivo de Rusia respecto a las elecciones libres, los gobiernos representativos y la libertad de prensa. Las compañías controladas por el Estado suponen ya el 40 % de la economía, y la proporción aumenta como parte de un modelo más amplio de centralización del poder en manos del presidente y sus socios próximos. Un dato es que el Foro Económico Mundial sobre corrupción sitúa a Rusia en el puesto 106 de 117 países en cuanto al «favoritismo en el otorgamiento de contratos públicos», y en el 108 en cuanto a protección del derecho de propiedad. [...]

J. F. O. McALLISTER, *Time Magazine*, 2 de julio de 2006

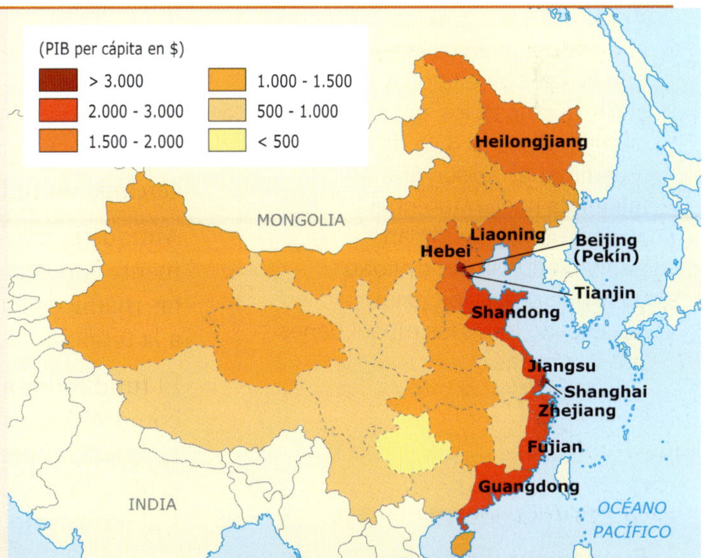

Doc. 21 Los contrastes de riqueza en China.

6. ●● Analizar el régimen político ruso.

- Lee el texto del documento 20.
  a) ¿Qué requisitos crees que debe cumplir una verdadera democracia?
  b) ¿Cuáles se vulneran en Rusia?
  c) ¿Se puede decir que los ciudadanos gozan de los derechos y libertades de un régimen democrático liberal?
  d) Apoyándote en datos de los textos, define el régimen político ruso.
  e) ¿Por qué crees que se compara a los rusos con los chinos?

7. ●● Analizar la economía china.

- Consulta los documentos 17 y 21.
  a) ¿Cuál ha sido el crecimiento económico anual de China en los últimos años? ¿Y el de Estados Unidos, la UE y Japón?
  b) ¿Qué refleja el mapa? ¿Dónde es mayor la renta per cápita? ¿Qué diferencia hay con las zonas rurales del interior?

8. ●●● Analizar las libertades individuales en China.

- En China, las manifestaciones a favor de la libertad de expresión son reprimidas, en ocasiones con extrema dureza. Entra en www.historiasiglo20.org/TEXT/tiananmen1989.htm y explica lo que sucedió en la plaza de Tiananmen en 1989.

5 El mundo islámico

SABÍAS QUE…

Muchas veces se confunden los términos árabe, musulmán e islamista. **Árabe** se aplica a los habitantes de la península Arábiga y a las personas de dicha etnia. **Musulmán** es la persona que profesa la religión del islam, por lo que no todos son árabes; de hecho, casi el 80 % de los musulmanes no son árabes. **Islamista** hace referencia al integrismo musulmán, que defiende la inmovilidad de la doctrina tradicional. Por eso, no todos los musulmanes son islamistas.

GLOSARIO

Fundamentalismo. Movimiento religioso que aplica el contenido de los libros sagrados para regular la vida política, económica y social.

IDEAS CLAVE

El espacio. ¿En qué regiones predomina la religión islámica?

La diversidad. ¿En qué tres ramas se divide el islam?

Los problemas. ¿Cuáles son los problemas más importantes que tienen los países islámicos?

Conceptos. ¿Qué entiendes por fundamentalismo?

El mundo islámico es un espacio diverso que se enfrenta hoy a una serie de problemas económicos, sociales e ideológicos que generan tensiones y conflictos.

El islam, su espacio y diversidad

El islam es una religión que profesan casi 1.500 millones de personas y la que más crece en la actualidad. Principalmente está presente en el norte y noreste de África, en Asia central, en el sureste y el suroeste asiáticos, y en algunos países europeos situados en la región de los Balcanes.

Desde sus inicios, en el siglo VII, se han producido discrepancias en el seno de la comunidad islámica, que han dado lugar a la aparición de numerosos grupos que difieren en la interpretación de ciertas creencias y respecto al reconocimiento de los califas, las máximas autoridades religiosas y políticas. Como resultado, 30 años después de la muerte de Mahoma, los musulmanes se separaron en **tres ramas: sunníes, shiíes y jariyíes**.

En la actualidad, hay más de 70 grupos islámicos relacionados con una de las tres ramas que tienen un peso desigual: los sunníes constituyen la rama mayoritaria, pues agrupa en torno al 85 % de los musulmanes; los shiíes suponen el 12 %; y la rama jariyí, mucho menos numerosa, cuenta con cerca de un millón de seguidores.

Aunque la mayoría de los musulmanes son tolerantes y conviven pacíficamente con otras culturas, los actos violentos de los grupos fundamentalistas islámicos hacen que tendamos a pensar, erróneamente, que representan a la totalidad del mundo musulmán.

El **fundamentalismo*** islámico propone el retorno a los principios de la fe como único camino para superar los problemas económicos y sociales, recuperar el prestigio perdido y terminar con la dominación extranjera. Los grupos fundamentalistas más extremos defienden el recurso a la violencia y al terrorismo para conseguirlo.

Un espacio en tensión

Los países islámicos tienen distintos sistemas de gobierno, pero en la mayoría de ellos, y en particular en los Estados árabes, se trata de **gobiernos autoritarios** que cuentan con el apoyo del ejército. Algunos países, como Arabia Saudí e Irán, son **teocracias**, donde las leyes se basan en el Corán y los religiosos ocupan el gobierno. Al no existir auténticas democracias, no se respetan las libertades ni los derechos fundamentales de las personas, sobre todo los de algunos colectivos, como el de las mujeres (docs. 23 y 24).

Otros problemas son: el **atraso de las economías** de los países que no son ricos en petróleo y gas; una enorme **dependencia de la tecnología exterior**; y los **grandes contrastes sociales** entre una mayoría con escasos recursos y una minoría muy rica, ligada a los puestos de poder.

Debido a la situación política y la pobreza en la que vive parte de la población estallaron numerosas protestas populares en 2011 («**Primavera árabe**»). Las revueltas empezaron en Túnez y se extendieron por gran parte del mundo islámico con ayuda de las redes sociales (doc. 22).

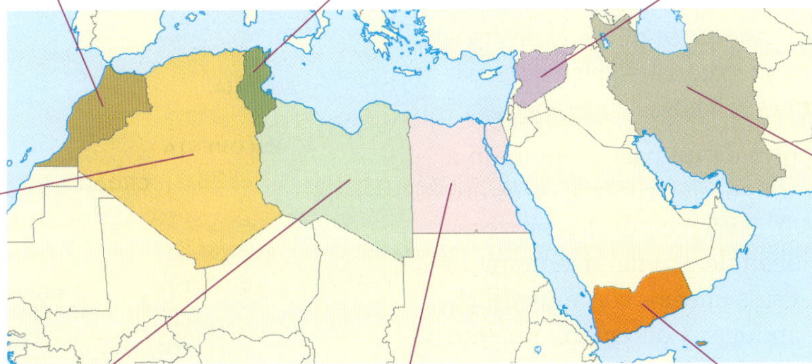

Doc. 22 Manifestaciones y revueltas en el mundo islámico, la llamada «Primavera árabe».

ACTIVIDADES

Doc. 23 La situación de las mujeres en Arabia Saudí

Arabia Saudí firmó la Convención para la Eliminación de Todas las Formas de Discriminación contra las Mujeres en 2000. Sin embargo, las saudíes no pueden votar, conducir un coche, comer solas en un restaurante, caminar solas por la calle ni abandonar el país sin el consentimiento escrito de un familiar varón. Deben cubrirse el cuerpo entero y el rostro con una larga túnica negra. [...]

Cada mujer tiene un tutor *(mahram)*, que en principio es su marido. Si no está casada, esta labor la ejerce el padre, un hermano o incluso un hijo menor de edad. El *mahram* debe dar su autorización para que pueda trabajar o viajar. La policía religiosa, que patrulla las calles, vigila la conducta, la ropa y el comportamiento de las mujeres y puede detener a cualquiera por infringir los principios morales y sociales tradicionales del país.

M. C. BELAZA, *El País*, 31 de agosto de 2005. Adaptado

Doc. 24 El gobierno islamista de Irán

En el islam, gobernar significa únicamente aplicar las leyes coránicas, o dicho de otra forma, las leyes divinas. Estas leyes deben ser obedecidas y ejecutadas por todas las personas, sin excepción y sin contestación. [...] Se obedece al Profeta porque Dios lo ha querido así. Y se debe obedecer a los dirigentes del gobierno islámico porque así lo ha querido Dios.

Principios políticos, filosóficos, sociales y religiosos del *ayatollah* Jomeini

9. ●●● Debatir sobre las revueltas en el mundo islámico.

- Interpreta el documento 22.
  a) ¿Por qué países se ha extendido la llamada «Primavera árabe»?
  b) ¿Qué piden los manifestantes?
  c) ¿A qué crees que se debe que las revueltas se hayan extendido con tanta rapidez y en diferentes países?
  d) ¿Son manifestaciones espontáneas o hay un movimiento internacional organizado que dirige las acciones?
  e) Busca información en Internet sobre los diferentes conflictos:
  – Señala cuántos gobiernos han caído desde que estalló este movimiento.
  – ¿Crees que habrá más?
  – ¿Cuál podría ser el siguiente?

10. ●● Analizar los problemas de las teocracias islámicas.

- Lee los documentos 23 y 24:
  a) ¿Cuál es la situación de las mujeres saudíes?
  b) Explica cómo es el régimen político iraní.

6 Grandes conflictos en los últimos años

En los últimos años han estallado numerosas tensiones y conflictos en todo el mundo, ocasionados por muy diversos motivos: intereses económicos y territoriales, diferencias nacionalistas o étnicas, cuestiones religiosas e ideológicas...

Unos conflictos suceden dentro de un país y enfrentan a distintas facciones del mismo (guerras civiles); otros enfrentan a dos o más Estados. Y existen conflictos provocados por grupos que se engloban dentro del denominado **terrorismo internacional**. Estos últimos son muy difíciles de resolver porque no dan lugar a un enfrentamiento bélico localizado, sino a atentados terroristas dispersos.

Los tres focos más conflictivos han sido los Balcanes, el África subsahariana y Oriente Medio.

Doc. 25 Al-Qaeda: el terrorismo que cambió el mundo

Al-Qaeda, que en árabe significa «La base», fue fundada en 1988 por Osama bin Laden y Mohammed Atef. El origen de la red y de su nombre está en el refugio para luchadores árabes que había en la localidad pakistaní de Peshawar desde 1979; ese lugar de encuentro era conocido como «La base». El nombre también se debe a que esta organización se estructura en células independientes dirigidas por un mando central o base.

Desde el principio, Al-Qaeda se estableció como el bloque donde podían integrarse los grupos extremistas islámicos armados que habían participado en la lucha contra la invasión soviética de Afganistán. Su objetivo principal era, ¿y sigue siendo?, mostrar su oposición a los gobiernos no-islámicos, recurriendo a la fuerza en caso necesario.

L. TEJERO, en *TodoPolitica.com*

ACTIVIDADES

11. ●●● Analizar conflictos.

- Copia la tabla en tu cuaderno y explica las causas y las consecuencias de los conflictos que se describen en las páginas 302 y 303.

	Causas	Consecuencias
Guerras balcánicas		

- ¿Cuáles de estos conflictos siguen sin resolver? ¿Conoces su situación en este momento?
- ¿Qué otros conflictos recientes añadirías?

Los Balcanes

Doc. 26 Países actuales que formaban Yugoslavia.

En la región de los Balcanes se encontraba el antiguo país de **Yugoslavia**, el escenario de uno de los más cruentos conflictos de la historia. Este país tenía una gran diversidad étnica y religiosa y estaba formado por seis repúblicas: Bosnia-Herzegovina, Croacia, Eslovenia, Macedonia, Serbia y Montenegro.

En enero de 1991, Macedonia proclamó su independencia, y en junio, lo hicieron Croacia y Eslovenia. En respuesta, el gobierno serbio declaró la guerra a estos últimos, pues su presidente, **Slobodan Milosevic**, pretendía la creación de la Gran Serbia, compuesta por todos los territorios en los que hubiera población serbia. Pero el ejército serbio fue derrotado.

En 1992, Bosnia-Herzegovina proclamó también su independencia y se inició un nuevo conflicto. En 1995 se impuso un alto el fuego tras la intervención de la OTAN, y se acordó la división de Bosnia-Herzegovina en dos entidades, la República Serbia de Bosnia y la Federación Croato-musulmana, bajo un único Estado.

En 1998 se produjo otra crisis en la provincia serbia de Kosovo, con una población mayoritariamente albanesa. El conflicto terminó también tras la intervención de la OTAN, en 1999.

En 2001, Milosevic fue detenido, acusado por el Tribunal Penal Internacional para la Antigua Yugoslavia de crímenes de guerra y genocidio. Su muerte, en marzo de 2006, cerró el proceso antes de que se dictara sentencia.

En junio de 2006, Montenegro proclamó su independencia de Serbia tras la celebración de un referéndum popular.

En 2008 Kosovo se proclamó unilateralmente Estado independiente.

África subsahariana

En el continente africano han tenido lugar numerosos conflictos que han provocado enormes catástrofes humanitarias. En su origen se mezclan diferencias étnicas, religiosas, económicas y territoriales. El control de sus abundantes recursos naturales, como diamantes, oro, uranio o coltan, es otro factor importante.

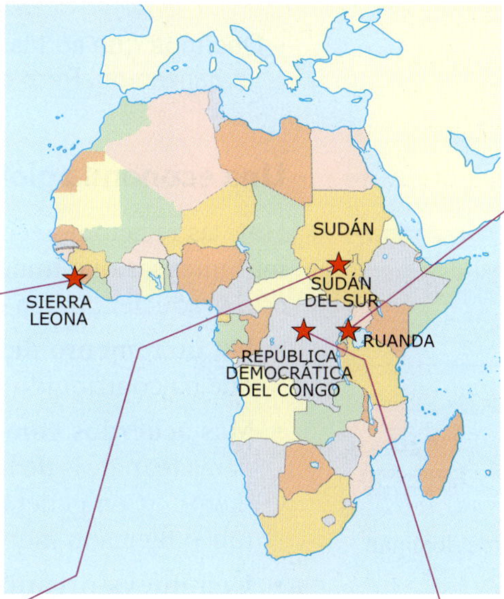

Doc. 27 Principales conflictos africanos.

Ruanda. En los años noventa, el genocidio perpetrado contra la población tutsi por las milicias hutus y el ejército ruandés causó la muerte de más de un millón de personas, así como oleadas de refugiados a la vecina Uganda.

Sierra Leona. La guerra civil desatada en 1991 marcó el inicio de una década salpicada por crueles enfrentamientos, con el control del mercado de diamantes como trasfondo. En esta guerra, caracterizada por su salvajismo, se utilizó a muchos niños soldados. El conflicto se mantuvo hasta 2002; a pesar de ello, la población sigue huyendo a los países vecinos.

Sudán. Desde su independencia de Reino Unido, en 1956, este país ha sufrido constantes conflictos civiles que han causado más de dos millones y medio de muertos y casi cinco millones de desplazados. En 2004 la situación se agravó en la región de Darfur, dividida entre tribus árabes y negras, al rebelarse estas últimas ante la discriminación que sufrían. La guerra se mantuvo hasta 2011, cuando se ratificó la división del país en dos Estados independientes.

República Democrática del Congo. En 1998, la lucha por el gobierno de la República Democrática del Congo, cuyo territorio alberga el 80 % de las reservas mundiales de coltan, dio lugar al conflicto que más vidas ha costado desde la Segunda Guerra Mundial y a millones de desplazados y refugiados.

Oriente Medio

Israel y Palestina. El conflicto entre palestinos e israelíes todavía continúa. En los últimos años ha habido diversos conflictos: en 2006 Israel atacó Líbano y en 2008-2009 la Franja de Gaza. Las negociaciones entre Israel y la Autoridad Palestina discurren lentamente.

Además, los palestinos se encuentran divididos en dos facciones armadas enfrentadas: Hamás y Al Fatah.

Doc. 28 Localización de los principales conflictos en Oriente Medio.

Afganistán. En octubre de 2001, una coalición dirigida por Estados Unidos y respaldada por la ONU invadió Afganistán y acabó con el gobierno fundamentalista islámico de los talibanes, al que consideraban colaborador de los terroristas responsables del atentado del 11-S en Estados Unidos. La ONU se comprometió a mantener la paz en el país hasta la celebración de unas elecciones democráticas, que tuvieron lugar en 2004. Sin embargo, el gobierno central es débil y se encuentra amenazado por los talibanes, que se han reorganizado en las montañas del sur del país.

Irak. En 1990 Irak invadió Kuwait con el fin de apoderarse de sus reservas petrolíferas. En respuesta, Estados Unidos lideró una coalición internacional que, tras una rápida y contundente intervención militar en febrero de 1991, la llamada guerra del Golfo, obligó a Irak a retirarse del territorio kuwaití.

En marzo de 2003 otra coalición internacional, con Estados Unidos a la cabeza, invadió Irak y derrocó al gobierno de Sadam Hussein. En 2005 se celebraron elecciones libres, y en 2011 se retiraron las tropas estadounidenses, pero se mantiene la inseguridad y los enfrentamientos entre los grupos islamistas radicales.

Irán. En 2002, la Agencia Internacional de la Energía Atómica advirtió a la comunidad internacional que Irán estaba importando compuestos para centrifugadoras que sirven para producir uranio enriquecido. El temor de las potencias occidentales a que este país utilice el uranio para fabricar armas atómicas, y no con fines pacíficos, generó una grave crisis con la comunidad internacional.

7 Globalización y subdesarrollo

Doc. 29 Los flujos financieros dominan la economía actual.

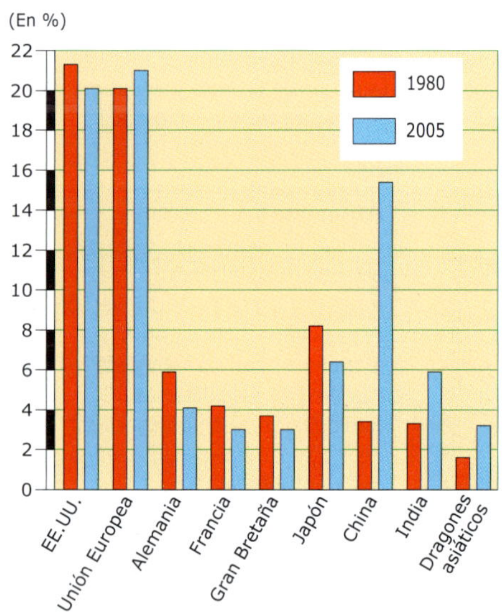

Doc. 30 Participación de las potencias económicas tradicionales y recientes en la producción mundial.

IDEAS CLAVE

Conceptos nuevos. ¿Qué entiendes por globalización?

Los factores. ¿Qué «revoluciones» han hecho posible la globalización económica?

Los hechos. Explica si la globalización crea riqueza.

Decimos que en las últimas décadas se ha producido un proceso de globalización. Pero este proceso no beneficia a todos por igual.

Una economía globalizada

Hoy, las relaciones económicas entre los distintos lugares del planeta son más intensas que nunca y las empresas actúan en un espacio mundial. Se está produciendo una **globalización económica**, que se manifiesta en:

- **Un incremento del comercio internacional** de bienes y servicios, al que ha contribuido la mejora y el abaratamiento de los transportes.
- **Más acuerdos comerciales entre los países.** Muchos Estados se unen para crear áreas de libre comercio, donde sus productos se venden libremente, y, en general, se camina lentamente hacia la formación de un único mercado mundial.
- **Una nueva organización de la producción.** Los procesos productivos se separan y se desarrolla cada uno donde resulta más ventajoso, sin importar la distancia. Es lo que se llama **deslocalización** de la producción.
- **Los intensos flujos financieros.** Cada día se mueve en el mundo más de un billón de dólares en compra de bienes y servicios y en operaciones de especulación.

Esta globalización de la economía no hubiera sido posible sin la revolución de las comunicaciones, y en particular sin Internet, que permite conocer de forma inmediata lo que sucede en cualquier lugar del mundo. Esto es fundamental para controlar la actividad de las filiales de las empresas multinacionales, para invertir en cualquier bolsa financiera del mundo, etc.

También la globalización hace posible que se expandan las crisis rápidamente, al estar estrechamente relacionadas las economías de los países a nivel mundial. Ejemplo de ello es la crisis que se inició en 2007 (**doc. 31**).

La persistencia del subdesarrollo

El proceso de la globalización ha hecho que zonas antes subdesarrolladas, como China o India, comenzaran un rápido crecimiento económico. Esto se debe a la instalación en estos países de empresas multinacionales que buscaban mano de obra más barata.

Los Estados más pobres se quedan al margen del proceso de globalización: su participación en el comercio mundial es inferior al 1%, su retraso tecnológico les impide aumentar la productividad y ser competitivos, y su voz apenas se deja sentir en las organizaciones económicas internacionales.

En estos países la renta per cápita es baja, normalmente no alcanza los 2.000 dólares, lo que explica el bajo nivel de consumo. En general, su industria está poco desarrollada, pues, con frecuencia, las economías de estos países se apoyan en la explotación de sus recursos naturales, que se destinan a la exportación. Por eso tienen una fuerte dependencia de los países desarrollados, de los que obtienen tecnología, bienes de consumo, préstamos financieros, etc. El nivel de instrucción de la población es bajo. Las infraestructuras son deficientes y los servicios suelen ser escasos.

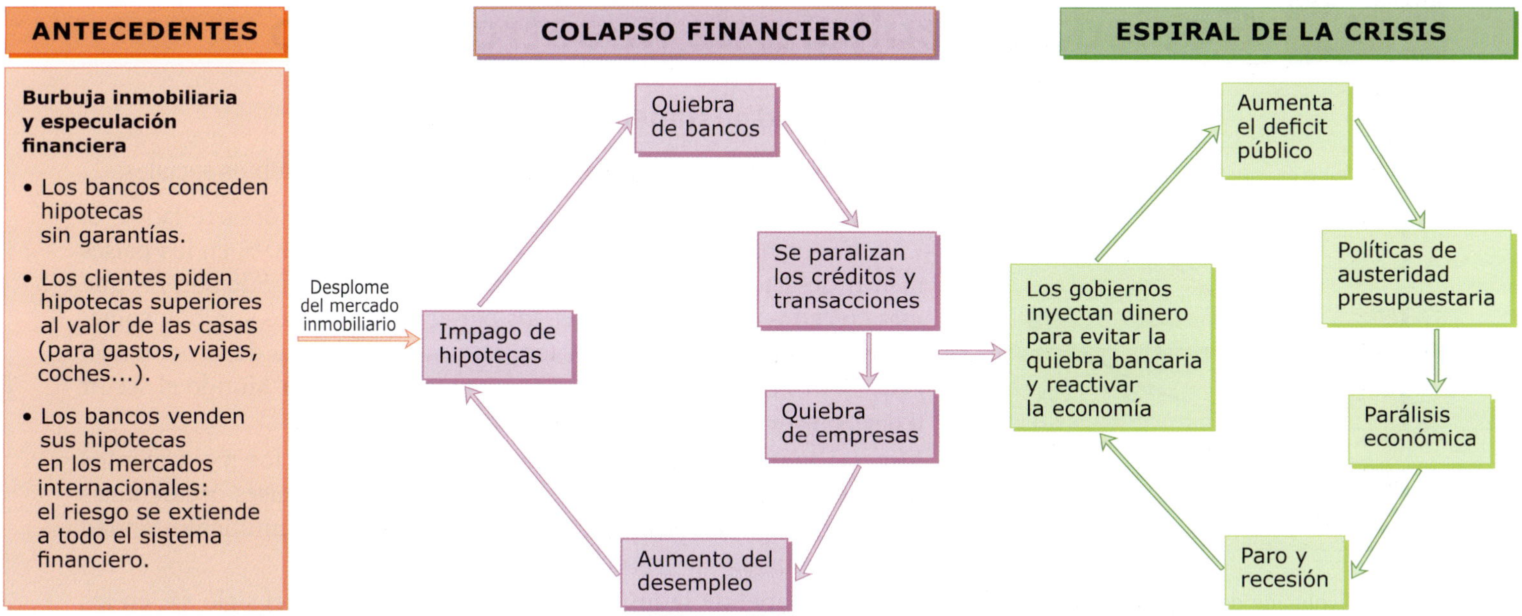

Doc. 31 La crisis mundial que comenzó en Estados Unidos en 2007.

ACTIVIDADES

Doc. 32 ¿La globalización condena al Tercer Mundo a la esclavitud?

Para estos obreros, lo que nosotros llamamos trabajos de explotación pueden ser la mejor opción y/o la única oportunidad para mantenerse ellos y sacar de la pobreza a sus familias.

El trabajo infantil es abominable, pero la cruda realidad es que una compañía occidental que deja de usar mano de obra infantil en algunos de los países del Tercer Mundo no va a cambiar las condiciones económicas que tienen esos niños. Tampoco cambia los estándares culturales locales, que aceptan y esperan que los niños trabajen. Desgraciadamente, en muchos rincones del planeta, cerrar las puertas de las fábricas a los niños a menudo los condena a un destino mucho peor: la prostitución, el crimen y el hambre, como constató la ONG Oxfam un año después del despido de 50.000 niños en una fábrica alemana de Bangladesh.

R. BALKO, *Trabajadores del Tercer Mundo necesitan trabajos del Primer Mundo*. Adaptado

Doc. 33 Multinacionales y derechos humanos

[…] Como los ricos son pocos, el mercado para las multinacionales es pequeño. […] Ávidas de costes cada día más bajos, trasladan su producción a países donde el paro es alto y donde la pobreza empuja a la gente a aceptar condiciones de trabajo del siglo XIX: horarios y ritmos extenuantes, castigos corporales, despidos masivos, represión policial en caso de actividad sindical…, y el trabajo de los niños.

L. MONTERO y S. BALLESTEROS, *Cultura para la esperanza*, núm. 31

12. ●●● **Debatir los efectos de la deslocalización.**

- Lee el documento 32. En opinión de Balko, ¿la actual deslocalización de la producción tiene más ventajas o más inconvenientes para los países pobres? ¿Qué argumentos da?
- Lee el documento 33. ¿Qué abusos laborales se cometen en los países del Tercer Mundo donde se establecen las multinacionales? ¿Qué situaciones permiten que sucedan?
- ¿Piensas que la nueva organización de la producción contribuye a reducir el subdesarrollo? ¿Se pueden justificar los abusos que sufren muchos trabajadores?

13. ●● **Explicar la evolución de la crisis mundial.**

- Analiza el documento 31. ¿Cómo se inició la crisis económica de 2007? ¿Por qué se produjo el colapso del sistema financiero? ¿Por qué se habla de «espiral de la crisis»?

8 Sociedad y cultura de nuestro tiempo

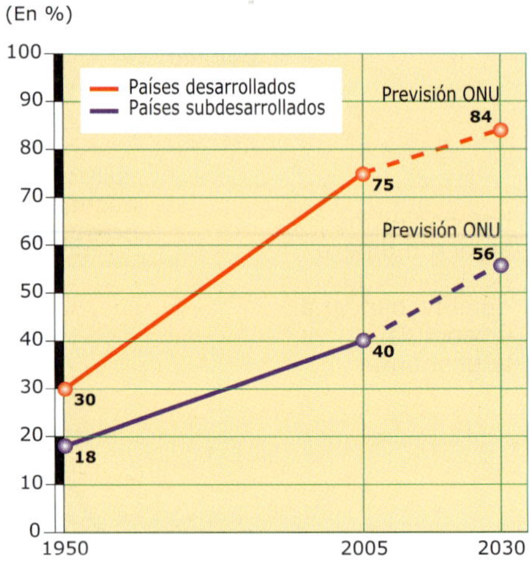

Doc. 34 Evolución de la población urbana en los países desarrollados y en los subdesarrollados.

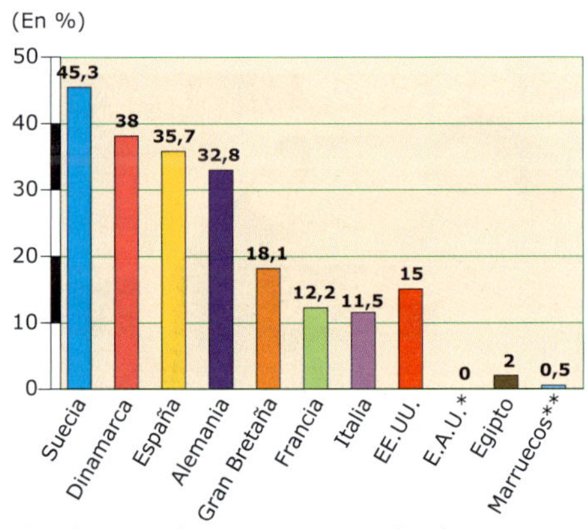

* En los E.A.U., las mujeres no tienen derecho a votar ni a ser electas.
** Desde 2002, la cuota máxima de representación de las mujeres es del 10 %.

Doc. 35 Porcentaje de mujeres en el Parlamento.

IDEAS CLAVE

La economía. ¿A qué se llama «sociedades terciarizadas»?

Las migraciones. ¿Cuál es la causa de la multiculturalidad de nuestras sociedades?

Los movimientos sociales. Explica el origen de las ONG y de los movimientos ecologistas y antiglobalización.

La revolución de la información. ¿Qué son las TIC?

Conceptos nuevos. ¿Qué significa «cultura de masas»?

Una sociedad en transformación

En las últimas décadas se han producido una serie de cambios sociales:

- **Una sociedad urbana y de servicios.** En los países desarrollados, el 75 % de sus habitantes vive en ciudades, frente a un 40 % en los países menos desarrollados; pero las ciudades del Tercer Mundo son las que más crecen (doc. 34). Además, los países desarrollados son hoy **sociedades terciarizadas**. El sector terciario supone el 70 % de la población activa y de la riqueza nacional. En los países del Tercer Mundo el sector terciario genera la mitad de su riqueza.
- **Migraciones y multiculturalidad.** Hay un auge de los movimientos migratorios de los países menos desarrollados a los países occidentales más ricos (doc. 36). Las migraciones han hecho de la multiculturalidad uno de los rasgos de las sociedades modernas.
- **El nuevo papel de la mujer.** Desde los años setenta del siglo XX, en los países occidentales se reconoce la igualdad legal entre hombres y mujeres, aunque en muchas situaciones la mujer es discriminada con salarios menores, y en el hogar continúa realizando la mayoría de las tareas (doc. 35). En muchos países menos desarrollados, carecen de derechos.
- **Movimientos sociales actuales.** Muchas personas colaboran con organizaciones no gubernamentales (ONG) para extender los derechos humanos, prestar ayuda humanitaria, impulsar el desarrollo en los países más pobres, etc. También han surgido organizaciones ecologistas y partidos verdes para la protección del medio ambiente. Las desigualdades entre los países han originado movimientos antiglobalización.

Una preocupación de nuestro tiempo es el **cambio climático**, producido por el aumento de las emisiones de gases de efecto invernadero. Es imprescindible la colaboración de todos los países para ralentizar el proceso (doc. 38).

Una cultura tecnológica y de masas

En muchos países, sobre todo en el mundo occidental, se están produciendo una serie de transformaciones culturales de gran calado.

- **La sociedad de la información.** Las nuevas tecnologías de la información y la comunicación (TIC) nos permiten crear información y compartirla a través de Internet, y comunicarnos con cualquier lugar del planeta. Estados Unidos, Japón y Europa occidental constituyen los centros de innovación y de difusión tecnológica. Pero hay países menos desarrollados que permanecen al margen de esta revolución (doc. 37).
- **El predominio de la cultura de masas.** Muchos bienes culturales se «fabrican» de forma industrial y estandarizada, condicionados por la moda y la rentabilidad de su comercialización en un mercado que supera las fronteras nacionales. Los medios de comunicación de masas (televisión, cine, radio, prensa) son los canales de difusión de esta cultura «común».
- **Los últimos avances científicos.** Sobresale la ingeniería genética, aplicada a la agricultura (cultivos transgénicos), la industria (compuestos biodegradables, vitaminas, etc.) y la medicina (identificación del genoma humano). En el estudio del espacio, la Agencia Espacial de Estados Unidos (NASA) ha enviado varias misiones para explorar el Sistema Solar. Uno de los avances más espectaculares es el acelerador de partículas LCH.

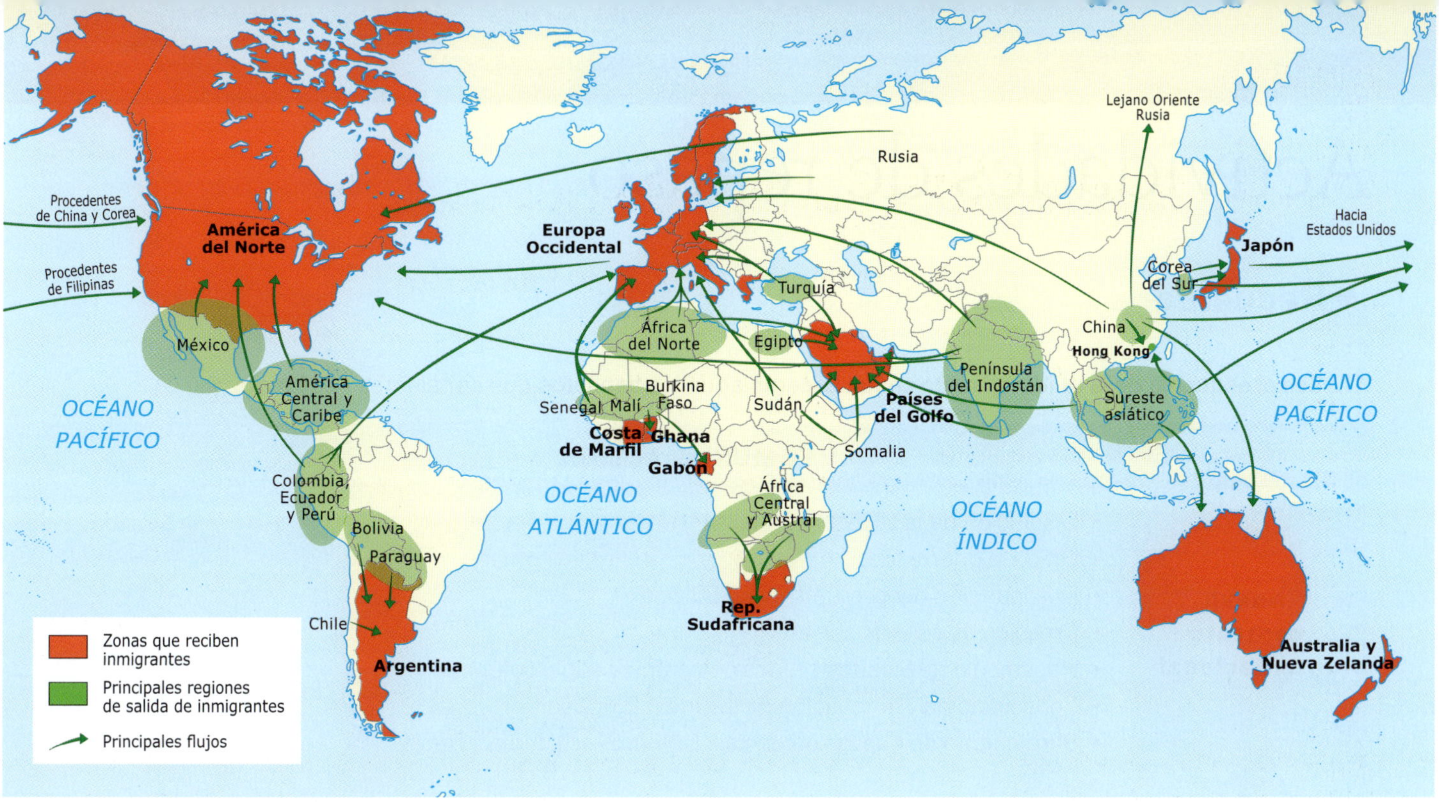

Doc. 36 Principales flujos migratorios mundiales.

ACTIVIDADES

Doc. 37 La brecha digital

El problema de la brecha digital tiene una perspectiva tecnológica, pero también social, cultural y económica, porque todas ellas van entrelazadas entre sí, en mayor o menor medida. La brecha tecnológica supone no poder acceder o no poder o saber utilizar la tecnología. Esta primera exclusión puede deberse a tres razones: por no contar con los medios técnicos y económicos necesarios; por no saber qué hacer con la tecnología, qué provecho sacarle; y por no tener interés alguno en la tecnología. La brecha económica es bien clara; si no tienes dinero para adquirir un PC, para tener una conexión a Internet…, no puedes tener acceso a las oportunidades de las TIC. La brecha social se refiere al hecho de que, según qué estrato social ocupes, tendrás una mayor o menor probabilidad de tener acceso a las TIC. […] Por último, está la brecha educativo-cultural que se refleja en el hecho de, por un lado, estar o no familiarizado con las TIC, su uso, sus capacidades, etc., y por otro, con el hecho de que los contenidos de la Red se encuentren mayoritariamente en un solo idioma, pudiendo provocar una situación de «colonialismo lingüístico».

F. J. García Gómez, en *Pez de plata*

14. ●● Analizar las causas de la brecha digital.

- Lee el documento 37.
  a) Explica qué entiendes por brecha digital. ¿Por qué motivos muchas personas no se benefician de las TIC?
  b) Reflexiona y explica cómo las TIC han cambiado nuestro mundo.

15. ●● Analizar los movimientos migratorios.

- Observa el documento 36:
  a) ¿Cuáles son los principales países y regiones emisores de emigrantes? ¿Y los mayores receptores? ¿Cómo son sus economías?
  b) ¿De qué regiones proceden los inmigrantes que llegan a Europa? ¿Adónde emigran los europeos? Indica qué motivos crees que mueven a unos y otros.

16. ●●● Reconocer las características del cambio climático.

- Analiza el gráfico 38.
  a) ¿Cuáles son las causas y los efectos del cambio climático? Explícalos con tus palabras.
  b) Busca información sobre lo que hacen los gobiernos para ralentizar este proceso. ¿Y las personas, qué podríamos hacer?

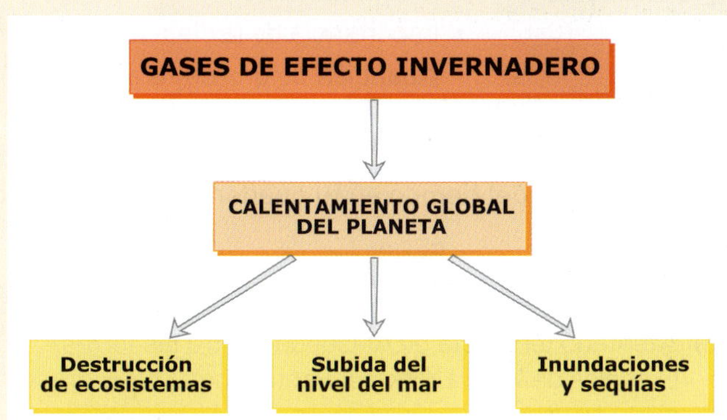

Doc. 38 Causas y efectos del cambio climático.

Actividades de repaso

• Recuerda

17. Lee el esquema de la unidad y anota en tu cuaderno aquellos aspectos que consideres necesarios.

EL MUNDO ACTUAL	
Nuevo contexto internacional	• Disolución de la URSS. • Fin de la guerra fría. • Desaparición del comunismo en Europa. • Creación de nuevos países. • Hegemonía de Estados Unidos como única superpotencia. • Consolidación y ampliación de la Unión Europea. • Surgimiento de nuevas potencias: China, Brasil, India y Rusia.
Conflictos	• Guerras: – Primera Guerra del Golfo: invasión de Kuwait (1990-1991). – Invasión de Afganistán (2001). – Segunda Guerra del Golfo: invasión de Irak (2003). – Conflictos armados en África por problemas étnicos y económicos. Destacan Sudán, Ruanda, Sierra Leona y la República Democrática del Congo. – Conflictos nacionalistas en la antigua Yugoslavia. • Conflicto entre Israel y Palestina. • Irán enriquece uranio, supuestamente para fabricar armas atómicas. • Terrorismo internacional de grupos fundamentalistas islámicos. • Revueltas en el mundo islámico.
La globalización	• Incremento de los flujos financieros y comerciales. • Deslocalización de la producción. • Más acuerdos comerciales entre los países. • Marginación de los países más pobres.
Cambios sociales y culturales	• Sociedades urbanizadas y terciarizadas. • Incremento de las migraciones internacionales. • Mejora de la situación de la mujer. • Nuevos movimientos sociales: ONG, organizaciones ecologistas, partidos verdes, movimientos antiglobalización. • Importancia de la ciencia y la técnica. • Aparición de una cultura global.

18. **Haz una línea del tiempo en tu cuaderno y sitúa los siguientes acontecimientos.**

a) Caída del muro de Berlín.
b) Disolución de la URSS.
c) Atentado terrorista de Al-Qaeda contra las Torres Gemelas de Nueva York y el Pentágono.
d) Firma del Tratado de la Unión Europea.
e) Guerra de Irak y derrocamiento de Sadam Hussein.
f) Tratado de Lisboa.
g) Entrada en circulación del euro.
h) Reunificación de Alemania.
i) «Primavera árabe».

- Escribe un párrafo sobre cada uno de los hechos anteriores en el que expliques qué sucedió y valores su importancia.

19. Los conceptos.

- ¿La Unión Europea es una unión aduanera? ¿Es algo más? Justifica tus respuestas.
- ¿Las teocracias son fundamentalistas?
- Explica el significado de los siguientes conceptos.
  - a) Deslocalización de la producción.
  - b) Sociedad terciarizada.
  - c) BRIC.
  - d) Brecha digital.
- Después, haz una frase con cada uno de ellos que tenga relación con los contenidos que has estudiado.

20. Los personajes.

- Explica el papel histórico de:
  - a) Mijail Gorbachov.
  - b) Slobodan Milosevic.
  - c) Deng Xiaoping.
  - d) Vladimir Putin.

21. Las organizaciones.

- Explica qué son: a) Al-Qaeda, b) ONG.

●● Analiza

22. Las causas.

- Escribe en tu cuaderno las causas que provocaron la disolución de la URSS. Justifica tu elección.
  - a) La crisis económica.
  - b) La falta de libertades.
  - c) El rechazo a la subordinación a la URSS.
  - d) El auge de los nacionalismos.
  - e) El auge de los movimientos pro democráticos.
- ¿Qué «revoluciones» han hecho posible la globalización de la economía? ¿Cómo se manifiesta esta globalización?

23. Los efectos.

- Enumera los efectos económicos, sociales y políticos de las nuevas TIC.

24. Los cambios.

- ¿Cuándo se produjo la reunificación alemana?
- ¿Qué nuevos Estados se crearon tras la disolución de la URSS? ¿Cómo fue el proceso?
- ¿Qué régimen político y económico adoptaron las antiguas repúblicas soviéticas tras la disolución del bloque comunista?
- Copia la tabla y compara los avances políticos y económicos en el ámbito de la Unión Europea.

	CEE	La UE hoy
Países miembros		
Avances económicos y retos		
Avances políticos y retos		

25. Las mentalidades.

- Analiza el nuevo papel de la mujer en la sociedad.
  - a) ¿Cómo se manifiesta este cambio? ¿Qué opinión te merece?
  - b) ¿Qué queda por hacer para que exista una igualdad real entre hombres y mujeres?
  - c) ¿Este mayor protagonismo de la mujer se ha dado en todas las sociedades?
- Señala otros cambios sociales destacables que se hayan producido en las últimas décadas. Explica por qué te parecen importantes.

26. El gráfico.

- Observa el gráfico y responde a las preguntas.

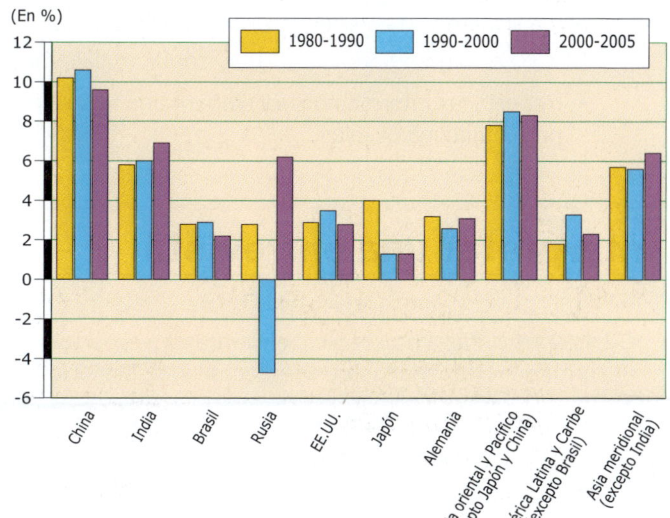

Doc. 39 Crecimiento anual del PIB.

- a) ¿Qué información ofrece este gráfico? Ponle el título que consideres más apropiado.
- b) ¿Cuáles son las principales potencias económicas en la actualidad? ¿Son potencias tradicionales o recientes?
- c) ¿Qué países están teniendo un mayor crecimiento económico? ¿A qué factores obedece?
- d) ¿Esos países se consideran desarrollados o subdesarrollados? ¿Cómo se puede explicar?

●●● Piensa críticamente

27. Los problemas del mundo actual.

- Haz un repaso rápido de los contenidos del tema. Al tiempo que lees los apartados, anota en un papel qué problemas se plantean en ellos. Una vez que hayas terminado el repaso, jerarquiza los problemas de la lista que has escrito, situando arriba el que consideras más importante, y al final, el menos problemático. Explica a tus compañeros la razón de ese orden.

Elaborar un dosier de prensa

Los Nobel de Economía creen que el crecimiento de China potencia el bienestar social global - ELPAÍS.com

http://www.elpais.com/articulo/economia/Nobel/Economia/creen/c

ELPAÍS.com Economía

Inicio Internacional España Deportes Economía Tecnología Cultura Gente y TV Sociedad Opinión Blogs Participa

Bolsas | Fondos | Negocios

ELPAÍS.com > Economía

Los Nobel de Economía creen que el crecimiento de China potencia el bienestar social global

Maskin y Myerson que mañana recibirán el galardón aseguran que la fortaleza del país asiático favorece además al mercado estadounidense

Vota ☆☆☆☆☆ Resultado ★★★★★ 27 votos

El crecimiento económico de los países pobres y el auge de China favorecen al bienestar social global y, en concreto, al mercado de Estados Unidos. Es lo que aseguran Eric S. Maskin y Roger B. Myerson, que mañana recogerán junto a Leonid Hurwicz el premio Nobel de Economía 2007.

"No creo que tenga que haber un conflicto de superpotencias entre China y Estados Unidos. El mundo, en general, va mejorando y a las dos economías más fuertes les puede interesar que el otro tenga éxito", asegura Maskin. Por su parte, Myerson, el otro galardonado, confiesa que "la apertura de China a la inversión libre mercado ha significado uno de los acontecimientos más importantes de mi vida, en la manera que afecta al bienestar humano".

- Los estadounidenses Hurwicz, Maskin y Myerson ganan el Nobel de Economía
- Un Nobel para el diseño de instituciones eficientes

La noticia en otros webs
- webs en español
- en otros idiomas

Lo más visto ...valorado ...enviado

Un dosier de prensa es una recopilación de informaciones que los periódicos y revistas han publicado sobre un tema en concreto. Estas informaciones se recogen durante un período de tiempo determinado y se guardan ordenadas cronológicamente.

Elaborar un dosier de prensa te facilitará el estudio de los temas que están más relacionados con la actualidad.

28. ●● **Escoge uno de los temas que te proponemos a continuación y elabora un dosier de prensa con las noticias, reportajes, estadísticas, etc., que se publiquen sobre él en los próximos 15 días.**

a) La integración europea.
b) China, la gran potencia.
c) El mundo islámico.
d) El conflicto palestino-israelí.

- Recorta las informaciones y elabora una ficha como esta para cada una de ellas.

TÍTULO DEL TEMA CON EL QUE SE RELACIONA	
(Pega la noticia en este hueco)	• Nombre del periódico o revista: • Fecha de publicación: • Resumen de su contenido: • Opinión personal:

Interpretar una entrevista

Las entrevistas a personajes relevantes o a expertos historiadores nos permiten reflexionar sobre acontecimientos históricos.

Doc. 40 Entrevista al historiador británico Eric J. Hobsbawm

–¿Cómo cambiaron los atentados del 7 de julio de 2005 en Londres sus ideas sobre el terrorismo?

Los marxistas siempre hemos sido escépticos con el terrorismo [...]. Por sí solo el terrorismo no puede alcanzar sus metas, ni siquiera la independencia de pequeñas naciones. Ni el 11-S ni el 7-J han cambiado mi opinión al respecto.

–[...] En la era del nacionalismo y de una nueva preocupación por la identidad nacional, han surgido nuevos mitos históricos nacidos simple y llanamente por razones políticas, sectarias y étnicas. ¿Es eso lo que hace que el papel del historiador sea tan decisivo a la hora de desenmascarar falsos mitos?

Tienes razón. Creo en lo que escribió Ernest Renan en 1882. «El olvidar la historia y, de hecho, el error histórico, son factores esenciales en la formación de una nación, y ese es el motivo por el que el progreso de la investigación histórica a menudo constituye un peligro para la nacionalidad.» Los historiadores hoy en día somos la primera línea de defensa contra el avance de mitos peligrosos.

–Otro de los temas de su libro es el imperialismo. ¿Considera que el americano actual es más débil que el español del siglo XVI o el británico del siglo XIX?

[...] En lo relativo a la política de fuerza, no es débil, aunque sea incapaz de dominar el mundo por sí solo. Su economía atraviesa un relativo declive, pero seguirá siendo formidable durante mucho tiempo. Sin embargo, a diferencia del Imperio Británico, que prosperó en una época de paz y escasos gastos en armamento, el imperio de EE. UU. depende de la realidad y el potencial de un poderío militar abrumador para su supremacía.

N. Azancot, *El Cultural* de *El Mundo*, 15 de marzo de 2007

29. ●●● **Analiza la entrevista.**

- Las opiniones del entrevistado.
  a) Según Hobsbawm, ¿las acciones terroristas, como la del 11-S, pueden provocar grandes cambios políticos o sociales?
  b) ¿Por qué se crean mitos históricos?
  c) Explica por qué dice Hobsbawm que «los historiadores hoy en día somos la primera línea de defensa contra el avance de mitos peligrosos».
  d) Según Hobsbawm, ¿cuál es la base del poder estadounidense? ¿Qué peligro encierra?
- La ideología del entrevistado.
  a) ¿Con qué doctrina ideológica relacionarías a Hobsbawm?
- Tu opinión.
  a) ¿Coincides con Hobsbawm en sus valoraciones? ¿Cuál es tu opinión sobre los temas de la entrevista?
  b) ¿Crees que es interesante leer las opiniones de grandes intelectuales? Justifica tu respuesta.

De Hiroshima a Fukushima

El proyecto científico de desarrollo de la bomba atómica se decidió a comienzos de la Segunda Guerra Mundial y recibió el nombre de Proyecto Manhattan. El 16 de julio de 1945 se experimentó la primera bomba de plutonio en el desierto de Nuevo México. Solo veinte días después, el presidente Truman decidió lanzar las bombas atómicas sobre Hiroshima y Nagasaki, a fin de forzar la rendición de Japón.

Pero muchos estudiosos defienden que Truman lanzó la bomba también con otro objetivo: dejar claro ante la URSS, a la que ya se veía como el nuevo enemigo, quién tenía la primacía. El mundo entraba así en la «era nuclear».

A finales de la década de 1950 comenzaron a surgir las aplicaciones pacíficas, con los reactores nucleares como fuente energética alternativa. No obstante, esta tecnología tiene un potencial peligroso, como quedó demostrado con el accidente de 1986 en la central nuclear de Chernobil, en Ucrania, construida con deficientes medidas de seguridad, o el más reciente de Fukushima, en Japón. Debido a estos riesgos, en muchos países hay una creciente oposición a la continuación de los programas nucleares.

Doc. 41 Recordar la tragedia

Las bombas lanzadas sobre Hiroshima y Nagasaki provocaron, respectivamente, 70.000 y 60.000 muertos. Las ciudades quedaron arrasadas por completo.

Concretamente en Hiroshima:

- En los 2 km a la redonda de la explosión, el fuego y el calor mataron instantáneamente a todos los seres humanos, plantas y animales. No quedó en pie ninguna edificación.
- La gran mayoría de los habitantes quedaron expuestos a la lluvia radiactiva, y las consecuencias sobre sus cuerpos no fueron perceptibles hasta días, meses e incluso años después.

Adaptado de http://sepiensa.org.mx

Doc. 42 Mapa de la proliferación nuclear en el mundo.

●●● PASADO Y PRESENTE

30. Analiza la información.

- ¿Qué fue el proyecto Manhattan?
- ¿Qué intereses tenían los estadounidenses al desarrollar la bomba atómica?
- ¿Qué países tienen hoy en día armamento nuclear?
- ¿Qué otro uso tiene la energía nuclear? ¿Qué peligros tiene? Pon ejemplos y busca información sobre ellos en Internet.

31. Expresa tu opinión.

- ¿Piensas que la situación de guerra justifica la utilización de cualquier arma?
- ¿Qué opinas del hecho de que unas armas estén prohibidas por las convenciones internacionales –armas bacteriológicas y químicas– y otras no?
- ¿Piensas que todos los países tienen derecho a poseer armamento nuclear? ¿Por qué?

Los «muros» de nuestro tiempo

En 1989 cayó el muro de Berlín, pero otros muros, visibles o invisibles, han permanecido o se han levantado recientemente. Los intereses económicos, el poder o los conflictos religiosos que los sostienen incrementan las tensiones y luchas mundiales, atentan contra los derechos y las libertades de las personas, y dificultan el desarrollo de los países más pobres.

Doc. 44 Trazado de la barrera israelí de Cisjordania.

El «muro del Apartheid»

En 2002, Israel anunció la construcción de una barrera de seguridad, de unos 700 km de longitud, en Cisjordania. La ONU, que ha condenado esta acción, asegura que el muro causará un grave sufrimiento humano.

Doc. 43 ¿Qué opinan los palestinos?

La construcción de este muro tiene una dimensión principalmente política, no está vinculado a la seguridad. Pues si así fuera lo construirían a lo largo de la Línea Verde (demarcación fronteriza entre Israel y Cisjordania antes de la guerra de 1967), que no penetraría hasta 6 kilómetros –en ciertas partes– dentro de nuestro territorio.
Lo que pretenden es anexar unilateralmente este territorio, utilizando la seguridad como pretexto. Asimismo, quieren incluir los asentamientos judíos de la zona, en la que viven casi el 25 % de los colonos de Cisjordania, que son alrededor de 54.000. Con todo esto, lo que quieren es hacer posible la contigüidad territorial y la soberanía del futuro Estado de Palestina. [...]

El estar rodeados por los cuatro costados (salvo una puerta de 8 metros de ancho para que entremos y salgamos) hace que las distancias entre la ciudad y los pueblos se hayan multiplicado. Por ejemplo, antes se tardaban 5 minutos en ir de Qalquilia a Habla. Ahora es más de media hora de rodeo para llegar hasta el control militar de entrada, donde siempre estamos sujetos a la arbitrariedad del soldado de turno para que nos deje o no pasar.

El muro solo ha venido a exacerbar nuestra crisis económica, que ya había comenzado mucho antes. Desde el inicio de la Intifada hemos tenido pérdidas directas –debido a las operaciones militares y a la destrucción de infraestructuras– de 20 millones de dólares. Y las pérdidas indirectas –es decir, la destrucción de campos de cultivo y el cierre de fábricas, de comercios y tiendas– podrían alcanzar los 300 millones de dólares. Además, hay otra fuente de pérdidas muy importante, que es la confiscación de nuestros pozos de agua subterránea, ya que la mayoría han quedado en las zonas que nos han quitado.

M. ZAHRAN, alcalde de Qalquilia, *BBC Mundo.com*, 8 de agosto de 2003

Doc. 45 ¿Qué opinan algunos israelíes?

Yo puedo hablar del cerco separatorio hoy en construcción, teniendo bien presente el significado del cerco que existe desde hace unos años alrededor de la Franja de Gaza, junto a la cual yo vivo. Fue una decisión adecuada y correcta. [...] Creo que sin el cerco viviríamos en medio de un constante infierno. [...]

No digo en absoluto que todos sean terroristas, ¡Dios no lo permita!, pero el peligro llega de allí y bien sabemos que esa zona es un gran arsenal de explosivos de distintos tipos y hay que tomar medidas contra peligros diversos.

Como ciudadano israelí, creo que un cerco separatorio es una necesidad primordial desde el punto de vista de seguridad.

E. SEGAL, *BBC Mundo.com*, 8 de agosto de 2003

Muros frente a los inmigrantes

Los países desarrollados levantan muros visibles y/o invisibles (políticas de inmigración) con el objeto de regular el establecimiento de extranjeros en su territorio.

Doc. 46 Muro estadounidense en la frontera con México.

Se calcula que en Estados Unidos viven 11 millones de inmigrantes ilegales. Para frenar la entrada ilegal de mexicanos, en diciembre de 2005 el gobierno estadounidense aprobó la construcción de un muro de más de mil kilómetros a lo largo de la frontera que separa ambos países.

El muro de las dictaduras

En los países dictatoriales se intenta que la población viva aislada de las influencias externas y se levantan «muros invisibles». Por ejemplo, se controlan los medios de comunicación y se considera un delito abandonar el país sin permiso.

Doc. 47 Emigrar, un delito en Cuba

[En Cuba] el gobierno decide quién puede y quién no puede salir del país. Esa es su política migratoria. [...] Los gobernantes de Cuba dicen que firmaron acuerdos migratorios con Estados Unidos porque quieren garantizar una migración ordenada y legal; sin embargo, esto no es tan así y muchas veces su política migratoria constituye un útil instrumento de chantaje político.

Solo como chantaje se puede considerar la negativa dada recientemente a la periodista independiente Ohalis Victore Ilibarren de emigrar legalmente a Estados Unidos. [...] El 14 de febrero había recibido el estatus de refugiada política concedido por el Departamento de Refugiados de la Sección de Intereses de los Estados Unidos en La Habana. Ahora el gobierno le niega su derecho a emigrar y todo por el ejercicio de la opinión libre.

M. J. VIERA GONZÁLEZ, *Cuba Voz*, 24 de abril de 2000

Las barreras comerciales

Las políticas comerciales de los países ricos impiden a los países subdesarrollados salir de la pobreza. Según Naciones Unidas, las barreras comerciales que enfrentan los países en desarrollo cuando exportan a los países ricos son tres veces superiores a las que enfrentan los países ricos cuando comercian entre sí.

Doc. 48 Aranceles y subsidios

Incluso los países en desarrollo con una canasta diversificada de productos competitivos tropiezan con las barreras comerciales. Los aranceles, por ejemplo, pueden ir del 14 % para los productos agrícolas y el 8 % para las manufacturas intensivas en mano de obra hasta el 3 % en el caso de los productos industriales. Otro tipo de barrera son los rigurosos criterios sanitarios y ecológicos que imponen los países desarrollados a una serie de exportaciones de los países en desarrollo. Un ejemplo bien conocido es el de la empresaria mauritana que, a pesar de considerables esfuerzos e inversiones, no logró exportar su queso de camella a la Unión Europea en razón de las estrictas normativas vigentes.

Los subsidios que los países ricos pagan a sus productores nacionales crean una barrera comercial aún más imponente, ya que impiden que las exportaciones de los mismos productos procedentes de los países en desarrollo sean competitivas en los mercados mundiales. El algodón, cuyo precio en el mercado mundial ha caído un 15 % en lo que va de año, constituye un ejemplo significativo.

UNCTAD, Informe de 2004

Doc. 49 Cubanos intentando alcanzar las costas de Miami.

●●● PASADO Y PRESENTE

32. Utiliza el pasado para comprender el presente.

- Comprueba tus conocimientos.
  a) ¿Cuándo estalló el conflicto palestino-israelí?
  b) ¿Cuál fue la causa?
  c) ¿Qué es la Intifada?
- Analiza los documentos 43 y 44. ¿Qué es la Línea Verde? ¿Sigue el muro este límite? Según el alcalde de Qalquilia, ¿qué pretenden los israelíes con su construcción? ¿Qué perjuicios ha causado a la población palestina?
- Analiza el documento 45. ¿Cómo justifica Segal la construcción del muro?

33. Reflexiona y da tu opinión.

- Observa el documento 46 y haz las actividades.
  a) Imagina que vives en un país muy pobre. Describe cómo crees que sería tu vida: si estarías bien alimentado, si podrías estudiar o tendrías que trabajar, qué ropas llevarías, cómo te divertirías... Compara esa situación con la que tienes en España. ¿Emigrarías a otro país para mejorar tu calidad de vida?
  b) Ahora piensa en qué problemas puede provocar en un país la entrada masiva de inmigrantes en poco tiempo; por ejemplo, el colapso de los servicios sanitarios, la falta de viviendas para alojar a esa población...
  c) ¿Consideras que deben levantarse «muros» frente a la inmigración?
- Lee el documento 47. ¿Crees que un gobierno debe decidir si una persona puede o no irse del país?
- En numerosas ocasiones, las grandes organizaciones internacionales, como la ONU o la OMC, han denunciado los aranceles y los subsidios que establecen los países ricos, que frenan el crecimiento económico y el comercio de los países más pobres. Lee el documento 48 y explica por qué sucede.

TEMA

16

España: transición y democracia

COMPETENCIAS QUE VAS A PRACTICAR

- Social y ciudadana: en todo el tema.
- Comunicación lingüística: actividades 1, 2, 3, 6, 7, 8, 9, 26, 27 y 28.
- Matemática: actividades 2, 4, 8, 9 y 10.
- Tratamiento de la información: actividades 2, 5, 23, 24, 25, 26, 27 y 29.
- Aprender a aprender: actividades 12, 13 y 19.
- Autonomía e iniciativa personal: actividades 5, 6, 7, 9, 11 y 28.

NO TE LO PIERDAS

Libros

- *Romanticismo*, Manuel Longares.
- *Anatomía de un instante*, Javier Cercas.

Películas

- *7 días de enero*, de Juan Antonio Bardem, 1979.
- *Pasos*, de Federico Luppi, 2005.

Enlaces

- La transición http://www.artehistoria.jcyl.es/histesp/contextos/7451.htm
- La democracia española http://www.historiasiglo20.org/HE/16.htm

Fechas clave

1975 — 1980 — 1985

- **1975** Muerte de Franco.
- **1977** Elecciones libres. Victoria de UCD. Se restablece la Generalitat de Cataluña.
- **1978** Se aprueba la Constitución. Se crea el Consejo General Vasco. Se instituye la Xunta de Galicia.
- **1979** UCD vuelve a ganar las elecciones.
- **1981** Intento de golpe de Estado.
- **1982** España ingresa en la OTAN. Victoria del PSOE.
- **1986** Incorporación de España a la CEE. El PSOE revalida la mayoría absoluta en las elecciones.
- **19** Victor del PSO

Protagonistas

Adolfo Suárez

Principal protagonista de la transición. Con UCD ganó las elecciones de 1977 y 1979. En su mandato se aprobó la Constitución.

Felipe González

Elegido secretario general del PSOE en 1974, llevó su organización hacia posiciones socialdemócratas. Presidió el gobierno de España de 1982 a 1996, período en que el país se modernizó e ingresó en la CEE.

- La muerte de Franco, en 1975, significó el fin de la dictadura en España y el comienzo de un proceso de cambio político hacia la democracia denominado transición. En este período de siete años se aprobó la Constitución, se concedieron los primeros Estatutos de Autonomía y se inició el proceso de adhesión de España a la actual Unión Europea.
- Desde entonces, la democracia se ha consolidado en nuestro país; España se ha europeizado y ha aumentado su presencia en el exterior.

1992 Tratado de Maastricht. Juegos Olímpicos en Barcelona y Exposición Universal en Sevilla.

1993 El PSOE gana las elecciones por cuarta vez consecutiva.

1995

1996 Victoria del PP.

2000 El PP gana las elecciones con mayoría absoluta. Ley de Extranjería.

2002 Entrada en vigor del euro.

2003 Intervención militar en Irak.

2004 Atentados islamistas del 11-M. Victoria del PSOE.

2005 Legalización del matrimonio homosexual.

2008 Comienza la crisis económica. Vence en las elecciones el PSOE. España gana la Eurocopa de fútbol.

2010 España gana el Mundial de fútbol.

2011 ETA anuncia el cese definitivo de su actividad armada. Victoria electoral del PP.

José María Aznar
Presidente del PP desde 1990, logró el triunfo de su partido en las elecciones generales de 1996. Presidió el gobierno hasta 2004.

José Luis Rodríguez Zapatero
Secretario general del PSOE desde 2002, ganó las elecciones generales en 2004 y logró ser reelegido para un segundo mandato en 2008.

Mariano Rajoy
Ocupó diversos ministerios y la vicepresidencia en los gobiernos del PP entre 1996 y 2003, fecha en la que se convirtió en secretario general de su partido. Ganó las elecciones generales de 2011.

1 Una transición sin ruptura

Doc. 1
Manuel Fraga (1922-2012)

Desempeñó diversos cargos durante el franquismo. En 1976, fundó el partido Alianza Popular, que luego se convirtió en el Partido Popular, y lo presidió hasta 1989. Fue presidente de la Xunta de Galicia de 1989 a 1997.

Doc. 2
Santiago Carrillo

Secretario general del Partido Comunista de España en el exilio desde 1960. En 1976 retornó al país y apoyó el pacto entre partidos que permitió la transición y que elaboró la Constitución de 1978.

La transición fue el proceso de cambio de régimen político de la dictadura franquista a la democracia. Este proceso se inició tras la muerte de Franco, en 1975, y finalizó en 1982, con la primera alternancia pacífica en el gobierno.

De la muerte de Franco a la llegada de Suárez al poder

En 1975 murió el general Franco. **Juan Carlos I fue coronado rey** y asumió la jefatura del Estado. En el discurso de coronación, el monarca manifestó su deseo de instaurar en España un sistema democrático.

Juan Carlos I decidió mantener a **Carlos Arias Navarro** como jefe de gobierno. Este renovó su equipo incorporando a varios ministros reformistas. Pero el avance hacia unas estructuras democráticas era demasiado lento y la oposición manifestó su descontento en sucesivas manifestaciones. Finalmente, en julio de 1976, el rey forzó a Arias Navarro a dimitir del cargo.

Le sucedió **Adolfo Suárez**, que llevó a cabo una serie de reformas que abrieron el camino hacia un sistema democrático. El primer paso fue la aprobación de la **Ley para la Reforma Política** (1976), respaldada por los españoles en referéndum. Después, el gobierno de Suárez decretó una amnistía* para los presos políticos, legalizó los partidos políticos, incluido el Partido Comunista (doc. 2) y convocó elecciones en junio de 1977. Eran las primeras elecciones libres que se celebraban en España desde 1936.

Pero este proceso se desarrolló en una situación muy tensa:

- Existía una grave crisis económica.
- Se intensificaron los atentados terroristas, no solo de ETA, sino también del GRAPO y de grupos de extrema derecha.
- La legalización del Partido Comunista y los atentados terroristas provocaron un profundo malestar en el Ejército.

Primeras elecciones y política de consenso

Las elecciones de 1977 dieron la victoria a la **Unión de Centro Democrático (UCD)**, liderada por Adolfo Suárez. El PSOE fue el segundo más votado, seguido a mucha distancia por el Partido Comunista (PCE), Alianza Popular (actual PP) y los partidos nacionalistas catalán y vasco. Las Cortes resultantes tenían como labor principal acordar una constitución democrática.

El nuevo gobierno, que no tenía mayoría absoluta*, practicó una política de **consenso**, buscando acuerdos con las diferentes fuerzas políticas.

- Los partidos representados en el Parlamento y los sindicatos firmaron los **Pactos de la Moncloa** para abordar la grave crisis económica del país.
- Se redactó una **Constitución plenamente democrática**, que fue aprobada por una amplia mayoría de la población en 1978.
- Se llegó a un acuerdo para poner en marcha un sistema político que otorgara **autonomía a las diferentes regiones españolas**, y se concedieron los primeros Estatutos de Autonomía a Cataluña y el País Vasco.

De esta forma, entre 1977 y 1979 se crearon las bases de nuestra democracia y surgieron los partidos que protagonizarían la vida política española.

GLOSARIO

Amnistía. Perdón oficial de los delitos que exime de cumplir las penas a las personas que los han cometido.

Mayoría absoluta. Aquella mayoría en la que un partido político posee al menos la mitad más uno de los diputados del Parlamento.

El intento golpista del 23-F y la consolidación de la democracia

En 1979 se convocaron nuevas elecciones, que volvió a ganar la UCD. Sin embargo, la persistencia de la crisis económica y la división interna en esta coalición provocaron la **dimisión de Suárez** a comienzos de 1981.

El **23 de febrero de 1981**, durante la sesión parlamentaria en la que se votaba a Leopoldo Calvo Sotelo como sucesor a la presidencia, se produjo un intento de golpe de Estado. La actuación del rey y la falta de apoyo de los partidos políticos y de la población fueron decisivos para que el golpe fracasara (**docs. 3 a 5**).

El gobierno de Calvo Sotelo tuvo que afrontar el agravamiento de la crisis económica y un aumento de la actividad terrorista. Su decisión más importante fue el **ingreso de España en la OTAN**, en 1982.

Las elecciones de octubre de 1982 dieron el triunfo, por mayoría absoluta, al PSOE. Esta primera alternancia política pacífica se suele considerar el final de la transición.

IDEAS CLAVE

Conceptos nuevos. ¿A qué nos referimos cuando hablamos de la transición española? ¿Qué hechos marcan su inicio y su fin?

Los protagonistas. ¿Qué partidos protagonizaron la transición? ¿Cuáles siguen existiendo? ¿Cuáles han cambiado de nombre?

El proceso. ¿Qué hechos destacarías en el proceso de democratización? ¿Consideras que el paso de la dictadura a la democracia fue fácil?

ACTIVIDADES

Doc. 3 **¡Quieto todo el mundo!** Esta fue la orden dada por el teniente coronel Antonio Tejero Molina tras irrumpir, al frente de un grupo de guardias civiles, en el Congreso de los Diputados la tarde del 23 de febrero de 1981. El gobierno y los diputados fueron secuestrados durante varias horas.

Doc. 4 Discurso del rey en la madrugada del 24-F

Al dirigirme a todos los españoles [...] pido a todos la mayor serenidad y confianza y les hago saber que he cursado a los Capitanes Generales [...] la orden siguiente:

[...] Confirmo que he ordenado a las autoridades civiles y a la Junta de Jefes de Estado Mayor que tomen todas las medidas necesarias para mantener el orden constitucional dentro de la legalidad vigente. [...]

La Corona, símbolo de la permanencia y unidad de la Patria, no puede tolerar en forma alguna acciones o actitudes de personas que pretendan interrumpir por la fuerza el proceso democrático que la Constitución votada por el pueblo español determinó en su día a través de referéndum.

S. M. JUAN CARLOS I

Doc. 5 **Cuatro días después de la intentona golpista, más de un millón y medio de personas se manifestaron en Madrid bajo el lema «Por la libertad, la democracia y la Constitución».**

1. ●● Analizar el 23-F.

- Observa y lee los documentos 3, 4 y 5.
  - a) ¿Quiénes perpetraron el intento golpista del 23-F? ¿Qué motivos crees que los impulsaron a llevarlo a cabo?
  - b) ¿Cuál fue la respuesta del rey?
  - c) ¿Y la de los partidos políticos? ¿Y la de la gran mayoría de los españoles? ¿Cómo mostraron su apoyo a la democracia?
  - d) ¿Qué hubiera pasado si el golpe de Estado no hubiera fracasado?
- Pregunta a tus padres o a otras personas mayores cómo vivieron este suceso.

2 La Constitución y el Estado de las Autonomías

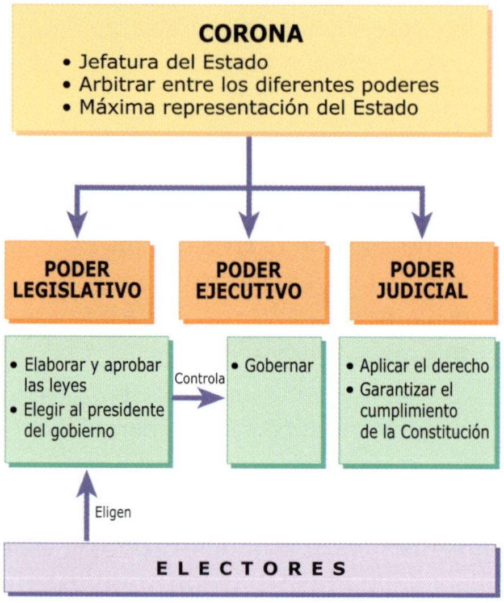

Doc. 6 Sistema político del Estado español.

Desde 1978, la Constitución es la base de nuestro sistema político. Nos garantiza una serie de derechos y libertades, y reconoce el Estado de las Autonomías como forma de organización territorial.

La Constitución de 1978

En 1978 los españoles aprobamos en referéndum una constitución redactada por acuerdo entre los principales partidos políticos del país. En el texto de esta Constitución:

- España se define como un **Estado social y democrático de Derecho**; social porque el Estado interviene para lograr una sociedad más justa, y de Derecho porque las leyes obligan a todos los españoles.
- Se reconoce que la **soberanía nacional** reside en el pueblo español, que elige a sus representantes en el gobierno mediante elecciones libres.
- La forma política del Estado es la **Monarquía parlamentaria**.
- Se establece la **separación de poderes**: las Cortes Generales ejercen el poder legislativo; el gobierno, el poder ejecutivo; y los jueces y magistrados, el poder judicial **(doc. 6)**.
- Se garantiza un amplio repertorio de **derechos y libertades**.
- Se reconoce el **Estado de las Autonomías**.

Algunas instituciones, como el **Tribunal Constitucional** y el **Defensor del Pueblo**, tienen como misión velar por que las leyes y las autoridades respeten la Constitución y que no se vulneren los derechos y libertades.

El Estado de las Autonomías

Con el fin de la dictadura, los sentimientos nacionalistas afloraron de nuevo en Cataluña, el País Vasco y Galicia. La demanda de autonomía se extendió a otras regiones durante la transición.

Las reivindicaciones nacionalistas comenzaron a ser atendidas desde 1977 por el gobierno de Adolfo Suárez. Se reconoció entonces la autonomía de las tres regiones que ya la habían obtenido durante la Segunda República: Cataluña recuperó la Generalitat en 1977, y en 1978 se estableció el Consejo General Vasco y se instituyó la Xunta de Galicia.

Tras la aprobación de la Constitución de 1978 se definió el modelo autonómico y se inició el proceso de concesión de los diferentes Estatutos aprobados por las Cortes. Este proceso culminó en 1983.

Hoy, España está constituida por 17 Comunidades y 2 Ciudades Autónomas. Cada una tiene su respectivo **Estatuto de Autonomía**, que regula sus competencias y funcionamiento, y unas **instituciones de gobierno propias** (Parlamento, gobierno y Tribunal Superior de Justicia autonómicos).

La cuestión autonómica ha sido una fuente constante de conflictos. Por un lado, se enfrentan el gobierno y las instituciones regionales, que desean ampliar sus competencias y financiación. Pero también se enfrentan las Comunidades entre sí, por las diferencias entre los Estatutos y, sobre todo, por el temor de las Comunidades más pobres a que las más ricas no cumplan con el principio constitucional de solidaridad entre las regiones.

IDEAS CLAVE

Conceptos nuevos. ¿Qué es una Constitución? ¿Y un Estatuto de Autonomía?

La Constitución. ¿Cómo es el sistema político español?

Las instituciones. ¿Qué instituciones velan por el respeto de los derechos y libertades?

El proceso autonómico. ¿Con qué gobierno comenzaron a ser atendidas las reivindicaciones nacionalistas? ¿Qué Comunidades fueron las primeras en tener un Estatuto de Autonomía? ¿Hay conflictos autonómicos en la actualidad? ¿A qué se deben?

ACTIVIDADES

Doc. 7

Artículo 2

La Constitución se fundamenta en la indisoluble unidad de la Nación española, patria común e indivisible de todos los españoles, y reconoce y garantiza el derecho a la autonomía de las nacionalidades y regiones que la integran y la solidaridad entre todas ellas.

Constitución española

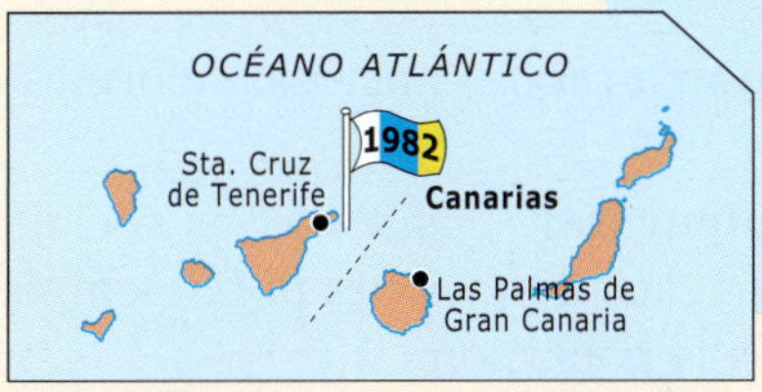

Doc. 8 Mapa político de España.

Comunidad Autónoma	Superficie (en km²)	Habitantes	Densidad de población (hab/km²)	PIB (en % sobre el total nacional)	PIB per cápita (en euros por habitante)
Andalucía	87.598	7.975.672	91	13,7	18.507
Aragón	47.720	1.277.471	27	3,1	26.323
Asturias (Principado de)	10.604	1.076.896	101	2,2	22.559
Baleares (Islas)	4.992	1.001.062	200	2,5	25.967
Canarias	7.447	1.995.833	268	4	21.105
Cantabria	5.321	568.091	107	1,3	24.509
Castilla y León	94.225	2.523.020	27	5,3	23.361
Castilla-La Mancha	79.462	1.932.261	24	3,4	18.471
Cataluña	32.113	7.134.697	222	18,6	28.095
Comunidad Valenciana	23.255	4.806.908	207	9,7	21.468
Extremadura	41.635	1.086.373	26	1,7	16.828
Galicia	29.574	2.767.524	93	5,2	20.619
Madrid (Comunidad de)	8.028	6.008.183	748	17,7	31.110
Murcia (Región de)	11.313	1.370.306	121	2,6	19.692
Navarra (Comunidad Foral de)	10.390	601.874	58	1,7	30.614
País Vasco	7.235	2.133.684	295	6,3	32.133
Rioja (La)	5.045	306.377	61	0,7	25.895
Ceuta (Ciudad Autónoma de)	19	75.861	3.993	0,1	22.320
Melilla (Ciudad Autónoma de)	13	66.871	5.144	0,1	21.493

Doc. 9 Desequilibrios entre las Comunidades Autónomas.

2. ●●● Conocer el Estado de las Autonomías y valorar los desequilibrios.

- Observa el documento 8.
  - a) Enumera las Comunidades y Ciudades Autónomas del Estado español.
  - b) ¿Cuál es la capital de cada una de ellas?
  - c) ¿Cuáles fueron las primeras en lograr la aprobación de su Estatuto? ¿Y las últimas?
- Lee el documento 7.
  - a) ¿Podría España constituirse en una federación de Comunidades Autónomas?
  - b) ¿Qué supone el principio de solidaridad recogido en este artículo? ¿Por qué genera conflictos?
- Analiza el documento 9.
  - a) ¿Qué Comunidades generan más riqueza? ¿Cuáles menos?
  - b) ¿En qué Comunidades la renta per cápita es más alta? ¿En cuáles es más baja?
- Entra en http://www.boe.es/aeboe/consultas/enlaces/documentos/ConstitucionCASTELLANO.pdf. Pulsa sobre el Título VIII y lee los artículos 148 y 149. Investiga si una Comunidad Autónoma podría legislar sobre las carreteras estatales que atraviesan su territorio, sobre la enseñanza y sobre la inmigración.

3 Los gobiernos de la democracia

Doc. 10 Firma del Tratado de Adhesión de España a la CEE.

Desde 1982 se ha consolidado la democracia en España. En estos años, dos grandes partidos de ámbito nacional, el PSOE, a la izquierda, y el PP, a la derecha, se han alternado en el poder.

La primera fase socialista (1982-1996)

El PSOE ganó las elecciones de 1982 por mayoría absoluta (doc. 11), y hasta 1996 se sucedieron gobiernos socialistas, presididos por **Felipe González**. Ha sido, por el momento, la etapa más larga de gobierno de un partido en toda la historia democrática de España.

• La política interior

Los gobiernos socialistas llevaron a cabo numerosas reformas que modernizaron nuestro país:

- Se amplió el **Estado del bienestar**. Los servicios sociales públicos, como la sanidad, la educación, las prestaciones por desempleo o las pensiones, se extendieron a toda la población.
- Se realizaron **obras públicas** que mejoraron la red de transportes, en particular autovías y las primeras líneas ferroviarias de alta velocidad.
- Se atendió a la **seguridad pública**, con la reforma del Ejército y los acuerdos de cooperación antiterrorista con Francia para luchar contra ETA.
- Se **reformó la economía**, mediante una dura política de ajuste y de reconversión industrial que permitió superar la crisis que atravesaba el país y lograr un importante crecimiento económico en la segunda mitad de los años ochenta. Pero este crecimiento tuvo dos limitaciones: el desempleo, que siguió aumentando hasta alcanzar el 24 % en 1993, y la elevada deuda del Estado.

Desde finales de los años ochenta, la disminución de la popularidad del gobierno socialista fue evidente. Esta se debió al empeoramiento de la situación económica y el aumento del paro, pero, sobre todo, a los **escándalos de corrupción** política en que se vieron envueltas personalidades del PSOE o próximas al partido, y al escándalo de los **GAL** (Grupos Antiterroristas de Liberación), destinados a combatir a ETA con sus mismos métodos y en los que se vieron implicados miembros de las fuerzas de seguridad del Estado y del gobierno socialista.

El electorado castigó al PSOE por estos escándalos: así, en los comicios de 1993 el Partido Socialista perdió la mayoría absoluta (doc. 11), y en 1996, las elecciones generales.

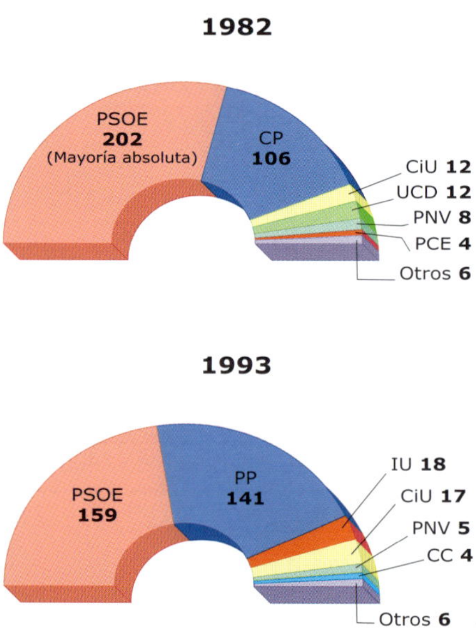

Doc. 11 Resultados de las elecciones de 1982 y 1993.

• El referéndum de la OTAN

El cambio de régimen político suponía la oportunidad para España de entrar a formar parte de la Comunidad Económica Europea (CEE), una petición que había sido denegada por esta organización durante la dictadura.

Pero el proceso de incorporación de España a la CEE ya fue iniciado por los gobiernos de UCD y la adhesión a la alianza defensiva de la OTAN, a la que pertenecían casi todos los países de Europa Occidental, se puede considerar un paso previo a la aceptación del ingreso en la Comunidad Económica Europea. Por ello, durante el mandato de Calvo Sotelo se realizó la **incor-**

poración de España a la OTAN, el 30 de mayo de 1982 en medio de una gran oposición popular alentada por el PSOE, partidario de mantener la neutralidad del país y de someter tal decisión a referéndum.

Sin embargo, la experiencia de gobierno hizo que el PSOE considerara conveniente para los intereses nacionales continuar en la Alianza militar. En 1986 cumplió la promesa electoral de someter la permanencia de España en la OTAN a una **consulta popular**, pero apoyó el voto afirmativo con tres condiciones: no integrarse en la estructura militar, no introducir armamento nuclear en el territorio español y reducir la presencia militar estadounidense en nuestro país. El Partido Socialista logró el respaldo popular, aunque por un escaso margen.

• La adhesión a la actual Unión Europea

Al mismo tiempo, se reanudó el proceso de incorporación a la CEE. El PSOE decidió estrechar los lazos con los países que pudieran favorecer su entrada en la organización, que eran principalmente Francia, Alemania y Reino Unido. Además, adoptó duras medidas para sanear la economía y hacerla más competitiva, ajustándola a la del resto de los países miembros, que en general tenían un mayor nivel de desarrollo.

Como resultado de estas políticas, el 12 de junio de 1985 España firmó el Tratado de Adhesión, que entró en vigor el **1 de enero de 1986**, convirtiéndose en uno de los miembros de la «Europa de los Doce». La incorporación de España a la CEE fue un paso decisivo para la modernización económica de nuestro país (**doc. 12**).

IDEAS CLAVE

Las fechas. ¿Cuándo se incorporó España a la OTAN? ¿Y a la UE?

El proceso. Describe el proceso de incorporación de España a esas organizaciones. ¿Fue un proceso largo o breve? ¿Contó con el apoyo de la mayoría de la población?

ACTIVIDADES

Doc. 12 Los efectos de la integración en Europa

Todos [...] coinciden en reconocer el valor enorme de la incorporación a Europa, en que ha sido un motor primordial en la transformación experimentada por España en este período.

El euroentusiasmo español tiene sus razones contables. En estos 20 años se han recibido 174.734 millones de euros frente a los 96.602 que se aportaron, con un saldo neto de 78.131 millones. Son ayudas que han representado en torno al 0,8 % del PIB anual como media y han permitido crear unos 298.000 empleos en cada ejercicio. Con esos fondos se han financiado cuatro de cada diez kilómetros de las autovías y autopistas que hay en España, y se ha dado el salto a la alta velocidad ferroviaria.

Los europeos son los principales clientes de la principal industria: el turismo. [...] Más de 170.000 jóvenes españoles han estudiado en universidades extranjeras gracias al Programa Erasmus de la UE [...].

«Sin esas sumas se hubiera mermado nuestro crecimiento. Pero no creo que sea lo principal que hemos recibido. Lo mejor es la apertura de fronteras, tener una economía abierta y la modernización del país», dice el socialista Joaquín Almunia, hoy comisario europeo.

El País, «Dos décadas que han cambiado España», 2005

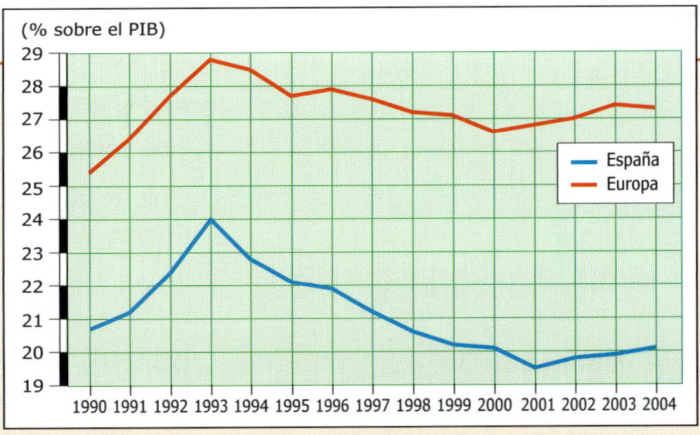

Doc. 13 Evolución del gasto en protección social en España y en la UE.

3. ●● Reconocer el papel de la Unión Europea en la modernización de España.

- Lee el documento 12 y señala los beneficios que ha tenido para España su incorporación a la UE. ¿Añadirías otros?
- ¿Qué cosas cambiarían en tu vida si España no se hubiera incorporado a la UE? Justifica tu respuesta.

4. ●● Analizar la evolución del gasto social.

- Observa el documento 13.
  a) ¿Cómo ha sido la evolución del gasto social en nuestro país?
  b) ¿Cuál es la situación de España respecto a la UE?

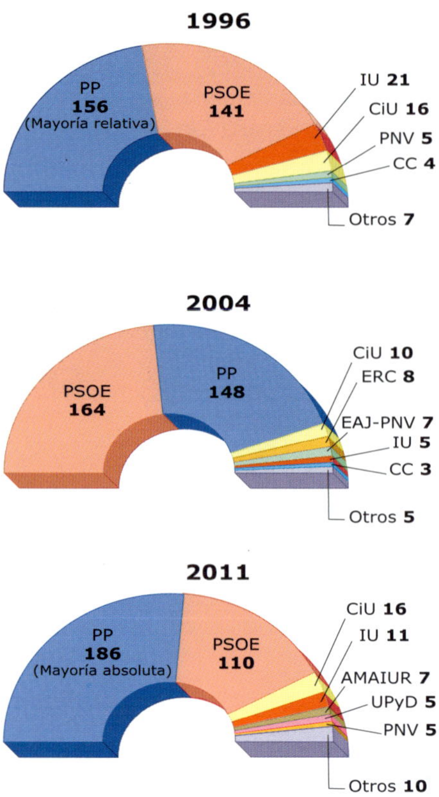

Doc. 14 Resultados de las elecciones de 1996, 2004 y 2011.

Los primeros gobiernos del Partido Popular (1996-2004)

En 1996 el Partido Popular (PP) ganó las elecciones generales y su líder, **José María Aznar**, fue encargado de formar gobierno (doc. 14). Durante su primera legislatura, el PP no contó con mayoría absoluta, por lo que pactó con los nacionalistas catalanes, vascos y canarios.

En estos cuatro años, el gobierno del PP se centró en la economía: logró **disminuir la deuda del Estado**, en parte gracias a la venta de empresas públicas, que pasaron a manos privadas, y **reducir el desempleo**. Para llevar a cabo su política económica, el PP firmó pactos con los principales sindicatos. La mejora económica permitió a España cumplir los requisitos para adoptar la moneda única europea, el **euro**, que sustituyó a la peseta en enero de 2002.

En el año 2000, el PP volvió a ganar las elecciones, pero esta vez con mayoría absoluta. En esta segunda legislatura, el gobierno popular acometió diversas reformas, como la **Ley de Partidos Políticos**, que declaraba ilegales a aquellos partidos que no condenasen la violencia; y promulgó la **Ley de Extranjería**, que intentaba evitar la entrada ilegal de inmigrantes.

Algunas medidas despertaron el descontento de parte de la población. El descenso de la popularidad del gobierno se acentuó cuando este secundó la **intervención militar en Irak** de EE.UU. y Reino Unido en 2003.

El **11 de marzo de 2004**, una serie de atentados islamistas en varios trenes de cercanías provocaron en Madrid la muerte de 191 personas e hirieron a otras 1.500. Tres días después, en medio de la conmoción social, se celebraron nuevos comicios.

La vuelta de los socialistas al poder (2004-2011)

El PSOE, bajo la dirección de **José Luis Rodríguez Zapatero**, ganó las elecciones de 2004, pero no obtuvo la mayoría absoluta (doc. 14).

Una de las primeras medidas del nuevo gobierno fue retirar las tropas destinadas en Irak, lo que causó disgusto en Estados Unidos.

En esa legislatura el PSOE realizó una **política de carácter social**: se aprobó el matrimonio entre personas del mismo sexo, la Ley de Dependencia y la Ley contra la Violencia de Género; se modificó la Ley del Divorcio, etc. Estos cuatro años fueron un período de fuerte **crecimiento económico** y de **reducción del desempleo**. Uno de los aspectos más polémicos fue la reforma de los estatutos de varias Comunidades Autónomas, que provocó un fuerte enfrentamiento con el Partido Popular.

El PSOE volvió a ganar las elecciones en marzo de 2008. El problema más importante al que tuvo que enfrentarse el nuevo gobierno fue el de la **crisis económica** internacional, agravado en España por la crisis del sector inmobiliario, motor del crecimiento en los últimos años. La consecuencia más grave de la crisis fue el fortísimo **aumento del paro**.

Esta segunda legislatura se caracterizó por serios **recortes sociales** para hacer frente a la crisis, que deterioraron la imagen del presidente. Por otra parte, la credibilidad de la clase política se vio afectada por numerosos escándalos de corrupción en los que estaban implicados varios partidos. El aspecto más positivo fue que, en 2011, la banda terrorista **ETA**, ahogada por la presión policial, anunció que **renunciaba al terrorismo**.

En noviembre de 2011 ganó las elecciones el Partido Popular (doc. 14), y **Mariano Rajoy** fue nombrado presidente del gobierno.

IDEAS CLAVE

Los gobiernos. ¿Qué dos partidos se han alternado en el poder desde 1982? Señala el período de gobierno de cada uno de ellos.

Los líderes. ¿Cuáles han sido los líderes políticos?

Los logros. ¿Cuáles han sido los logros más destacados de los gobiernos socialistas? ¿Y de los gobiernos populares?

Los fracasos. ¿Qué hechos restaron popularidad a cada uno de esos gobiernos?

La actualidad. ¿Qué partido gobierna hoy en España? ¿Cómo calificarías su ideología, de izquierda, de centro o de derecha? ¿Por qué?

ACTIVIDADES

5. ●● Analizar movimientos ciudadanos.

- Observa el documento 15:
  - a) ¿Qué gobierno apoyó la intervención en Irak en 2003?
  - b) ¿Cuál fue la respuesta de los ciudadanos cuando el gobierno español secundó la intervención?
  - c) ¿Qué habrías hecho tú? Justifica tu respuesta.

Doc. 15 Manifestación de protesta contra la intervención militar en Irak.

Doc. 16 El euro como moneda única

La lista de ventajas aportadas por el euro, según economistas, empresarios y ejecutivos españoles, sería casi interminable: estabilidad macroeconómica, mayores posibilidades de crecimiento, un mercado exterior más amplio y seguro, mayor y mejor financiación, fuerte incremento de las inversiones, simplificación administrativa, transparencia de precios, eliminación de los costes de divisas y de los riesgos de cambio, *stop* a las devaluaciones, mayores posibilidades de internacionalización incluso para las *pymes*. Y a las desventajas, que también las hay –el euro caro o la ausencia de una política monetaria propia–, se las mira con más distanciamiento y se matizan sus posibles daños con lo que ocurriría si España estuviera fuera.

FERNANDO BARCIELA, «El euro, mejor dentro que fuera», Diario *El País*, 4 de enero de 2009

Doc. 17 La corrupción política

Mientras el capitalismo de mercado sufre una crisis aguda, la democracia liberal continúa padeciendo una crisis crónica, a la que no se le vislumbra ninguna salida. [...] Pero esta crisis democrática es tan incurable [...] que además ya ha comenzado a preocupar a la ciudadanía en general [...]. Y no es extraño que sea así, si tenemos en cuenta los casos de corrupción que afectan a todos los partidos (*caso Gürtel* del PP, *caso Palau* de CiU, *caso Pretoria* del PSC) socavando la legitimidad de nuestra democracia. Una corrupción política que además parece autorizar a la sociedad civil a corromperse también, como revela el masivo dopaje deportivo (de la Operación Puerto a la Operación Galgo), recientemente descubierto por la brigada anticorrupción de la Guardia Civil.

ENRIQUE GIL CALVO, «La crisis de la democracia», Diario *El País*, 25 de diciembre de 2010

6. ●● Analizar la situación de España en la zona euro.

- Lee el documento 16.
  - a) Explica las ventajas que ha aportado a España pertenecer a la zona euro, según el texto.
  - b) ¿Y las desventajas?
  - c) ¿Cuál es tu opinión? ¿En qué aspectos coincides con el texto y en cuáles no?
  - d) ¿Qué crees que quiere decir el autor con la frase «el euro caro o la ausencia de una política monetaria propia»?
  - e) A nivel familiar, ¿puedes explicar las ventajas y desventajas de tener el euro como moneda única?

7. ●●● Debatir sobre el estado de la democracia.

- Analiza el documento 17.
  - a) ¿Qué quiere expresar el autor cuando dice que el «capitalismo de mercado sufre una crisis aguda»?
  - b) ¿Por qué opina que la democracia está en crisis?
  - c) ¿Qué sabes de esos casos de corrupción? ¿Conoces alguno en tu entorno?
  - d) ¿Crees que la corrupción es contagiosa, como comenta el texto?
  - e) ¿Qué crees que deben hacer los gobiernos para remediar esto?
  - f) ¿Qué crees que pueden hacer los ciudadanos para combatir la corrupción?

4 La modernización económica y el Estado del bienestar

Doc. 18 El 27 de octubre de 1977, las fuerzas parlamentarias acordaron un plan de reforma económica conocido como los Pactos de la Moncloa.

Las reformas económicas acometidas desde la transición han modernizado la economía española, que ha crecido por encima de la media de la UE. Al tiempo, se ha consolidado el Estado del bienestar con una mayor protección social.

La coyuntura económica desde 1973

La transición a la democracia se produjo en un contexto de grave crisis económica. En 1973 estalló la **crisis del petróleo**, que en España provocó una elevada inflación*, la disminución del turismo, la retirada de las inversiones extranjeras y el cierre de empresas, lo que incrementó el desempleo y el descontento de los trabajadores ante la precaria situación laboral, que se tradujo en numerosas huelgas.

Las primeras medidas contra la crisis se adoptaron en la transición, con la firma de un acuerdo entre todas las fuerzas políticas parlamentarias: los **Pactos de la Moncloa**, en 1977. Los sindicatos aceptaron moderar el crecimiento de los salarios, para controlar la inflación, a cambio del aumento de las inversiones del Estado en servicios sociales y del reconocimiento del derecho de asociación sindical (doc. 18).

Para financiar el gasto estatal, se implantó un **sistema fiscal moderno**. En el régimen franquista se pagaban pocos impuestos y todas las personas aportaban porcentajes similares. Tras la reforma, los impuestos aumentaron, pero teniendo en cuenta las diferencias de renta: paga más quien más gana.

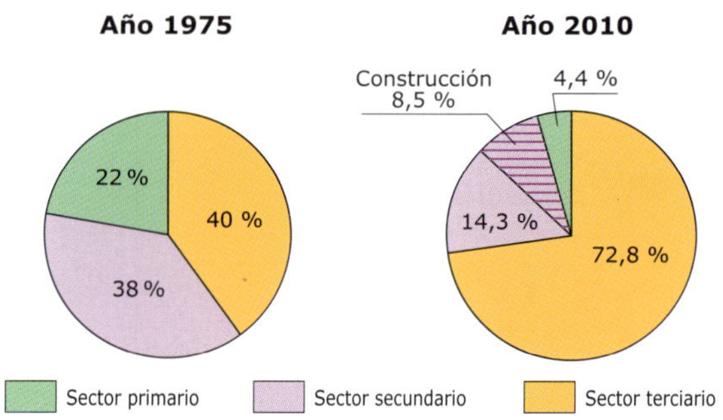

Doc. 19 Estructura económica por sectores de actividad.

La modernización económica

En los años setenta la economía española estaba atrasada. Se necesitaba una modernización de todos los sectores que aumentara la competitividad*.

Durante la primera etapa socialista se puso en marcha una severa política de **reconversión industrial***, que cerró muchas fábricas obsoletas, y se privatizaron empresas públicas poco rentables. En este período, grandes empresas españolas empezaron a proyectarse en el exterior, principalmente en Iberoamérica, mediante la compra de empresas extranjeras y fusiones.

Tras la adhesión a la CEE, España recibió importantes ayudas de la organización, destinadas sobre todo a modernizar las infraestructuras y a proyectos empresariales en las regiones más atrasadas.

Con los gobiernos del Partido Popular se intensificó la privatización del sector público y se sanearon las finanzas del Estado, logrando **disminuir el déficit público**. Las reformas económicas y el *boom* de la construcción permitieron superar otros problemas pendientes desde los años ochenta: la inflación y el desempleo.

La modernización ha hecho posible que el crecimiento económico de España sea superior a la media comunitaria y que la renta per cápita haya aumentado. Sin embargo, esto se consiguió con un apoyo excesivo en el sector de la construcción, y, además, el crecimiento se ve frenado por la falta de inversión en investigación e innovación. Por estos motivos la crisis que comenzó en España en 2008 tuvo unos efectos demoledores sobre la economía, y provocó un fuerte aumento del desempleo (docs. 21 y 22).

GLOSARIO

Competitividad. Capacidad de competir con otros sectores y empresas rivales en el mercado.

Inflación. Subida de los precios de los productos.

Reconversión industrial. Proceso de modernización de una industria que requiere una reorganización completa del modo de trabajo y de la estructura de la empresa.

La extensión del Estado del bienestar

Los gobiernos democráticos han desarrollado en España el **Estado del bienestar**; esto significa que el Estado financia muchos servicios con el fin de garantizar una calidad de vida digna para todos los ciudadanos.

En los años ochenta se adoptaron una serie de medidas para extender las prestaciones a colectivos que no estaban cubiertos. Se universalizó la atención sanitaria y se generalizaron los seguros por accidentes y enfermedades, las pensiones de jubilación y los subsidios por desempleo.

Desde los años noventa, los cambios sociales, como la progresiva incorporación de la mujer al mercado laboral, el envejecimiento de la población o el aumento de la inmigración y de las situaciones de exclusión, han exigido nuevas medidas de protección social, que son atendidas en distinto grado.

Pero el gasto del Estado español en prestaciones de protección social es muy inferior al que realizan otros países de la UE; supone un 20 % del PIB frente al 28 % de media comunitaria (doc. 13).

IDEAS CLAVE

Los problemas. ¿Qué consecuencias tuvo la crisis del petróleo en España? ¿Y la crisis que comenzó en 2008?

Las soluciones. ¿Qué fueron los Pactos de la Moncloa? ¿Qué medidas posteriores permitieron superar la crisis de los años setenta y lograr un importante crecimiento económico?

Conceptos nuevos. ¿Es España un Estado del bienestar? Explica por qué.

ACTIVIDADES

Doc. 20 Crisis económica y Estado del bienestar

Los portavoces de los dos partidos mayoritarios, PSOE y PP, justificaron en las Cortes españolas la constitucionalidad de la medida que aprobaron, que fuerza al Estado a tener un equilibrio presupuestario, con el argumento de que se «requería tal medida a fin de salvar el Estado del bienestar». Según ellos, una medida que obligará a realizar recortes sustanciales del gasto público (del cual el gasto público social es el mayor componente) para eliminar el déficit del Estado es necesaria para salvar al escasamente financiado Estado del bienestar. Puesto que España es el país de la UE-15 (el grupo de países más ricos de la UE) que tiene el gasto público social por habitante más bajo, es difícil de entender cómo mayores recortes de tal gasto –que el equilibrio presupuestario exige– van a corregir el enorme déficit de gasto público social de España.

VICENÇ NAVARRO, «¿Salvar el Estado del bienestar?». Diario *Público*, 1 de septiembre de 2011

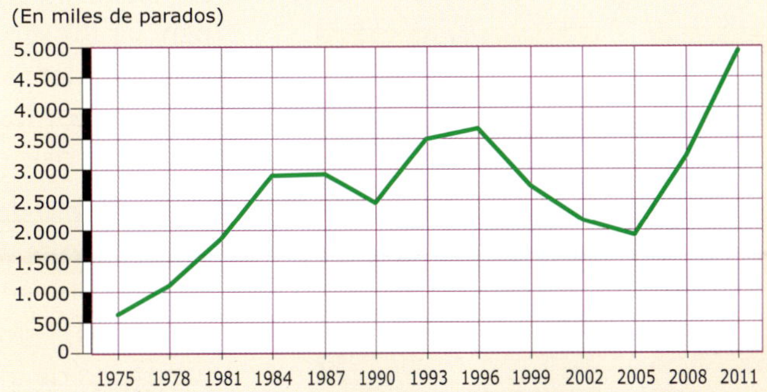

Doc. 21 Evolución del desempleo por trienios.

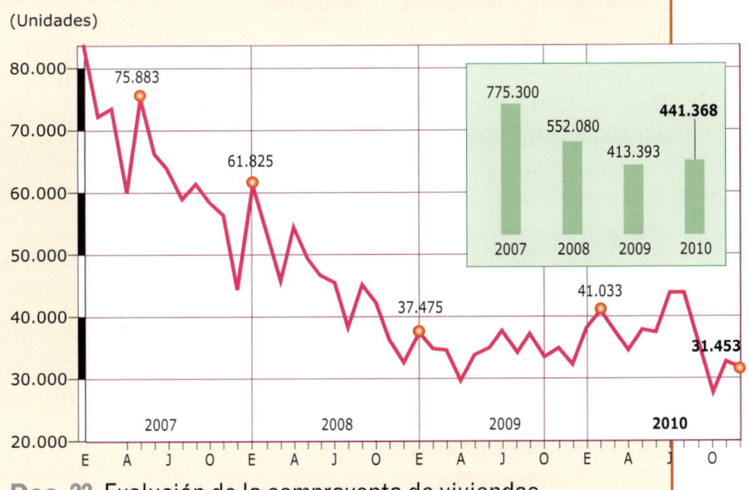

Doc. 22 Evolución de la compraventa de viviendas.

8. ●● Analizar el impacto de la crisis de 2008.

- Lee el documento 20.
  a) ¿Cómo afectó la crisis económica de 2008 al Estado del bienestar?
  b) ¿Cómo pretendieron los partidos políticos salvar el Estado del bienestar?
  c) ¿Qué opinión tiene el autor del texto sobre el recorte de las prestaciones sociales como medida para salir de la crisis económica? ¿Cuál es tu opinión al respecto? Justifica tu respuesta.
- Observa el documento 21. Explica la evolución del desempleo en España. ¿Qué relación tiene con la crisis económica de 2008?
- Observa el documento 22. ¿Cuántas viviendas se vendían en 2007? ¿Y en 2010? ¿A qué crees que se debe esta evolución? ¿Cómo crees que ha influido esto en la economía y la sociedad españolas?

5 El intenso cambio social

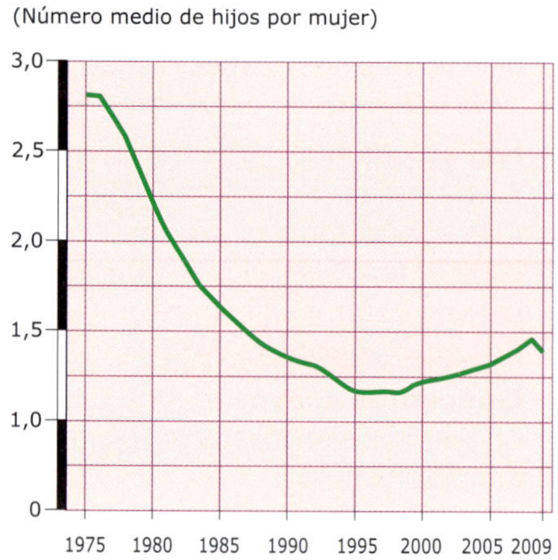

Doc. 23 Evolución de la natalidad en España.

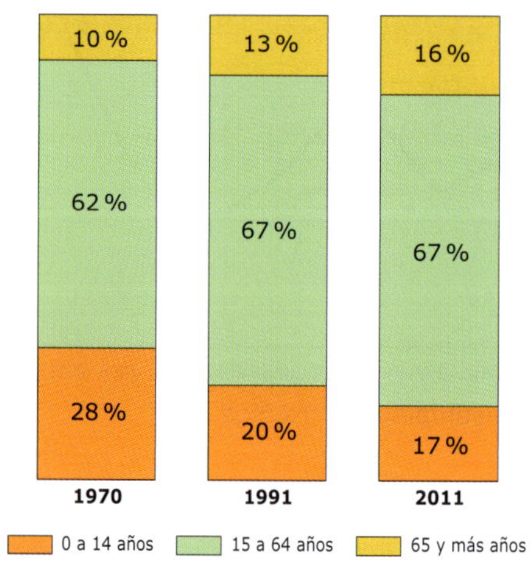

Doc. 24 Composición de la población española por grupos de edad.

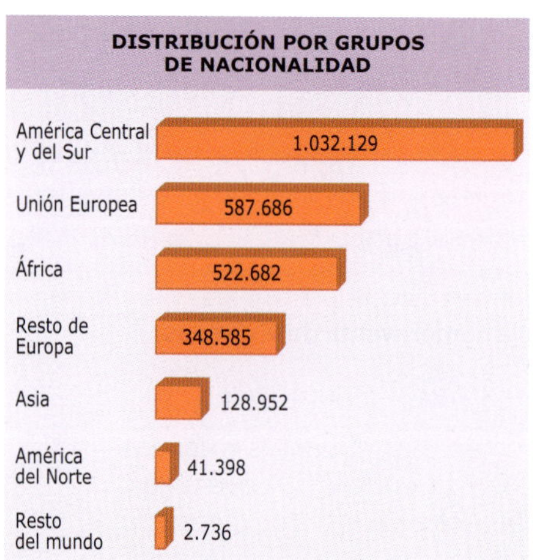

Doc. 25 Procedencia de los extranjeros que viven en España.

Desde el establecimiento de la democracia, España vive una época de grandes cambios sociales que, junto a los económicos, nos han convertido en un país plenamente desarrollado.

El cambio demográfico: envejecimiento e inmigración

Desde los años ochenta hasta nuestros días, **el descenso de los nacimientos ha sido vertiginoso**. En 1981 se cruzó el umbral de los 2,1 hijos por mujer, necesario para garantizar el reemplazo de las generaciones. Hoy, la tasa de fecundidad es de solo 1,39 hijos por mujer (doc. 23).

El descenso de la natalidad y el aumento de la esperanza de vida, que es una de las más altas del mundo, explican el **envejecimiento** que define en la actualidad a la población española. En 1970, el 10 % de los ciudadanos tenía más de 65 años; hoy, es un 17 %, y se prevé que la población mayor rebase el 30 % a mediados de siglo (doc. 24). Ante esta situación el gobierno socialista aprobó en 2006 la Ley de Dependencia, con el objetivo de financiar los servicios que necesitan las personas dependientes por enfermedad, accidente o al llegar a la vejez. No obstante, su cumplimiento se vio lastrado por los recortes presupuestarios promovidos a partir de 2010 para paliar la crisis económica.

Otro cambio demográfico importante es que la **inmigración creció** extraordinariamente, más que en ningún otro país de la UE. Mientras en el año 2000 la población extranjera suponía el 1% del total, en 2011 era el 14 % (doc. 25). Esto ha hecho que España se conforme como sociedad multicultural, uno de los rasgos más característicos de las sociedades modernas.

El cambio de las mujeres

La instauración de la democracia en España ha supuesto importantes cambios sociales, y en particular para las mujeres, que con la aprobación de la Constitución de 1978 vieron reconocida su **igualdad legal** con los hombres.

En estos años se ha producido una **incorporación progresiva de la mujer al mercado laboral**. Así, la población activa femenina ha pasado del 28 %, en 1975, al 51 %. Es un porcentaje importante, aunque todavía dista de la tasa de actividad masculina (69 %). Además, las mujeres tienen más dificultades para promocionarse y ocupar puestos de dirección, aunque estén capacitadas para ello (el 60 % de los licenciados universitarios son mujeres). Y perciben salarios inferiores a los de sus compañeros varones; un 17 % menos de promedio. Para evitar la discriminación de la mujer en el trabajo, los gobiernos han aprobado medidas como las que recoge la **Ley para la Igualdad Efectiva de mujeres y hombres** de 2007.

Los cambios en la situación de la mujer y la evolución de la sociedad con respecto al matrimonio, la educación y la crianza de los niños, el divorcio y la sexualidad han provocado una revolución en el esquema de la familia. Se ha producido un **retraso en la edad para formar una familia** y la mayoría de las parejas decide tener un solo hijo. Y junto al patrón de la familia nuclear coexisten nuevos tipos de familia, como las monoparentales, constituidas por uno de los padres y los hijos, las familias de padres divorciados, etc., que reciben igual cobertura legal.

La mejora educativa

En los últimos treinta años, la atención de los gobiernos a la educación ha logrado elevar notablemente el nivel educativo de los españoles. En 1975, un 10 % de los niños menores de 11 años estaba sin escolarizar, la cuarta parte de la población mayor de 16 años era analfabeta y solo un 57 % había completado los estudios primarios. Hoy, casi el 100 % de los niños mayores de tres años asiste a la escuela, el analfabetismo afecta al 2,5 % de la población (la mayoría personas ancianas) y dos tercios de los españoles ha concluido estudios medios o superiores.

Nuestro país ha alcanzado unos rasgos culturales y educativos comparables a los de otros países desarrollados, pero debe hacer frente a un grave problema: **superar el elevado fracaso escolar**. Alrededor de un 30 % de los estudiantes españoles no acaban la ESO y un 34 % la enseñanza secundaria superior, frente al 12 % y al 19 %, respectivamente, en los países desarrollados.

IDEAS CLAVE

La población. Explica los principales cambios demográficos que se han producido desde el comienzo de la transición.

La mujer. ¿Qué supuso la aprobación de la Constitución para la mujer? ¿Han alcanzado las mujeres la igualdad real?

La educación. ¿Qué han logrado las políticas educativas acometidas por los gobiernos democráticos?

ACTIVIDADES

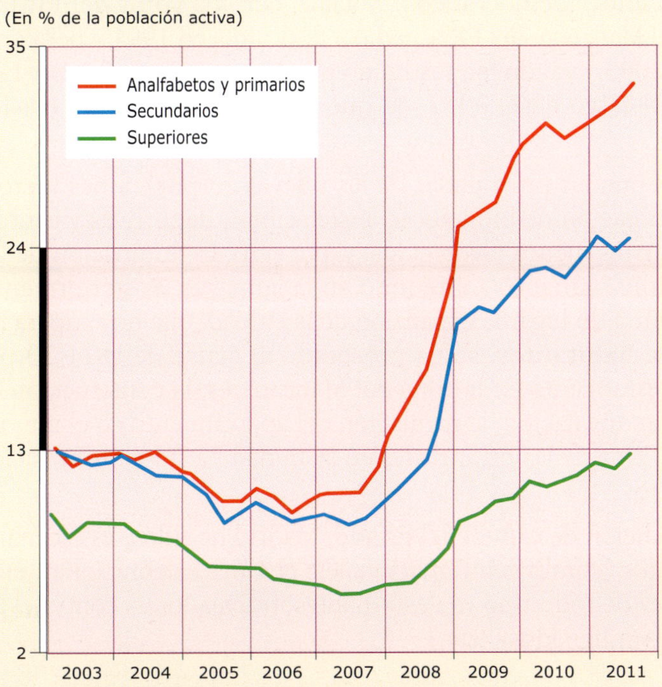

Doc. 26 Tasa de paro por nivel de estudios.

Doc. 27 El fracaso escolar cuesta caro

España […] ha aumentado el abandono educativo temprano: el porcentaje de población de 18 a 24 años que no ha completado la Educación Secundaria […] ha crecido del 29,6 % al 31,8 % entre 1998 y 2008 […] Además de frenar el desarrollo de una población capaz de asumir empleos de alto valor añadido, la lacra engulle miles de millones anuales […] advierte Mariano Fernández Enguita, catedrático de Sociología de la Universidad de Salamanca […] el gasto por alumno suma unos 1.000 euros al año en Secundaria. Solo el hecho de que más del 40 % haya repetido un año a los 15, habiendo 1.800.000 alumnos, ya representaría unos 750 millones de euros, que con los que repiten por segunda vez se acercarían a los 1.000. Si añadimos que en el Bachillerato repite cada año casi un cuarto de los alumnos, otros 150 millones […]. Si miramos su producción futura, el 30 % de alumnos que no termina la ESO tiene un 10 % menos de probabilidades de ser económicamente activo, un 5 % más de probabilidades de estar parado y va a ganar un 15 % menos. Solo esto representa una reducción del producto interior bruto (PIB) superior al 4,5 %.

A. MARS, *El País*, 27 de abril de 2010

9. ●●● Debatir sobre el fracaso escolar.

- Observa el gráfico 26:
  a) ¿Qué tasa de paro presentan las personas con menos estudios? ¿Y las que tienen mayor nivel educativo?
  b) ¿Qué conclusión sacas de estos datos? Justifica tu respuesta.
- Lee detenidamente el documento 27:
  a) ¿Qué entiendes por fracaso escolar?
  b) Según el texto, ¿cuáles son las cifras de este fracaso escolar?
  c) ¿Qué consecuencias crees que tiene para los alumnos el abandono escolar?
  d) Y para el país, ¿qué significa el fracaso escolar a corto y largo plazo?
  e) ¿Qué experiencia tienes respecto a esta problemática en tu centro escolar?
  f) Según tu opinión, ¿a qué se pueden deber los altos índices de abandono educativo?
  g) ¿Qué crees que se podría hacer para remediar este problema?

6 Madrid en la actualidad

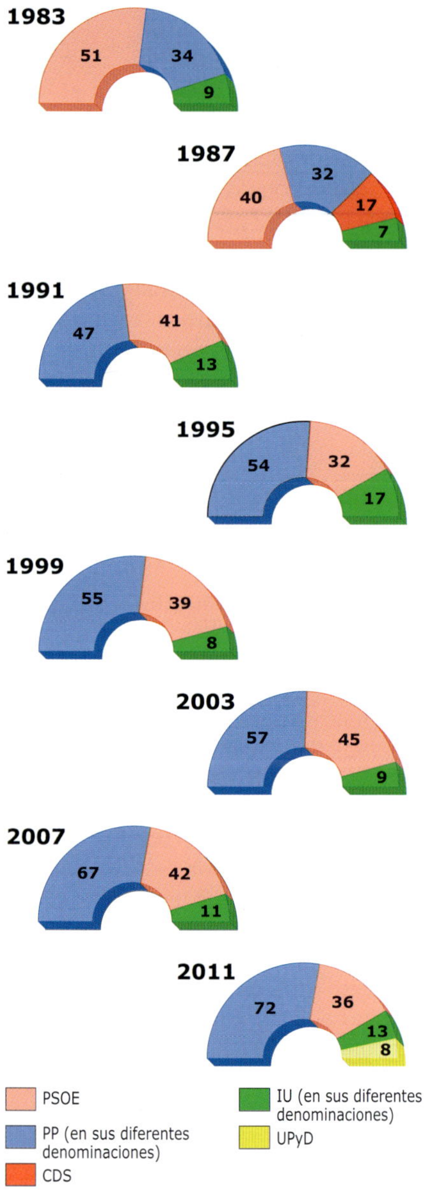

Doc. 28 Resultados de las elecciones autonómicas (1983-2011).

Después de morir Franco tuvieron lugar en Madrid muchas huelgas, que fueron acompañadas de manifestaciones donde se reclamaban más libertades. Uno de los momentos más tensos lo marcó la **matanza de los abogados de la calle Atocha**, en enero de 1977, por unos pistoleros de extrema derecha.

El 6 de diciembre de 1978 se aprobó en referéndum la **Constitución**, que confirma, en su artículo 5, a Madrid como la capital del Estado.

Los ayuntamientos democráticos

El 3 de abril de 1979 se celebraron las **primeras elecciones municipales democráticas** desde la Segunda República. En Madrid fue elegido alcalde *Enrique Tierno Galván*, por el pacto entre PSOE y PCE. En 1986, tras el fallecimiento de Tierno, *Juan Barranco*, del PSOE, se convirtió en alcalde. En 1989 tras una moción de censura, fue relevado por *Agustín Rodríguez Sahagún*, del CDS (Centro Democrático y Social), con los votos del PP. *José María Álvarez del Manzano*, del PP, accedió a la alcaldía en 1991 y permaneció en ella hasta 2003, cuando fue sustituido por *Alberto Ruiz-Gallardón*. Este se mantuvo en el cargo hasta 2012, en que fue relevado por *Ana Botella*, también del PP.

En los años ochenta, las prioridades de las nuevas corporaciones fueron: por un lado, la dotación de bibliotecas, instalaciones deportivas y centros de salud a los barrios menos favorecidos; y, por otro, la eliminación de los núcleos chabolistas, situados sobre todo en la zona sur. Posteriormente, a medida que ha tenido lugar la expansión de la ciudad, que hoy supera los **3,2 millones de habitantes**, se ha procedido al cierre de la M-30 por el norte y su soterramiento en la zona del Manzanares; la construcción de nuevas vías de circunvalación; la regulación del aparcamiento en el interior de la capital, etc. Una de las prioridades en la ciudad ha sido la ampliación de la red de metro.

Debido a su condición de capital del Estado, Madrid ha sido y es escenario de acontecimientos (cumbres internacionales, grandes celebraciones, etc.) y manifestaciones de todo tipo (de estudiantes, trabajadores, contra el terrorismo, de los «indignados», etc.).

El nacimiento de la Comunidad Autónoma

Esta Comunidad carece de entidad regional histórica y no se justifica por factores geográficos. Algunos defendían su integración en Castilla-La Mancha, pero dado su enorme peso demográfico, económico, político y administrativo, finalmente se decidió que Madrid constituyera una **autonomía uniprovincial**.

El **1 de marzo de 1983** entró en vigor el **Estatuto de Autonomía** de la Comunidad de Madrid. En él se establece que la Comunidad está integrada por la villa de Madrid y 179 municipios, y que los poderes de la Comunidad se ejercen a través de sus instituciones de autogobierno: la Asamblea, el Gobierno y el Presidente de la Comunidad.

Nuestra Comunidad ha tenido tres presidentes: *Joaquín Leguina*, del PSOE (1983-1995), *Alberto Ruiz-Gallardón* (1995-2003) y *Esperanza Aguirre* (desde 2003), los dos últimos del PP.

IDEAS CLAVE

Los protagonistas. ¿Qué alcaldes ha tenido Madrid durante la democracia? ¿Quiénes han presidido la Comunidad Autónoma?

Los retos. ¿A qué problemas se enfrenta Madrid en la actualidad?

Doc. 29 Panorámica de Madrid en la actualidad.

Nuestra Comunidad ante el siglo XXI

Desde la creación de la Comunidad de Madrid, la relación entre la capital y su territorio circundante se ha intensificado, lo que sin duda ha supuesto una mejora. A partir de los años ochenta del siglo XX se han hecho esfuerzos conjuntos, con el fin de paliar el desequilibrio entre el norte y el sur.

El Madrid de comienzos del siglo XXI ha de afrontar una serie de retos que responden a nuevas problemáticas:

- La **integración de la población inmigrante**. Con **6 millones y medio de habitantes**, la Comunidad de Madrid se ha convertido en pocos años en un espacio multicultural donde personas provenientes de otros países buscan en nuestra Comunidad mejores posibilidades de vida. Sus esfuerzos por la integración y el rechazo de comportamientos xenófobos constituyen uno de los retos más visibles en la actualidad.
- Es también un hecho el **aumento de población anciana**. Su atención asistencial y de ocio por parte de las instituciones municipales y autonómicas es un claro indicador de la calidad de vida de una sociedad.
- El **problema de la vivienda**. La construcción ha aumentado espectacularmente desde 1990 hasta 2008. Sin embargo, a pesar de la crisis de la construcción, los precios se mantienen altos.
- Los **PAU (Planes de Actuación Urbanística)** sobre distintas áreas de la periferia han supuesto la mejora de las zonas residenciales.
- Los **espacios históricos** han sido objeto de atención en los últimos años, pero requieren unas prioridades como la peatonalización de los centros históricos de los municipios, la creación de museos y centros de atención e información turísticos, y la educación para la sensibilidad y el conocimiento del rico pasado de la Comunidad.
- El **problema del tráfico** sigue siendo muy grave. En los primeros años del siglo XXI se han creado nuevas vías de circunvalación, como la M-50, se ha producido el soterramiento de gran parte de la M-30 y se han desarrollado las autopistas radiales. A la vez, el fomento del transporte público, como el Metrosur, ha paliado en parte la deficiencia de un área sur de gran crecimiento demográfico, pero que adolecía de insuficientes infraestructuras de transporte.
- El **impulso y la promoción de Madrid como una zona de desarrollo** a partir de espacios de exposición, como el Campo de las Naciones, con su recinto ferial y el Parque Juan Carlos I.

ACTIVIDADES

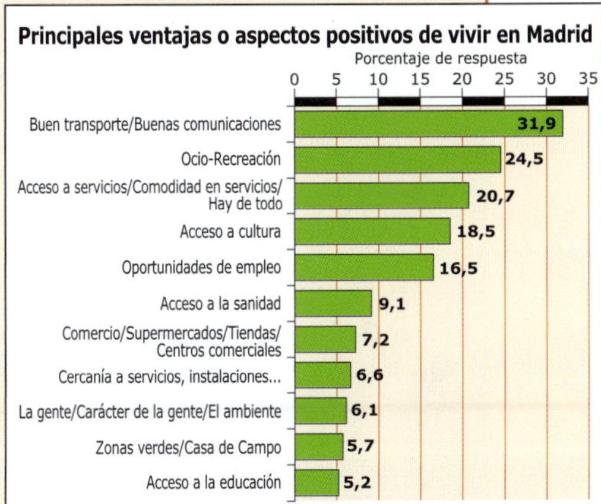

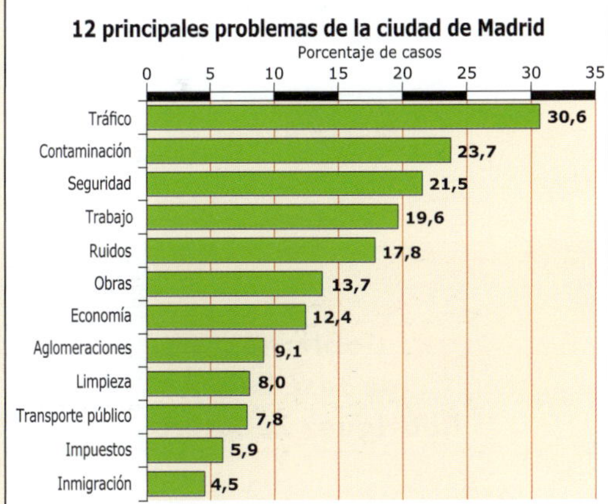

Docs. 30 y 31

10. ● Analizar documentos.

- ¿Qué aspectos positivos y negativos de la vida en Madrid muestran los gráficos?

11. ●●● Dar una opinión personal y razonada.

- ¿Qué ventajas y problemas tiene vivir en Madrid?

Actividades de repaso

• Recuerda

12. Lee el resumen y complétalo en tu cuaderno con aquellos aspectos que consideres necesario.

Comienzo de la transición	• Nombramiento de Adolfo Suárez como presidente en julio de 1976. • Aprobación de la Ley para la Reforma Política. • Legalización de los partidos políticos. • Elecciones libres en junio de 1977.
Gobiernos de UCD	• Victoria de UCD en las elecciones de 1977 y 1979, con Adolfo Suárez. • Aprobación de la Constitución de 1978. • Reconocimiento del Estado de las Autonomías. Primeros estatutos de autonomía en 1979 para Cataluña y País Vasco. • Dimisión de Adolfo Suárez en 1981. • Intento de golpe de Estado el 23 de febrero de 1981. • Gobierno de Calvo Sotelo, que aprobó el ingreso en la OTAN.
Gobiernos de Felipe González	• El PSOE gobernó entre 1982 y 1996. • Se completaron el Estado de las Autonomías y la incorporación a la CEE en 1986. • Reformas sociales, políticas y económicas. • Reconversión industrial. • Presencia de España en los organismos internacionales. • Etapa final marcada por la crisis económica y los escándalos de corrupción.
Gobiernos de José María Aznar	• El Partido Popular gobernó desde 1996 hasta 2004. • Se redujo el paro y la inflación. • Privatización de empresas públicas y supresión del servicio militar obligatorio. • Apoyo a la invasión de Irak en 2003. • Atentados islamistas del 11 de marzo de 2004.
Gobiernos de José Luis Rodríguez Zapatero	• El PSOE volvió al gobierno entre 2004 y 2011. • Retirada de las tropas españolas de Irak. • Aprobación de importantes leyes de carácter social. • ETA anuncia el abandono del terrorismo. • La segunda legislatura estuvo caracterizada por serios recortes sociales motivados por la crisis económica internacional.

13. Copia y completa en tu cuaderno esta línea del tiempo sobre los gobiernos de la transición y de la democracia españolas. Señala los siguientes hechos:

a) Los períodos de gobierno de UCD, el PSOE y el PP.
b) Aprobación de la actual Constitución española.
c) Primeras elecciones democráticas tras la dictadura.
d) Incorporación de España a la OTAN.
e) El euro sustituye a la peseta.
f) Legalización de los partidos políticos.
g) Concesión de los primeros Estatutos de Autonomía.
h) Intento de golpe de Estado.
i) Adhesión de España a la CEE.

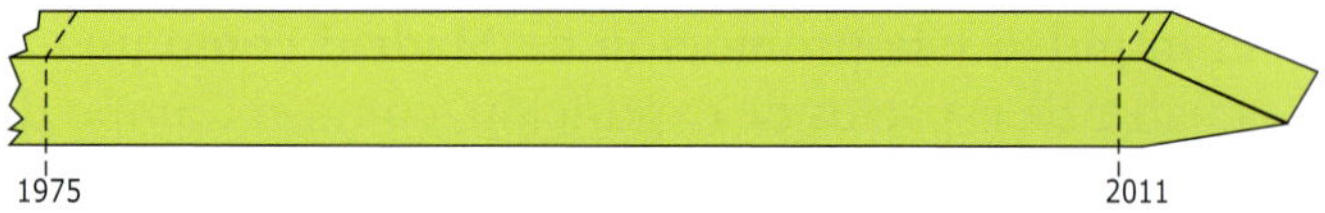

14. El espacio.

- Explica cómo se organiza el territorio español. Copia en tu cuaderno el mapa, localiza las Comunidades y Ciudades Autónomas y escribe su nombre y el de sus capitales.

15. Los conceptos.

- Explica los siguientes conceptos.
  a) Transición española.
  b) Amnistía.
  c) Mayoría absoluta.
  d) Estado social y democrático de Derecho.
  e) Estatuto de Autonomía.
  f) Estado del bienestar.

16. Los personajes.

- Escribe el nombre de los presidentes del Estado español desde el final de la transición. Indica entre qué años desempeñaron el cargo, qué partidos políticos lideraron y cuál es su ideología.

17. Las organizaciones.

- Explica qué son estas organizaciones y di si existe alguna relación entre ellas.
  a) ETA. b) GRAPO. c) GAL.

●● Analiza

18. Los motivos.

- Señala los motivos que llevaron a la aprobación de las siguientes leyes y acuerdos:
  a) Ley para la Reforma Política (1976).
  b) Pactos de la Moncloa (1977).
  c) Ley de Extranjería (2000).
  d) Ley de Partidos Políticos (2002).
  e) Ley de Dependencia (2006).

19. Los cambios políticos y económicos.

- Copia y completa la tabla sobre la actuación de los gobiernos de la democracia.

	Reformas y otros logros	Problemas pendientes
Primera fase socialista		
Gobiernos de Aznar		
Segunda fase socialista		

20. Las mentalidades.

- Analiza los cambios sociales.
  a) ¿Cómo se manifiesta el nuevo papel de la mujer en la sociedad española? ¿Cómo ha alterado el modelo tradicional de familia? ¿Crees que la evolución histórica de España ha influido en este proceso de cambio? ¿Por qué?
  b) ¿Qué cambio en la estructura de la población ha provocado el descenso vertiginoso de la natalidad y una elevada esperanza de vida? ¿Lo consideras un cambio positivo o negativo? ¿Por qué?

21. El gráfico.

- Observa esta cronología y responde a las preguntas.
  a) ¿Qué organizaciones terroristas han reivindicado los atentados más sangrientos cometidos en España desde el inicio de la transición?
  b) ¿Cuál crees que es su objetivo? ¿Puedes justificar estas acciones violentas?
  c) ¿Qué medidas propondrías tú para acabar con el terrorismo?

1974	14 muertos al estallar una bomba en una cafetería (Madrid). **ETA.**
1979	Siete muertos y casi un centenar de heridos al estallar bombas en las consignas de las estaciones de Chamartín y Atocha, y en el aeropuerto de Madrid-Barajas. **ETA.**
1985	18 muertos y 82 heridos al explotar una bomba en un restaurante (Madrid). **Reivindicado por islamistas.**
1986	12 muertos y 50 heridos al explotar un coche bomba al paso de un convoy de la Guarda Civil (Madrid). **ETA.**
1987	21 muertos y 45 heridos en un centro comercial (Barcelona). **ETA.**
1991	Ocho personas, incluidas cuatro niñas, muertas al explotar un coche bomba en una casa cuartel de la Guardia Civil (Vic, Barcelona). **ETA.**
1995	Seis muertos al estallar un coche bomba en el barrio de Vallecas (Madrid). **ETA.**
2004	191 muertos y más de mil heridos en varias explosiones en trenes de cercanías (Madrid). **Al-Qaeda.**

Doc. 32

●●● Piensa críticamente

22. Justifica tu opinión sobre el siguiente tema: ¿ha sido exitosa la historia española desde 1975?

- Haz un esquema que recoja los hechos principales y clasifícalos como positivos o negativos.
- Reflexiona y haz una valoración de esta etapa histórica.

Analizar la transición y la democracia a través de viñetas humorísticas

Con la recuperación de la democracia, el humor político conoció un gran desarrollo. Todos los periódicos y revistas incluyen desde la transición una sección de humor en la que los dibujantes caricaturizan los personajes y temas de actualidad. Por ello las viñetas se han convertido en una excelente fuente histórica.

Su aprovechamiento como fuente supone llevar a cabo los siguientes pasos:

1. **Observar la escena** que se representa en la viñeta, así como los personajes y objetos que aparecen en ella.
2. **Determinar el tema** que trata.
3. **Localizar el período** histórico y el acontecimiento a que hace referencia.
4. **Recordar las características de la época** en que se elaboró y publicó la caricatura.

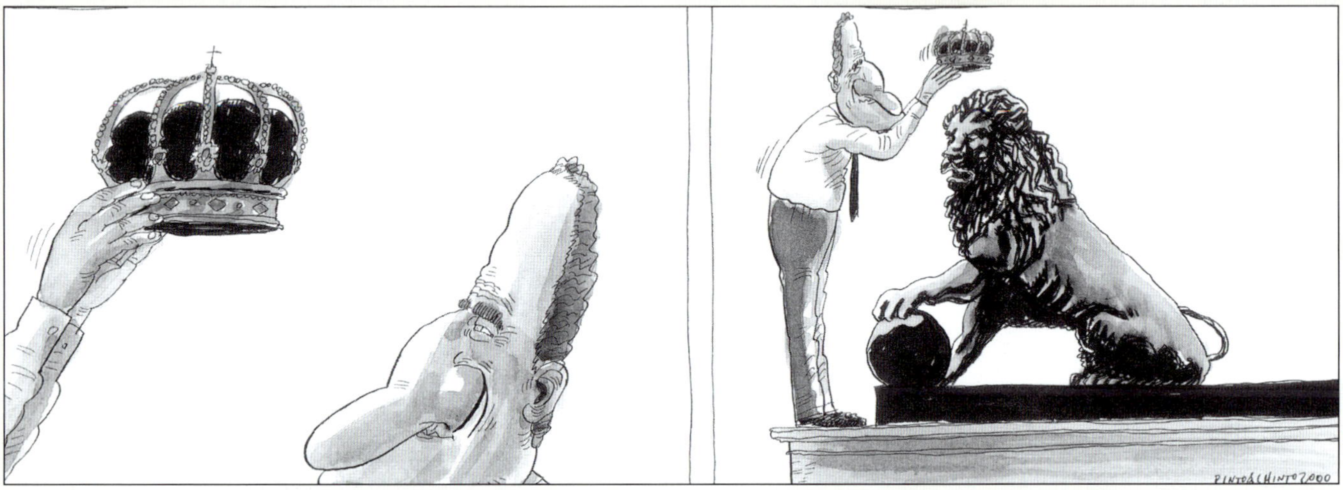

Doc. 33 Pinto y Chinto. Exposición «La democracia en viñetas».

Doc. 34 Gallego y Rey. Exposición «La democracia en viñetas».

23. ●● Observa los documentos 33 y 34.
- Describe las escenas representadas. ¿Qué personajes reconoces? ¿Qué simbolizan los objetos que se destacan en las viñetas?
- ¿Qué temas tratan? ¿Qué ideas crees que intentan transmitir los dibujantes?
- ¿En qué momento histórico situarías cada una de las viñetas?
- ¿Qué sucedía entonces en España?

Doc. 35 Ramón.

Analizar la Constitución española de 1978

Doc. 36 Forges.

Doc. 37 El Perich. Exposición «La democracia en viñetas».

Doc. 38 Preámbulo

Preámbulo

La Nación española, deseando establecer la justicia, la libertad y la seguridad y promover el bien de cuantos la integran, en uso de su soberanía, proclama su voluntad de:

Garantizar la convivencia democrática dentro de la Constitución y de las leyes conforme a un orden económico y social justo.

Consolidar un Estado de Derecho que asegure el imperio de la ley como expresión de la voluntad popular.

Proteger a todos los españoles y pueblos de España en el ejercicio de los derechos humanos, sus culturas y tradiciones, lenguas e instituciones.

Promover el progreso de la cultura y de la economía para asegurar a todos una digna calidad de vida.

Establecer una sociedad democrática avanzada, y

Colaborar en el fortalecimiento de unas re-

La Nación española, deseando establecer la justicia, la libertad y la seguridad y promover el bien de cuantos la integran, en uso de su soberanía, proclama su voluntad de:

Garantizar la convivencia democrática dentro de la Constitución y de las leyes conforme a un orden económico y social justo. Consolidar un Estado de Derecho que asegure el imperio de la ley como expresión de la voluntad popular. Proteger a todos los españoles y pueblos de España en el ejercicio de los derechos humanos, sus culturas y tradiciones, lenguas e instituciones. Promover el progreso de la cultura y de la economía para asegurar a todos una digna calidad de vida. Establecer una sociedad democrática avanzada, y colaborar en el fortalecimiento de unas relaciones pacíficas y de eficaz cooperación entre todos los pueblos de la Tierra.

En consecuencia, las Cortes aprueban y el pueblo español ratifica la siguiente Constitución.

24. ●● **Observa los documentos 35, 36 y 37.**

- Describe las escenas. ¿Qué critican los humoristas en ellas?
- ¿En qué período histórico las situarías?

25. ●● **Compara dos puntos de vista diferentes.**

Las viñetas constituyen fuentes históricas con una gran carga de subjetividad, pues el dibujante expresa en ellas su pensamiento sobre el tema o personaje que representa.

- Consulta la sección de humor de dos periódicos de diferente ideología. Fíjate en dos viñetas que traten el mismo tema y descríbelas. ¿Te parece que los dibujantes comparten la misma opinión? ¿Por qué?

26. ●●● **Conoce la Constitución española.**

- Lee el documento 38. ¿Qué aspectos se consideran básicos para garantizar la justicia, la libertad y la seguridad?
- ¿Por qué se elaboró este documento? ¿Supuso un gran cambio con respecto al franquismo? Apoya tu respuesta en los artículos 1 y 9 que integran el Título Preliminar; léelos en http://www.boe.es/aeboe/consultas/enlaces/documentos/ConstitucionCASTELLANO.pdf.
- ¿Quiénes redactaron la Constitución? ¿A qué sectores políticos pertenecían? ¿Es importante que exista un consenso respecto al texto de la Constitución?
- Consulta el Título I, Capítulo Segundo, de la Constitución en la anterior dirección web. Selecciona 5 artículos y explica qué derechos y libertades se reconocen en ellos y por qué te parecen fundamentales.
- Lee los artículos 53 y 54 del Capítulo Cuarto. ¿A qué personas afectan los derechos, libertades y obligaciones incluidos en la Constitución?

Analizar canciones populares: canción protesta y rap

Las letras de las canciones reflejan los sentimientos, las inquietudes, los valores de la sociedad y del momento en que se escriben. Otro tanto ocurre con los estilos musicales. *Rock*, *jazz*, *rap*, etc., muestran un determinado posicionamiento ante la sociedad; unos surgen como banderas de un determinado grupo social o de una etnia, mientras que otros se quedan en simples divertimentos para llenar el tiempo de ocio. Las dos canciones elegidas tienen elementos representativos de la coyuntura histórica en que fueron creadas. *Libertad sin ira* (1976) fue popularizada por el grupo Jarcha, y *Rap versus racismo* (2011) está compuesta por cantantes de *hip hop* encabezados por El Chojín.

Doc. 39 *Libertad sin ira* (1976)

Dicen los viejos que en este país
[hubo una guerra
y hay dos Españas que guardan aún
el rencor de viejas deudas.
Dicen los viejos que este país
[necesita
palo largo y mano dura
para evitar lo peor.

Pero yo solo he visto gente
que sufre y calla.
Dolor y miedo.
Gente que solo desea su pan,
su hembra y la fiesta en paz.

Libertad, libertad sin ira, libertad
guárdate tu miedo y tu ira
porque hay libertad, sin ira, libertad
y si no la hay sin duda la habrá.

Dicen los viejos que hacemos lo que nos da la gana.
Y no es posible que así pueda haber
gobierno que gobierne nada.
Dicen los viejos que no se nos dé rienda suelta,
que todos aquí llevamos
la violencia a flor de piel.

Pero yo solo he visto gente muy obediente
hasta en la cama.
Gente que tan solo pide
vivir su vida, sin más mentiras y en paz.

Libertad, libertad sin ira, libertad;
guárdate tu miedo y tu ira...

Doc. 40 *Rap versus racismo* (2011)

[...] ¿Te has parado alguna vez a hablar contigo
mismo?
La vida puede ser de otro color si se habla
de racismo.
No vengo a dar un discurso de derechos
humanos ni vengo a contaros una de romanos.
Es la lucidez frente a la estupidez que existe,
yo me pregunto dónde empieza y dónde acaba
el chiste.
Buen desplante al vendedor ambulante que es
otro currante con familia y un futuro por delante.

Cada uno es único en su especie,
no hay motivo ni razón para que se desprecie.
Es el temor a la igualdad, a ignorar lo diferente.
Pues nos separa una absurda clase social permanente.
Máximo odio por la mínima razón.
No hay color, no hay comparación,
tan solo otro episodio donde el más intolerante fascismo
no se cura leyendo y el racismo viajando tampoco.

Por muchas canciones que hagamos,
por mucho que nos manifestemos,
por muchas víctimas que sufran,
o caigan a lo largo del terreno.
No nos concienciamos, así nos va.
Y en el artículo número uno escrito está:
nacemos libres, e iguales en derecho y dignidad.
A ver, ¿por qué es tan difícil llevarlo a cabo fuera del
papel?
[...]
Respira del todo esta brisa.
Ponte en la piel del otro a ver cuánto dura tu sonrisa.
Muestra respeto al desigual por sexo, ideología o cultura
para que afecto y sensibilidad rodeen la estructura.
Porque con intolerancia muestras déficit en cerebro
y corazón.
Hoy comparto mi voz y mi amor contra la sinrazón
y el dolor y la falta de inteligencia y comunicación.
[...]
Por un lado me apena que sea necesario esto.
Por otro me alegra oír a mis compañeros.
No se me ocurre un mensaje más tonto ni más lógico,
ni más obvio ni más serio.
El problema viene cuando no ven el problema
y el problema se queda cuando lo niegan.
Supongo que no hacía falta ni decirlo,
les queda claro, ¿no?, el rap está contra el racismo.

27. ●● Lee las letras de las dos canciones:

- ¿En qué contexto histórico se compusieron ambas canciones: 1976 y 2011?
- ¿Qué relación tiene la época en la que se hicieron con los temas de ambas canciones? ¿Por qué se habla de guerra, miedo o libertad en *Libertad sin ira*? ¿Por qué el tema del *rap* es el racismo?
- ¿Qué otros temas reflejan las canciones? ¿Consideras que tienen actualidad? ¿Con cuál te identificas más? ¿Por qué?
- ¿Crees que tiene relación el estilo musical con la temática y la época en que se compusieron? Justifica tu respuesta.
- Investiga quiénes son los autores.

30 años de democracia

Doc. 41 ¿Es necesario un nuevo consenso?

Hace ahora 30 años que España iniciaba el camino de la transición a la democracia. [...] el rey encomendaba a Adolfo Suárez la tarea de llevar adelante su proyecto de institucionalizar a la vez la monarquía y la democracia. Esto es, de hacer aceptar a unos la monarquía y a los otros la democracia. [...]

Por supuesto que eso no hubiera sido posible sin la presión popular o sin la moderación de los líderes políticos. [...] Ese modelo de transición a través de una serie de pactos, primero, entre distintos sectores del régimen franquista, luego, entre los reformistas del mismo y la oposición y, una vez constituidas las Cortes, entre izquierda y derecha, centralistas y autonomistas, en los que todos hicieron concesiones, sigue siendo treinta años después el acontecimiento histórico del que los españoles se sienten más orgullosos.

[...] la democracia no se impuso a nadie, sino que fue fruto de una serie de negociaciones y acuerdos respaldados por la casi totalidad de las fuerzas políticas. Algunos piensan, sin embargo, que la democracia española está lastrada desde el principio por la forma en que se hizo la transición, porque dejó abiertas algunas cuestiones institucionales y, sobre todo, porque la amnistía general para presos políticos y responsables de la represión franquista dejó sin resolver un doble problema: el de la rehabilitación moral de las víctimas del franquismo y el de la rehabilitación política de la legalidad republicana.

[...] los líderes de la oposición decidieron con buen criterio posponer ese debate y no tensar las cuerdas para evitar cualquier riesgo que pudiera poner en peligro el objetivo prioritario de los españoles, que no era otro que el de llegar a una democracia incluyente en la que pudieran coexistir todas las Españas, reales o imaginarias [...]

JULIÁN SANTAMARÍA OSSORIO, «Memoria histórica y consenso», *El País*, 18 de mayo de 2006

Doc. 42 Interior del Congreso de los Diputados.

Doc. 43 Balance de la transición

La transición de la dictadura a la democracia fue un logro político extraordinario. A ello contribuyeron decisivamente distintos factores. Primero, la transformación social y económica de España desde los años 60 creó las condiciones de estabilidad y relativa prosperidad para un eventual «despegue democrático». Segundo, desde fines de los 60 existía una convicción amplia de que alguna forma de evolución democrática era inevitable después de treinta años de dictadura: tras la caída de las dictaduras griega y portuguesa en 1974, la dictadura española aparecía en Europa como un anacronismo inadmisible. Tercero, la institucionalización de la monarquía y su transformación en un régimen de integración nacional [...] exigían que la nueva monarquía conquistase la legitimidad democrática de que carecía en razón de su origen. [...] Finalmente, y cuarto, la voluntad de compromiso y negociación de la oposición democrática –consciente probablemente de que carecía de fuerza para imponer su propia alternativa– allanó el camino hacia la democracia. [...]

JOSÉ MARÍA JOVER ZAMORA, *España: sociedad, política y civilización (siglos XIX-XX)*, 2001

●●● PASADO Y PRESENTE

28. Utiliza el pasado para comprender el presente.

- Lee los documentos 41 y 43.
  - a) ¿En qué compromiso se basó la transición?
  - b) ¿Quién tenía que aceptar la monarquía? ¿Quién tenía que aceptar la democracia?
  - c) Haz una lista con los factores que explican el éxito de la transición española.
  - d) Explica en qué consistió el «consenso».
  - e) ¿Qué éxitos provocó este consenso? ¿Qué problemas generó y qué dejó pendiente?
- Analiza el presente.
  - a) ¿Crees que para que en España siga existiendo una democracia es preciso que se mantenga la monarquía? ¿Por qué?
  - b) ¿Debe mantenerse un «consenso» entre los partidos políticos o es normal que cada partido defienda posturas diferentes?

29. Haz una encuesta a personas que conozcas y que hayan vivido ese período. Pídeles que te cuenten...

- Sus sentimientos tras la muerte de Franco.
- El recuerdo de la coronación de Juan Carlos I.
- Los problemas que afectaban a los ciudadanos.
- Cómo valoran a los presidentes de la transición.
- Qué sucesos destacarían de aquella época.
- Cómo vivieron el 23-F.
- Cómo valoran los cambios que ha traído la democracia.

Glosario

B loques

Cada uno de los bandos en que quedó dividido el mundo durante la Guerra Fría: el bloque occidental, liderado por Estados Unidos y reforzado por sus aliados de Europa occidental; y el bloque comunista, encabezado por la Unión Soviética y secundado por sus aliados de Europa oriental.

Brecha digital

Separación que existe entre las personas, comunidades o países que utilizan las nuevas tecnologías de la información como parte rutinaria de su vida y aquellos que no tienen acceso a las mismas o no saben cómo utilizarlas.

C arrera armamentística

Rivalidad propia de la Guerra Fría entre Estados Unidos y la Unión Soviética, en la que ambas superpotencias desarrollaron gran cantidad de armas, incluidas las nucleares, para intentar superar al contrario.

Carrera espacial

Competencia tecnológica en el período de la Guerra Fría entre Estados Unidos y la Unión Soviética por el control del espacio.

Caza de brujas

También llamada macarthismo. Política instigada por el senador republicano Joseph McCarthy en Estados Unidos, quien desató entre 1950 y 1956 un clima de persecución contra artistas e intelectuales acusados de ser simpatizantes del comunismo.

Coexistencia pacífica

Período de 1953 a 1977 caracterizado por la distensión y acercamiento entre las dos superpotencias. Significó una etapa de relativo diálogo dentro del marco de tensión de la Guerra Fría.

COMECON

Consejo de Ayuda Mutua Económica. Organización de cooperación económica creada por la Unión Soviética como alternativa al Plan Marshall. Su objetivo era coordinar las economías de los países bajo hegemonía soviética.

Comunas

Se llamó así a un tipo de células de producción en la China comunista. Centros autosuficientes en los que se combinaba el trabajo agrícola y el industrial, y en las que todos los aspectos de la vida de la población recluida allí eran decididos por la colectividad. Fueron implementadas en la política del Gran Salto Adelante de Mao Zedong.

Comunista, sistema

Sistema político caracterizado por la centralización estatal de los medios de producción y la existencia de un partido único, el comunista.

Consenso

Acuerdo que se alcanza por el consentimiento entre los miembros de un grupo o entre varios grupos.

D emocracia

Sistema político con tres características: los ciudadanos eligen a sus representantes (en el gobierno y en las cámaras legislativas), existe una separación de poderes y un Estado de derecho.

Democracia orgánica

Autodenominación de la dictadura franquista. Sistema político en el que el derecho individual se veía sometido a las decisiones tomadas por las corporaciones sociales, las instituciones religiosas y eclesiásticas y el partido único en el ámbito político.

Democracias populares

Dictaduras de partido único, el comunista, que se implantaron en Europa bajo el patrocinio de la Unión Soviética. La disidencia estaba duramente perseguida, había ausencia de libertades, tenían una economía planificada y centralizada por el Estado, y militarmente estaban integradas en el Pacto de Varsovia desde 1955.

Descolonización

Proceso que se desarrolló en la segunda mitad del siglo XX y que consistió en la independencia de los territorios que estuvieron dominados por los grandes imperios europeos del siglo XIX.

Desestalinización

Proceso que comenzó Nikita Jrushchov tras la muerte de Stalin al hacerse con el poder en la Unión Soviética. Consistió en la denuncia del culto a la personalidad y los crímenes de la etapa estalinista (1924-1953).

Deslocalización

Movimiento que hacen las empresas consistente en separar los procesos productivos de tal manera que los realizan en la zona del mundo más adecuada para sus beneficios.

Dictadura

Sistema político en el que una persona o un grupo (ejército, grupo étnico, religioso, político...) concentra todos los poderes del Estado. En las dictaduras no suelen respetarse los derechos humanos y, si existen elecciones, estas suelen estar limitadas o manipuladas.

Distensión

Ver **coexistencia pacífica**.

E conomía capitalista

Se basa en dos principios: el reconocimiento de la propiedad privada y la existencia de un mercado libre, que funciona de acuerdo con la ley de la oferta y la demanda.

Economía estalinista

Economía planificada y centralizada, basada en los principios marxistas que estableció Stalin en la URSS. El Estado es el único propietario, por lo que pone en práctica la socialización de la industria, la colectivización de la tierra y el control de la distribución de la producción. La planificación de la economía se proyecta en períodos de cinco años, los llamados planes quinquenales.

Estado del bienestar

Sistema social creado por el Estado con el fin de garantizar a sus habitantes un mínimo nivel de calidad de vida.

Estalinismo

Teoría política y también período histórico asociado a la figura del dirigente soviético Iósiv Stalin que es, al mismo tiempo, una manera de aplicar el marxismo a la realidad y una práctica dictatorial y totalitaria.

Estraperlo

Mercado negro en el que se podían adquirir mercancías a precios elevados en los años de la posguerra española.

F ascismo

Doctrina y régimen político totalitario, antidemocrático y anticomunista, nacionalista y militarista implantado en Italia por Benito Mussolini en la década de los años veinte del siglo XX, y que perduró en ese país hasta el final de la Segunda Guerra Mundial.

Franquismo

Régimen político de carácter dictatorial desarrollado por el general Francisco Franco tras la Guerra Civil española, y que se mantuvo hasta su muerte en 1975.

G lasnost

Política de «transparencia» o «apertura» puesta en práctica por Mijaíl Gorbachov, presidente de la Unión Soviética de 1985 a 1991. Pretendía democratizar el sistema político, controlado por el partido comunista, y levantar la censura de los medios de comunicación. Junto con la perestroika, precipitó una serie de rápidos cambios que provocaron la desintegración de la URSS.

Globalización

Proceso hacia una mayor interdependencia e integración de la economía y las formas de vida en el mundo.

Gran Salto Adelante

Política implementada por Mao Zedong en la República Popular China a partir de 1958. Consistió en un brutal movimiento de colectivización rural, con el que pretendía desarrollar un modelo de industrialización independiente del soviético. El resultado fue la hambruna y la muerte de millones de personas.

Guerra Fría

Período que transcurrió entre el final de la Segunda Guerra Mundial y la desaparición de la Unión Soviética. Se caracterizó por el antagonismo político, ideológico y económico entre Estados Unidos y la Unión Soviética, y sus respectivos aliados.

Gulag

Acrónimo de Dirección General de Campos de Trabajo, la rama de la seguridad del Estado de la Unión Soviética dedicada a organizar y dirigir el sistema de campos de trabajos forzados.

Í ndice de Desarrollo Humano (IDH)

Índice elaborado por la ONU para medir el desarrollo de un territorio, teniendo en cuenta aspectos económicos y sociales.

Intifada

Levantamiento popular de la población palestina de Gaza y Cisjordania contra la ocupación israelí.

K ominform

Organización comunista creada por la Unión Soviética en 1947 que agrupaba a los partidos comunistas de todo el mundo para respaldar su política. Se creó para sustituir al Komintern o Tercera Internacional.

Kuomingtang

Partido Nacionalista Chino, fundado en 1911 por Sun Yat-sen, que logró derrotar al emperador e instaurar la república. A la muerte de Yat-sen el partido fue dirigido por Chiang Kai-shek, que se enfrentó a la oposición del Partido Comunista Chino liderado por Mao Zedong.

L ey de Extranjería

Medidas encaminadas a evitar la entrada ilegal de inmigrantes, propuestas por el gobierno popular de José María Aznar.

M andato

Soberanía transitoria de un territorio confiada por la Sociedad de Naciones o la ONU a un país. Los mandatos fueron creados después de la Primera Guerra Mundial.

Maquis

Partidas de guerrilleros que formaron la resistencia armada contra la dictadura de Franco durante la década de 1940. Su principal escenario de acción fueron las áreas montañosas y en ocasiones contaron con la ayuda de los habitantes de la zona.

Medios de comunicación de masas

Aquellos medios de difusión de la cultura y la información accesibles a la gran mayoría de la población, como radio, prensa, cine, televisión.

Milagro japonés

Crecimiento económico que vivió Japón durante las décadas de 1950 y 1960, muy superior al del resto de países. Como resultado, el país se convirtió en la tercera potencia económica mundial, por detrás de Estados Unidos y la Unión Soviética.

Movimiento de Países No Alineados

Organización constituida por un conjunto de países, la mayoría surgidos del proceso de descolonización, que tenía como objetivo condenar el colonialismo, promover el desarrollo económico, preservar la independencia y no integrarse en ninguno de los dos bloques de poder surgidos de la Guerra Fría. Estos planteamientos quedaron reflejados en la Conferencia de Bandung de 1955.

Movimiento feminista

Nació en los años cincuenta y sesenta para luchar por la igualdad legal y laboral entre la mujer y el hombre, y el derecho al divorcio, el aborto, etc.

Movimiento hippy

Corriente juvenil nacida en los años de 1960 en Estados Unidos que abogaba por la libertad individual. Estuvo caracterizado por un estilo propio de vida, moda y música.

Movimiento pacifista

Grupos de protesta contra las guerras y la carrera armamentística de las dos superpotencias en la Guerra Fría.

Movimiento por los derechos civiles

Surgió en los años cincuenta y sesenta en Estados Unidos para combatir la discriminación racial. Su principal líder fue Martin Luther King, que se distinguió por su protesta no violenta contra la segregación.

Movimientos antiglobalización

Corriente de protesta a nivel mundial que aúna a grupos de diferentes países que tienen en común su rechazo al modelo neoliberal de globalización económica.

Nazismo

Doctrina y régimen político totalitario, antidemocrático, racista, antisemita, anticomunista, nacionalista y expansionista implantado en Alemania por Adolf Hitler en la década de los años treinta del siglo XX, y que perduró en ese país y en los territorios que ocupó hasta su derrota en la Segunda Guerra Mundial.

Neocolonialismo

Situación de dependencia económica y tecnológica en la que se encuentran muchos países del tercer mundo respecto de los países desarrollados. Con frecuencia coincide que el país del que dependen era la antigua metrópoli colonial.

ONG

Organización No Gubernamental. Entidad de carácter privado y sin ánimo lucrativo, cuyas motivaciones pueden ser la solidaridad, la ecología, la cultura, los derechos humanos, el desarrollo, etc. Es independiente de cualquier gobierno y organización internacional y sus miembros trabajan voluntariamente y con la visión de ayudar a personas, grupos sociales, etc.

OTAN

Organización del Tratado del Atlántico Norte. Organización militar creada en 1949 por el bloque occidental con el objetivo de defenderse de la amenaza soviética, lo que le permitió a Estados Unidos establecer una importante presencia militar en Europa. Ha sobrevivido al final de la Guerra Fría.

Pacto de Varsovia

Alianza militar creada en 1955 por la Unión Soviética con sus países satélites en respuesta a la formación de la OTAN. Se disolvió al finalizar la Guerra Fría.

Panarabismo

Movimiento que promovía la solidaridad entre las naciones de lengua árabe y civilización musulmana, con el fin de crear un nuevo bloque de países de proyección mundial.

Perestroika

Programa de reformas económicas o «reestructuración» puesta en marcha por Mijaíl Gorbachov, presidente de la Unión Soviética de 1985 a 1991.

Plan Marshall

Programa de ayudas puesto en marcha por Estados Unidos en 1947 para reconstruir la economía de Europa Occidental.

Plan quinquenal

Cada uno de los proyectos de planificación estatal soviética que duraba cinco años y en el que se fijaban los objetivos económicos que se debían conseguir y los recursos que se usarían para lograrlos.

Pluralismo político

Implica la libre asociación y la posibilidad de crear partidos políticos para acceder al gobierno.

Política de contención

También llamada doctrina Truman, por el presidente estadounidense que comenzó el apoyo a los movimientos anticomunistas en cualquier parte del mundo para «contener» la influencia de la Unión Soviética.

Política neoliberal

Implica la disminución de la intervención del Estado en la economía y la flexibilización del mercado laboral.

Purgas

Depuraciones políticas ejercidas por Stalin en la Unión Soviética para eliminar cualquier oposición.

RDA

República Democrática Alemana. Democracia popular creada en 1949 en la parte del territorio alemán ocupado por la Unión Soviética al final de la Segunda Guerra Mundial. Se mantuvo hasta 1990, cuando se incorporó a la República Federal Alemana con la reunificación de Alemania.

Regeneracionismo

Movimiento intelectual surgido en España tras el desastre de 1898 que denunciaba la decadencia del país y planteaba reformas para acabar con el caciquismo y la corrupción.

Régimen teocrático

Sistema político basado en la interpretación estricta del Corán y en la concentración de los poderes del Estado en manos de los religiosos.

Revolución conservadora

Política llevada a cabo por el presidente republicano Ronald Reagan en Estados Unidos y por la primera ministra conservadora Margaret Thatcher en Reino Unido en los años ochenta del siglo pasado. Promovió la liberalización económica y redujo los sistemas de protección social de la población.

Revolución Cultural

Política implementada por Mao Zedong a partir de 1966 en la República Popular China. Pretendía instaurar un igualitarismo riguroso con el apoyo de las masas y acabar con las críticas a su liderazgo. Se convirtió en una purga masiva en el seno del partido comunista y en los sectores intelectuales del país.

RFA

República Federal Alemana. Estado surgido por la unión de las administraciones de Estados Unidos, Francia y Reino Unido en suelo alemán al terminar la Segunda Guerra Mundial. En 1990 se le incorporó el territorio de la antigua RDA, dando lugar a la actual Alemania reunificada.

Shiíes

Una de las ramas en que se dividen los musulmanes.

Sionismo

Movimiento político e ideológico aparecido en Europa a fines del siglo XIX. Su principal teórico fue Theodor Herzl. Reclamaba la creación de un Estado judío y el regreso a Palestina.

Socialismo

Originariamente, sistema social que propugna la desaparición de las clases y de las desigualdades económicas, con los medios de producción bajo el control de la comunidad. Las tendencias del socialismo se fueron separando en dos ramas principales: una, el marxismo, que defendía la lucha de clases y la revolución; la otra, la socialdemocracia, que proclama la posibilidad de alcanzar el socialismo sin revolución.

Sociedad de la información

Se dice de las sociedades desarrolladas donde las tecnologías están presentes en la vida cotidiana de las personas, en el hogar, en los centros de estudio y de trabajo, en el ocio, etc.

Sociedad terciarizada

Sociedad desarrollada, en la que el sector terciario o de servicios emplea a la mayoría de la población activa y contribuye con un porcentaje similar a la riqueza nacional, en detrimento de la industria y el sector primario.

Solidaridad

Primera organización sindical independiente en el bloque comunista. Encabezó el malestar social en Polonia y logró la caída del régimen prosoviético.

Sóviets

Consejos o asambleas populares. Surgieron en la revolución de Octubre de 1905, y reaparecieron en 1917 como base de la revolución bolchevique y más tarde como fundamento de la organización política de la Unión Soviética.

Sunníes

Rama mayoritaria de las tres en que se dividen los musulmanes.

Superpotencia

Nombre con que se denominaba a Estados Unidos y la Unión Soviética durante el período de la división bipolar del planeta, es decir, desde el final de la Segunda Guerra Mundial a la desmantelación de la URSS.

Tecnócratas del *Opus Dei*

Se llama así a las personas que integraron el gobierno franquista en los años cincuenta, y que aportaron criterios técnicos para desarrollar la economía. Muchos de ellos pertenecían a la organización religiosa *Opus Dei*.

Teléfono rojo

Teletipo por el que los líderes de las superpotencias podían comunicarse directamente en caso de crisis.

Telón de acero

Término empleado por Winston Churchill en 1946 para describir la división de Europa en dos áreas de influencia, la occidental y la soviética.

Teocracia

Estado en el que existe una religión oficial, los libros sagrados son la ley y los religiosos ocupan el gobierno o tienen una gran influencia política.

Tercer Mundo

Término acuñado en la década de 1950 para referirse a los países de Asia, África y América Latina con economías dependientes de la exportación de productos agrícolas y materias primas. Muchos de estos países recientemente independizados de las potencias coloniales europeas se articularon políticamente en el Movimiento de Países No Alineados.

Terrorismo internacional

Táctica de utilizar actos violentos o amenazas contra individuos, grupos o países con el fin de cambiar el resultado de un proceso político.

TIC

Nuevas tecnologías de la información y la comunicación.

Tigres asiáticos

Nombre que se le da a Corea de Sur, Taiwán, Hong Kong y Singapur. Países con mano de obra barata que elaboran productos para exportar a los mercados occidentales.

Totalitarismo

Término que designa aquellos regímenes políticos que, independientemente de su ideología, se han basado en el control total de la vida social, política, económica y cultural de sus pueblos.

Transición española

Proceso de cambio de régimen político de la dictadura franquista a la democracia. Se inició con la muerte de Franco en 1975 y finalizó en 1982 con la primera alternancia pacífica en el gobierno.

Unión aduanera

Acuerdo por el que se eliminan los impuestos comerciales entre los países firmantes del pacto.

Vichy, régimen de

Gobierno provisional de Francia entre 1940 y 1944, presidido por el mariscal Pétain; sus características fueron el colaboracionismo con los ocupantes nazis y un sistema de gobierno autoritario.

Zaibatsu

Grandes conglomerados industriales de Japón, como Mitsubishi, Nissan o Toyota.

Zar

Título imperial adoptado por Iván IV en 1547 para los reyes de Rusia.

Dirección de arte: **José Crespo**

Proyecto gráfico:
Portada: **PEP CARRIÓ**
Interiores: **Manuel García**

Ilustración: **Joaquín Marín, Javier Vázquez, David Cabacas, Herikberto Muela**

Jefa de proyecto: **Rosa Marín**
Coordinación de ilustración: **Carlos Aguilera**
Jefe de desarrollo de proyecto: **Javier Tejeda**
Desarrollo gráfico: **Rosa María Barriga, Raúl de Andrés, Jorge Gómez**

Dirección técnica: **Ángel García Encinar**

Coordinación técnica: **Manuel Baña González**
Confección y montaje: **Manuel Baña González, Fernando Calonge, Luis González**
Elaboración cartográfica: **Francisco Javier Fernández, José Luis Gil, José Manuel Solano**
Coordinación cartográfica: **Ana Isabel Calvo**

Corrección: **Nuria del Peso, Cristina Durán, Ángeles García**
Documentación y selección fotográfica: **Nieves Marinas**

Fotografías: A. Viñas; GARCÍA-PELAYO/Juancho; J. Jaime; O. Boé; ORONOZ; ACI AGENCIA DE FOTOGRAFÍA/Photo by Globe Photos, Inc., Photos12.com-Oasis; ALBUM/ORION PICTURES, Oronoz; CONTIFOTO/SYGMA/J. P. Laffont, KEYSTONE, L'ILLUSTRATION; CORDON PRESS/CORBIS/Bettmann, Michael Ochs Archives, John Angelillo/Pool, Sygma/Henri Bureau, Michael Nicholson, Peter Turnley, Danny Lehman, Henry Diltz; COVER/CORBIS/Pierre Perrin, J. M. Navia, R. Sámano; EFE/Emilio Naranjo, Alberto Martín, Iñaki Gómez, Alberto Morante, Vidal, EPA PHOTO DPA/Hubert Michael Boesl, USCG fireman gregory wald, Syed Jan Sabawoon, Guadalupe Pérez, EPA/Peter Foley; EFE/Mondelo, SIPA ICONO; EFE/SIPA-PRESS/Sam Mircovich, Cleriot, E. Malanca, Eric Hadj, G. Baker, Jacques Witt, N. T. B., Robert Trippett, SIPA; GETTY IMAGES SALES SPAIN/Time & Life Pictures/Larry Burrows, Hulton Archive/Terry O'Neill, Tom Stoddart Archive, AFP/Herman Pieterse; INDEX/The Bridgeman Art Library; KEYSTONE PARIS; KEYSTONE-NEMES; KHARBINE/TAPABOR; NASA/NASA Kennedy Space Center (NASA-KSC); PAISAJES ESPAÑOLES; PRISMA ARCHIVO FOTOGRÁFICO; RADIAL PRESS/Ap Photo/ASSOCIATED PRESS/Paulo Carrico, LUSA; THE PICTURE DESK LIMITED/ENIGMA/GOLDCREST/THE KOBAL COLLECTION; Asociación de Periodistas Europeos; European Community; Forges; L. Sanz; MINISTERIO DE INFORMACIÓN Y TURISMO; MUSEO DE BUDAPEST SZEPSY SZUES; VICTORIA AND ALBERT MUSEUM, LONDON; ARCHIVO SANTILLANA

Nuestro agradecimiento a los siguientes profesores y profesoras por su asesoramiento en la renovación de este libro:
Jesús Guillermo Agüero González, Enrique Alcázar Martínez, Cèsar Alegre i Roig, Javier Baena, José M.ª Caballero Martínez, Carmen Camacho Muriel, Ana Isabel Díaz Moreno, Víctor Fernández Salinas, Pedro Alejandro Galán García, Eugenio Gilabert Barba, Ana María Gutiérrez Páez, Petra Herrera Gutiérrez, Ana Carmen Hevia Suárez, Marc Illán Mata, Javier Iniesta Ayerra, Pedro Jiménez Lebrón, Mercedes Lázaro Ruiz, Jorge Lemus Hernández, Ana Lertxundi Zugasti, María José Lupiáñez García, Mónica Mariño Callejo, Jaime Merino Picazo, Ángela Mora-Gil Castaño, Javier Moreno Álvarez, Alfonso Nicolás Cortés, Jesús Ojeda Guerrero, Carmen Ortega Monge, José Ángel Pedreño Fernández-Henarejos, Fátima Pérez de Baldomero, Alejandro Quintana Ferreira, Jesús Reula Becerril, Blanca Robayna Rodríguez, Francisco Javier Rodríguez Morales, José David Ruiz Sánchez, Ana María Ruiz Zapata, Agustín Santana Marrero, Teodosio Serrano Murillo, Marcelino Torres Caravantes, Pepa Trenado de la Fuente

Torrelaguna, 60. 28043 Madrid
Printed in Spain
ISBN Obra completa: 978-84-680-1126-4
ISBN de este volumen: 978-84-680-1291-9
CP: 387383
Depósito legal: M-13081-2012